学校安全管理
律师的建议清单

School Safety Management
Advice Given by a Lawyer

雷思明 著

中国人民大学出版社
·北京·

目录

序 / 001

上篇·事故预防篇

第 1 部分
按时间维度防范

1. 开学前，学校应当做好哪些方面的安全准备工作 / 006
2. 学生到校前，学校对其出行安全该做哪些工作 / 013
3. 上下学时，学校如何与家长配合做好学生的交接工作 / 019
4. 上课前，怎样通过考勤制度防范安全风险 / 025
5. 课堂上，任课教师如何防范安全风险 / 029
6. 实验课上，怎样防范安全事故 / 035
7. 体育课上，教师应履行哪些安全管理职责 / 041
8. 课间休息时，如何管理学生的"高危行为" / 047
9. 学生就餐时间，常见的安全隐患有哪些 / 053
10. 午休时间，怎样做好安全管理工作 / 057
11. 提前放学，学校需要履行怎样的法律义务 / 062
12. 放学后，需要防范哪些常见的安全风险 / 066
13. 晚自习，学校的安全管理工作重点在哪里 / 071
14. 放假前，学校如何履行安全教育和管理职责 / 075

第 2 部分
按空间维度防范

15. 校门口，应当做好哪些方面的安全防范工作 / 082
16. 操场上，常见的安全隐患与事故如何防范 / 087
17. 楼梯上，应防范哪些安全事故 / 093
18. 楼道里，各种危险行为及易发事故如何防范 / 098
19. 学生厕所里，常见的安全事故如何防范 / 103
20. 教室里，应当重点防范哪些安全事故 / 108
21. 食堂里，防范食品安全事故的着力点在哪里 / 115
22. 学生宿舍里，需防范哪些常见的安全事故 / 123

第 3 部分
活动安全与事故灾难防范

23. 组织学生参加劳动时，怎样保障学生的安全 / 134
24. 学生集体外出活动时，学校应履行哪些安全管理职责 / 141
25. 运动会上，怎样防范与处置安全事故 / 148
26. 学校装修过程中，如何做好安全管理工作 / 155
27. 怎样建立传染病防控与应急处理制度 / 160
28. 学校消防安全管理工作该怎么做 / 166
29. 学校该如何防范与应对自然灾害事故 / 174
30. 怎样完善学校设施设备安全管理制度 / 179

中篇 · 事故处置篇

31. 安全事故发生后，学校如何履行救助义务 /188
32. 将伤害事故通知学生家长时，需要注意什么 /193
33. 怎样履行事故报告义务 /198
34. 如何开展事故调查取证工作 /204

下篇 · 纠纷处理篇

35. 怎样判断学校是否应对事故承担法律责任 /212
36. 怎样通过协商的方式解决事故赔偿纠纷 /218
37. 怎样通过调解的方式解决事故纠纷 /224
38. 怎样通过民事诉讼解决事故纠纷 /229
39. 如何处理"校闹"事件 /236
40. 怎样应对校园安全事故引发的舆情危机 /243

附：建议清单 /249

序

安全是办学的底线,校园安全事关广大学生的健康成长,关系家庭的幸福与社会的和谐稳定。"生命不保,何谈教育",安全工作的重要性再怎么强调也不为过。长期以来,党中央、国务院和地方各级党委与政府高度重视学校安全工作,制定了一系列法规和政策,规范学校安全管理工作;采取了一系列有效措施,维护学校及周边安全。当前,国内学校的安全形势总体上是良好、稳定的。但是,就每一所学校而言,由于受各种因素影响,安全形势往往是动态变化的,容易发生起伏。对待校园安全工作,必须紧绷神经,常抓不懈,稍有疏忽和懈怠,便可能导致事倍功半,甚至前功尽弃。

学校安全工作涉及人、物、活动等各方面的管理,任务繁杂,事情琐碎,头绪众多,很容易出现"按下葫芦浮起瓢"的局面。为此,需要对学校安全工作进行总体规划和设计,理清头绪,找到抵达目标的"路线",再沿着"路线"不断前行。如何找到这样的"路线"呢?这正是本书试图解决的问题。

总体上看,学校的安全管理工作包括事前安全防范、事中应急处置、事后纠纷处理三大组成部分。安全第一,预防为主,最重要的当然是事前安全防范,从源头上解决问题,保护师生的生命安全与健康。怎样预防事故呢?本书从时间、空间、活动、事故灾难四个维度切入,分析、探究学校安全工作"路线"。从时间维度看,开学前、学生到校前、上学时、上课前、课堂上、课间、午休时、放学后等不同时间段各有各的安全工作重点；从空间维度看，校门口、操场上、楼梯上、楼道里、厕所里、教室里、食堂里、宿舍里等不同场所各有各的安全隐患；从活动维度看，劳动、集体外出活动、运动会等活动各有各的安全防范要点；从事故灾难维度看，疫情、火灾、自然灾害以及设施设备安全事故各需各的安全防范制度。从各个维度入手开展工作，有利于增强学校安全工作的条理性和系统性，达到事半功倍的效果。

安全工作重在预防，然而，一旦发生事故，学校应当如何应对和处理呢？过去，一些学校在事故发生后由于处置工作不规范、不科学，导致损害后果扩大，引发了法律纠纷；还有一些学校，未能妥善处理事故赔偿纠纷，导致家校矛盾激化，学校正常秩序受到不同程度的冲击。实践告诉我们，事故发生后，科学的事故应急处置、妥善的事后纠纷处理，同样非常重要，可以尽可能减轻事故所造成的伤害后果，保护学校正常的教育教学和生活秩序不受干扰，最大限度地维护师生的合法权益。

书中还收集了大量校园安全事故案例，以便广大教职工从中吸取教训，总结经验，更好地推进学校各项安全工作。

2022年1月于北京

上篇
事故预防篇

校园安全工作,
重在预防。

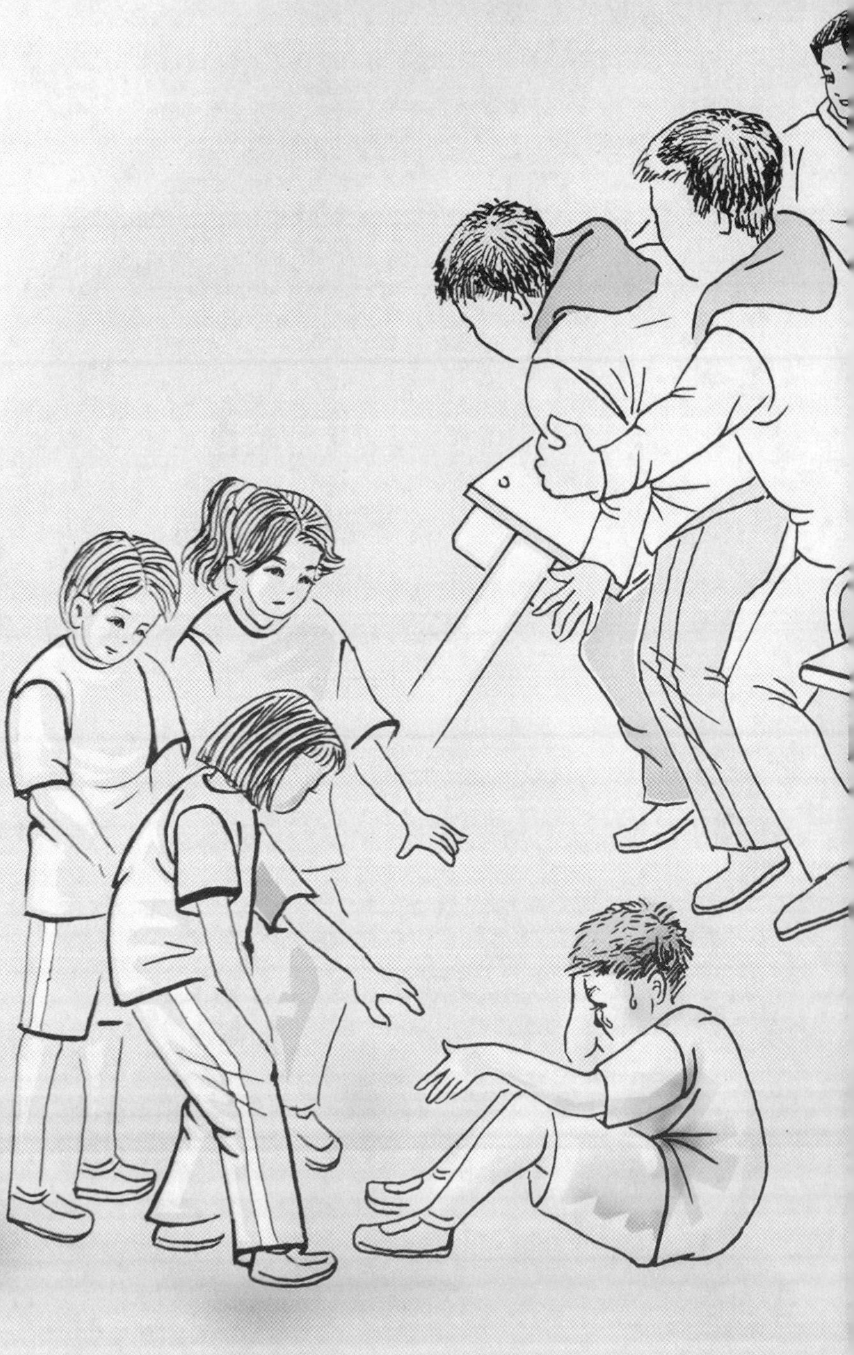

第 1 部分

按时间维度防范

1. 开学前，学校应当做好哪些方面的安全准备工作

为了给孩子们创造一个安全、祥和的成长环境，开学前，学校应当做好哪些方面的安全准备工作呢？总的来说，一方面，要对新学期的安全工作进行总体部署，包括建立健全安全工作机构和安全管理制度，确立安全工作目标，制定安全工作方案，落实安全工作职责等。另一方面，要针对开学前后存在的各种安全隐患，有的放矢地采取各项安全防范措施，防止开学前后发生恶性事故。重点要做好以下几个方面的安全准备工作。

关键词

总体部署
疫情防控
隐患排查
食品安全
个体极端事件
暴力伤害事件
诈骗案件
安全教育

一、对新学期安全工作进行总体部署

安全工作责任重大，涉及面广而杂，需要进行总体规划和部署，而不能临时抱佛脚，走一步算一步。

首先，要认真检查学校是否已经严格按照《国务院办公厅关于加强中小学幼儿园安全风险防控体系建设的意见》《中小学幼儿园安全管理办法》《中小学校岗位安全工作指导手册》《教育部等五部门关于完善安全事故处理机制维护学校教育教学秩序的意见》等国家政策文件规定，建立健全校内安全工作领导机构，确立校园安全校长（园长）负责制，制定、完善学校各项安全管理制度和各类突发事件应急预案，建立全员安全工作岗位

责任制和一岗双责制度。领导机构人员有变化或者安全制度、安全预案内容有调整的，应当及时进行更新和完善。

其次，还要部署新学期的学校安全工作任务。要确立安全工作目标，制定工作方案，分配任务，落实责任。学校的安全工作计划要形成书面的工作清单，包括学期安全工作清单、月安全工作清单、周安全工作清单、日安全工作清单。在开学前后，学校应当根据情况需要，与全体教职工签订岗位安全责任书，向家长发放学生安全告知书。

二、做好开学前后传染病疫情防控工作

据《新快报》报道，2010年9月上旬，某地两所学校出现传染性结膜炎（俗称"红眼病"）聚集性病例，共有70多人确诊。据当地疾控中心副主任介绍，虽然有几十个病例，但分布还是比较分散的。有的一个年级一个班出现多个病例，有的则一个年级只有一个班级出现一个病例。由于发病人数较多，而且不少病例已回家，他们难以查到源头。但在调查当中，他们发现学校有班车接送学生，再加上病例分布较分散，因此判断在班车上交叉感染的概率比较大。据了解，当年秋季开学后，全国多地学校出现红眼病聚集性疫情，个别学校因此曾短暂停课。

春季、秋季开学前后，气温变化较大，开学后学生集中返校，短时间内大量学生聚集，人群流动性强，容易给呼吸道、肠道传染病的流行与传播创造条件。开学初期，也是流感、手足口病、水痘、结核病、流行性腮腺炎、急性出血性结膜炎、麻疹、猩红热、细菌性痢疾及其他感染性腹泻等常见传染病的高发期。近年新冠肺炎疫情的出现和暴发，更是给中小学、幼儿园的安全工作敲响了警钟。为此，学校在开学前后应当有针对性地做好疫情防控工作。

具体应当做好哪些方面的工作呢？以新冠肺炎疫情防控为例，2021年2月教育部联合国家卫生健康委员会印发的《中小学校春季学期新冠

肺炎疫情防控技术方案》（第三版）明确提出，开学前，学校要重视开学准备，明确责任到人，落实防控机制，明确返校要求，储备防疫物资，整治校园环境，设立处置场所，配备防疫人员。开学后，要实施入校排查，加强校园管理，落实主体责任，做好健康管理，巡检重点区域，加强活动管理，让师生保持手部卫生，保障食堂卫生，加强寄宿管理，加强健康教育、近视防控和人员防护。在应急处置方面，学校要关注当地疫情变化，遵守处置流程。一旦教职工、学生及家长中出现新冠肺炎确诊病例、无症状感染者、疑似病例或密切接触者，学校应在疾控机构的指导下立即启动应急机制。

三、开展设施设备安全隐患排查、整改工作

据《兰州晨报》报道，2015年8月26日是某小学开学的第二天，一年级学生的家长却联名给孩子请假。原来，暑假期间学校对教学楼进行了粉刷，开学后教学楼内存在明显的刺激性气味，不少孩子出现头晕、恶心、流眼泪等不适症状，家长怀疑孩子们的不适症状是学校新粉刷的教学楼的残留刺激性气味所致。该小学校长则表示，需要相关部门进行检测后才能确认教室里的刺鼻味道对孩子的身体是否有影响。

假期，一些学校可能会对跑道、校舍等设施进行维护、装修。在装修过程中，往往需要大量使用油漆、涂料、胶、壁纸、夹板等材料，而这些材料中含有甲醛、苯等有害物，如果没有采取有效的环保措施，很容易给室内环境造成污染，从而危及在校师生的身心安全与健康。除此之外，经过一个假期的空置，学校的某些设施设备及其固定物可能会出现松动、破损、老化等现象，由此可能引发建筑物坍塌、物件坠落等危险。有鉴于此，在开学前，学校应当对校园设施设备进行安全检查和检验。安全检查、检验的重点对象包括：学校房屋、围墙等校园建筑；操场、道路等校园场地；单杠、双杠、篮球架等体育设施，门、窗、护栏、楼

梯等设施，水、电、气、暖设施，消防设施，实验器材、微机等教学设备。

在检查、检验过程中，发现存在室内环境污染现象的，应当及时治理，不得将未经检测或者检测不合格的校舍、场地投入使用；发现校园设施设备存在损坏、变形等现象的，应当做好记录，并根据不同的隐患情况，分别采取停用、隔离、更换、维修、设立警示标志、安排专人值班等措施，防止开学后发生安全事故。

四、强化食品安全管理，预防食物中毒事件发生

2020年3月下旬，贵州省锦屏县某中学发生一起疑似食物中毒事件，共有209名学生出现发热、腹痛腹泻等症状，累计住院199人。3月27日，锦屏县政务微博针对此事发出的调查通报称，经专家进一步会诊，学生出现的症状疑似水源问题引起的急性胃肠炎（由大肠埃希氏菌引起）。初步调查原因为：3月24日因当地市政停水，该中学使用学校的备用水源，水务部门对备用水源的检测结果显示水质总大肠菌群、大肠埃希氏菌超标。

春、秋开学季早晚温差较大，食物容易腐败变质，加上季节交替时人体肠胃和免疫功能处在适应的过程中，倘若饮食不当，很容易发生食源性疾病。为此，学校在开学前后应当高度重视食品安全工作，采取充分措施预防食物中毒事件发生。

应当采取的预防措施包括：（1）彻底清理食堂卫生，对刀、水池、操作台、餐具、饮具等，进行彻底消毒并认真做好消毒记录；（2）全面检查所有食品原料，重点是已开封使用的食品原料，及时清理变质或者超过保质期的食品；（3）对食堂加工场所、就餐场所、设施设备、就餐用具、饮水机和二次供水的蓄水池等进行全面清洁和消毒；（4）严把食品采购关，采购食品时必须索取该产品的检验合格证明，生产企业及经销商的食品卫生许可证、营业执照以及相关票据，同时认真做好记录并妥善保管各种索证资料（包括各种票据）；（5）学校从供餐单位订餐的，应当选择

量化评级为优秀以上的供餐单位，对其资质、管理状况、供餐能力、运输车辆等进行考察、核实，并签订食品安全责任书，向监管部门备案；（6）排查食堂从业人员的健康状况，根据人员变动情况及时办理、更新健康证，完善岗位职责，并对食堂从业人员进行全面培训，组织其学习《学校食品安全与营养健康管理规定》《餐饮服务食品安全操作规范》等食品安全规定，提升其食品安全素养。

五、采取措施，防范学生因心理问题引发个体极端事件

2020年春季，受新冠肺炎疫情影响，各地学校纷纷推迟了开学时间。然而，在开学前后发生了多起学生坠楼事件。据《健康时报》记者不完全梳理统计，从3月初到6月初的三个月时间内，全国范围内发生的学生坠楼事件已有18起。

开学前后，学生的情绪、心理往往会有较大波动。一些学生，因为假期作业没有按时完成，害怕被家长责骂、被老师批评；一些学生还没有从自由、松弛的假期状态中走出来，对紧张的学习生活感到难以适应甚至恐惧。如果家长和老师只是盯着学生"懒散"的外在行为表现，一味苛责，而没有洞察到他们内心的焦虑和挣扎，未及时帮助他们进行调适或者予以妥当疏导，那么就有可能发生个别学生通过实施自杀、自残的极端行为来寻求"解脱"的悲剧。有鉴于此，在开学前后，学校和教师应当高度关注学生的心理波动和身心健康状况，通过与家长密切配合，采取相应的防范和疏导措施，例如，向学生及家长传授心理调适相关知识，设立咨询热线以解答学生的困惑、接受学生的投诉。在开学初期，教师对学生的管教应以正面鼓励为主，适度宽容其轻微违纪行为等，以帮助学生度过这一危险的适应期，预防极端事件的发生。

六、防范针对师生的违法犯罪案件，维护师生的合法权益

2020年9月4日，安徽省芜湖市公安局镜湖分局弋矶山派出所接到一位家长龚先生报案称：9月3日，他在QQ家长群里收到孩子班主任发布的通知——以课后加强辅导书本费、资料费、试题费的名义，要求每位家长缴纳1760元费用，并留有转账的银行卡号。龚先生看到发通知者的头像的确是班主任的，信以为真，当即通过手机银行向该卡号转账1760元。然而，半小时后，班主任在家长群里留言说：其QQ号被盗，请家长不要转账！龚先生这才明白被骗，遂向公安机关报案。

开学前后往往是学校、教师、家长和学生较为忙乱的日子，一旦大家放松警惕，一些不法分子就可能会"趁虚而入"对师生、家校实施违法犯罪行为。这些违法犯罪行为主要包括两类：一类是针对师生实施暴力行为，侵害师生的生命安全和健康；另一类是针对学生、家长实施诈骗，骗取财物。

为了维护师生、家校的合法权益，学校应当有针对性地做好安全防范工作。一是防涉校、涉生暴力伤害事件发生。学校应当通过强化校园物防、技防、人防，建立健全校园安全保卫制度，开展涉校矛盾排查及时化解有关纠纷，组织保卫人员、教职工进行防恐防暴演练，开展安全教育以提高师生的防范意识等多种途径，防范此类事件的发生。二是防涉校、涉生诈骗案件发生。近年来针对学生、家长和教师的各类诈骗案件不断攀升，开学前后更是案发高峰期。随着各类社交软件的广泛应用，诈骗方式不断翻新，一些骗子潜入家长的微信群、QQ群大肆实施诈骗。为此，学校应当通过规范财务、收费制度，对教职工、学生及家长开展反诈骗专题教育，发送安全提示等多种方式防范此类诈骗行为，特别是要提醒学生及家长，在收到交费信息时，务必通过电话、视频等方式与老师进行核实，不要着急转账汇款，以避免上当受骗。

七、向学生发放安全教育材料

生命不保，何谈教育？安全工作再怎么强调都不为过，学校、教师要永远把学生的安全放在第一位。为了提高学生的安全意识和自我保护能力，开学前夕，学校可通过校园微信、校园网站、短信、网络讲座等多种渠道，向学生宣传交通安全、食品安全、消防安全、预防溺水、预防意外伤害等各类安全教育知识，切实担负起安全教育职责。

律师的建议

做好开学前安全准备工作：

- 对新学期安全工作进行总体部署。
- 做好开学前后传染病疫情防控工作。
- 开展设施设备安全隐患排查、整改工作。
- 强化食品安全管理，预防食物中毒事件发生。
- 采取措施，防范学生因心理问题引发个体极端事件。
- 防范针对师生的违法犯罪案件，维护师生的合法权益。
- 向学生发放安全教育材料。

2. 学生到校前，学校对其出行安全该做哪些工作

学生上下学出行安全问题关系到千家万户的切身利益，也牵动着整个社会的神经。虽然学生上下学出行问题不属于教育教学事务，也不是发生在校园内，但这绝不意味着学校和教师就可以不闻不问，撒手不管，因为保护孩子们的上下学出行安全是家庭、学校、社会及政府有关部门的共同责任。那么，学校该履行哪些职责，采取哪些措施，来为孩子们的上下学出行安全尽一份义务呢？

一、开展学生上下学乘车情况安全排查

2010年12月27日7时30分左右，湖南省衡南县松江镇东塘村村民陈宁西驾驶三轮摩托车，载着20名学生冒着大雾从所在的东塘村驶向邻村的因果小学。车辆将要驶向因果桥（5米长，2.5米宽）时，陈宁西减挡后加油门，准备拐弯驶过稍有坡度的因果桥。然而，三轮摩托车刚一拐弯便发生前轮上翘，陈宁西控制不住，整个车子坠入桥下的河中。事故造成9名学生当场死亡；另有1名学生失踪，后在当天中午12时左右被从水中打捞出来，确定已死亡；10名学生被紧急送往医院接受抢救和治疗，其中有4人因抢救无效死亡，死亡人数共计14人。

关键词

上下学

出行安全

乘车情况排查

非法营运车辆

校车

校车使用许可

校车驾驶人

校车通行安全

随车照管人员

校门口通行秩序

交通安全教育

为了及时发现学生在上下学途中存在的安全隐患，学校应当按照各级政府、教育行政部门及公安机关交通管理部门的有关规定和要求，在开学初或者平时，通过家访、问卷调查等方式了解每一个学生的上下学出行方式和乘车情况，并做好信息统计和上报工作。在排查过程中，如发现学生乘坐农用车、拼装车、报废车上下学或者家长租用社会非法营运车辆接送学生上下学的情况，要立即予以劝阻，并按照规定及时向教育行政部门以及公安机关交通管理部门报告或提供信息。特别是要加强与家长的沟通，以各种方式告诉家长，要提高安全意识和监护人责任意识，不要租用各种不符合安全规定的社会车辆接送孩子，不要让孩子乘坐超员、超速、酒后驾驶等违法校车，请有条件的家长接送低年级学生上下学。

二、使用校车的学校，应当建立健全校车安全管理制度

据"澎湃新闻"报道，2014年11月19日上午7时许，山东省蓬莱市潮水镇未启用的烟台新机场连接路发生一起特大车祸，一辆自卸大货车与一辆小型面包车相撞，事故造成包括11名幼儿在内的12人死亡，3名幼儿受伤。据了解，该面包车为当地潮水四村幼儿园所雇佣，不具备校车资格，核载8人，事发时载有15人，非法从事接送幼儿园孩子活动已近3年。2015年11月12日，此案在山东省蓬莱市人民法院开庭审理，法院当庭宣判，以过失致人死亡罪分别判处货车司机戴某、幼儿园园长张某以及校车车主郭某五年、三年和三年半有期徒刑。此外，货车车主张某被判缓刑。

一些学校为了方便学生上下学，使用校车接送学生。在给学生提供便利的同时，保障学生的乘车安全是学校的头等大事。2012年4月，国务院颁发了《校车安全管理条例》（以下简称《条例》），正式将校车安全管理问题纳入法治轨道。使用校车的学校应当严格遵守《条例》的规定，依法建立健全本校的校车安全管理制度，防止发生乘车安全事故。

（一）依法取得校车使用许可

学校可以自行配备校车，也可以由校车服务提供者提供校车服务。配备校车的学校或者校车服务提供者应当向法定的部门申请取得校车使用许可，获得批准的校车由公安机关交通管理部门发给校车标牌，并配备统一的校车标志灯和停车指示标志。未取得校车使用许可的车辆，不得作为校车接送学生上下学。

（二）校车驾驶人应当按照规定取得校车驾驶资格

校车驾驶人应当按照规定取得校车驾驶资格，其机动车驾驶证上应当有本地区公安机关交通管理部门签注的"准许驾驶校车"的字样。符合《条例》规定条件的驾驶人，应当按照规定申请取得校车驾驶资格后，方可成为校车驾驶人。配备校车的学校或者校车服务提供者不得让未取得校车驾驶资格的机动车驾驶人驾驶校车。

（三）遵守《条例》中关于校车通行安全的规定

校车的通行安全问题关系到广大师生的生命安危。按照规定，校车驾驶人驾驶校车上道路行驶前，应当对校车的制动、转向、外部照明、轮胎、安全门、座椅、安全带等车况是否符合安全技术要求进行检查，不得驾驶存在安全隐患的校车上道路行驶。在行驶过程中，校车驾驶人应当严格按照机动车道路通行规则和驾驶操作规范安全驾驶、文明驾驶。校车不得以任何理由超员，学校和校车服务提供者不得要求校车驾驶人超员、超速驾驶校车。校车还应当按照经审核确定的线路行驶，学生上、下车时，应当在校车停靠站点停靠，未设校车停靠站点的路段可以在公共交通站台停靠。

（四）配备随车照管人员，保护学生的乘车安全

中小学学生、幼儿园幼儿大都活泼好动，自制能力较弱，安全意识较差，为此，配备校车的学校、校车服务提供者应当建立专人跟车管理制度，在每一辆校车上配备一至两名随车照管人员，负责随校车全程照管乘车学

生。随车照管人员主要履行以下职责。其一，督促校车驾驶人安全驾驶。随车照管人员应当提醒校车驾驶人在开车前要注意检查车况，确保车辆处于可正常行驶的安全状态；要按照校车核定的人数运送学生，严禁超载；在行驶过程中要严格遵守道路交通规则和驾驶操作规范，特别是严禁超速。其二，维持乘车秩序。在车辆行驶过程中，随车照管人员应提醒乘车的学生在座位上坐好，不要站立或走动，严禁打闹。对学生做出的危险性行为，随车照管人员应及时有效地予以制止。其三，指挥学生安全上、下车。学生上、下车时，随车照管人员应站在车门旁，指挥学生有序上、下车，并提醒校车驾驶人要等学生安全上、下车后方可启动车辆。在学生下车之后，随车照管人员还应当认真查看车内座位上及座位底下是否有人，并清点人数，防止有学生因睡着了或俯身捡东西等而未能及时下车，进而发生意外。

（五）校车乘车申请和安全教育

学生乘坐校车，应当由其监护人向学校提出书面申请，经学校审核同意后，学生的监护人应当与学校签订协议，明确双方的安全管理义务和监督权利。学校和校车服务提供者应当定期对校车驾驶人进行安全教育，组织校车驾驶人学习道路交通安全法律法规以及安全防范、应急处置和应急救援知识。学校还应当对教师、学生及其监护人进行交通安全教育，向学生讲解校车安全乘坐知识和校车安全事故应急处理技能，并定期组织校车安全事故应急处理演练，提高学生的交通安全意识和自我保护能力。进行前述交通安全教育、培训和演练等应当有书面记录。

三、多方协作，维护校门口及学校周边的交通安全秩序

据"中新网"报道，2011年6月2日清晨7时许，在北京市平谷区马昌营镇某小学门口附近，河北省来京人员梁某驾驶一辆银灰色长安微型面包车，行驶至事故发生地，因车辆失控，冲向路边正常行走的行人，其中

大部分为马昌营镇某小学准备上学的小学生。事故造成 2 名学生和 1 名成年人死亡，19 名学生和 1 名成年人受伤。

凡是校门口交通安全形势比较复杂的学校，应当主动提请有关部门根据《中华人民共和国道路交通安全法》的规定，在学校门前的道路上设置行人过街设施，或者施划人行横道线，设置提示标志。校门口紧邻主要街道或交通主要干道、交通环境较为复杂的学校，应当提请有关部门设立"护学岗"，在学生上下学的高峰期安排民警到学校门前路段维持交通秩序。同时，在学生上下学时间，学校也应当安排有经验的教师到校门口值班，负责疏导通行秩序，保护学生的人身安全。有条件的学校，还可以组织家长志愿者协助教师在校门口及周边疏导通行秩序，保护学生安全。

四、对学生加强交通安全教育

2007 年 9 月的一个星期五早晨，中学生小文自己坐公交车去上学。7 点 50 分左右，公交车停在了学校对面的车站。由于担心迟到，小文下车后，马上绕到公交车的前面，急速向马路对面跑去。此时一辆大卡车正飞驰而来，将小文撞倒并从他身上碾压过去。小文倒在了距离校门仅 20 米之远的马路中间，再也没能醒来。小文的妈妈赶到现场后，目睹惨状，当场昏厥。

交通事故已成为未成年学生安全的主要"杀手"，这也与未成年学生法治观念不强、交通安全意识淡薄有关。对未成年学生开展交通安全教育，需要公安机关交通管理部门、学校和家长共同努力，各尽所能，密切配合。学校应当把对学生的交通安全教育作为日常法治教育、安全教育的一项重要内容，向学生宣传行走、骑车、乘车等各方面的交通安全知识，增强学生的交通安全意识，提高其自我保护能力。

律师的建议

关注学生上下学出行方式,保障学生出行安全:

• 每学期开学后要开展学生上下学乘车情况安全排查。

• 使用校车的学校,应当建立健全校车安全管理制度。

• 多方协作,维护校门口及学校周边的交通安全秩序。

• 要对学生加强交通安全教育。

3. 上下学时，学校如何与家长配合做好学生的交接工作

未成年学生安全意识薄弱，自我保护能力不足，需要家庭、学校、社会和国家予以特殊保护。其中，家长的监护职责和学校的教育、管理职责对学生的平安成长更是起着基础性、常规性的保障作用。上学到校和放学离校这两个时间段，正是家长照管与学校教育、管理交接时间，很容易出现监管"真空"，进而引发各类安全事故。有鉴于此，学校应当采取相应措施，建立健全相关安全制度，与家长配合做好上下学时学生的交接工作，实现家庭保护和学校保护之间的无缝对接，共同呵护孩子们的平安与健康。

关键词

接送交接制度
交接协议
接送人
无关人员
自行离校
提前到校
入校
随到随进
中途自行离校

一、建立低幼学生接送的交接制度，并严格执行

据《赣西晚报》报道，2013年10月30日下午4点多，某小学学生韩某放学后从学校独自回家，经过渡槽时不慎掉入河中溺水死亡。事故发生后，韩某的家属诉至法院，要求判令某小学和某村委会共同赔偿韩某死亡的丧葬费、死亡赔偿金、误工费、交通费及精神抚慰金。法院经审理认为，被告某小学并未建立并完善低年级学生上下学时接送的交接制度。韩某放学后在没有家长接的情况下自行回家，途中从渡槽通行并溺水身亡，因此

被告某小学存在管理上的过错，没有履行向家长交接学前班学生韩某的义务，应当承担相应的赔偿责任。发生事故的渡槽为某村几个小组的农田取水所用，但是未设置安全警示标志限制村民从渡槽上通行，村委会存在一定过错，亦应对韩某的死亡承担一定的赔偿责任。二原告（韩某的父母）双双外出务工，未尽到很好地监护小孩的义务，因此二原告对此次事故也有过错，故可以减轻二被告的赔偿责任。法院综合考虑事故发生的原因，判决被告某小学承担30%的民事赔偿责任，被告某村委会承担10%的民事赔偿责任，二原告自行承担60%的责任。

家庭的监管和学校的保护在时间及空间上应当相互衔接，不留漏洞，为此，教育部、公安部等九部门颁发的《中小学幼儿园安全管理办法》第三十一条明确规定："小学、幼儿园应当建立低年级学生、幼儿上下学时接送的交接制度，不得将晚离学校的低年级学生、幼儿交与无关人员。"据此，小学和幼儿园应当按照规定建立健全低幼学生接送的交接制度。如何建立这方面的制度呢？

第一，学校应严格执行国家关于上下学的作息时间规定，在开学初将规定的上下学时间告知学生及其家长，教育学生按时上下学，并提醒低年级学生的家长做好孩子上下学的接送工作，保护孩子的安全。

第二，要与低幼学生的家长签订交接协议，建立低幼学生上下学时接送的交接制度。为了明确学生的监护人和学校各自的职责，同时也为了避免发生意外后双方互相推卸责任，学校应当尽可能与小学低年级学生和幼儿园幼儿的监护人签订书面的《学生上下学接送交接协议》（无法签订书面协议的，也应当通过口头协议的方式明确约定相关事项）。协议应当约定交接时间、交接地点、接送人、交接方式以及各自的权利、义务等内容。特别应当明确，上学时，低幼学生的家长应当等孩子进入校园后或者上了校车后（后者适用于使用校车接学生上学的学校），方可离开；放学时，教师应当将低幼学生交给家长后，方可允许学生离校或离开校车（后者适用于使用校车送学生放学的学校）。签订协议后，学校和家长都应当严格执行。

二、不得将晚离校的低幼学生交与无关人员，或者让其自行离校

豆豆的家长向法院起诉称，他们早晨把孩子送到幼儿园，当天下午5点多，在他们尚未到幼儿园接孩子的情况下，孩子却离开了幼儿园。豆豆在回家途中跌入幼儿园附近的一道河沟里，不幸被淹死。他们要求幼儿园赔偿死亡赔偿金、丧葬费等共计17万余元。幼儿园则辩称，出事前三个月，豆豆常常由班上另一名幼儿的家长江某（江某跟豆豆一家是邻居，两家关系很好）接回家，学校和家长对此都是默认的，从未有异议。出事当天下午5点多，江某到幼儿园接自己的孩子的时候，顺便将豆豆一起接走了。江某在回家途中对豆豆看管不周，致使豆豆在河边洗手时不慎跌入水中而发生意外。对此，幼儿园是没有过错的，不应承担法律责任。法院终审判决幼儿园承担全部责任，赔偿豆豆的父母17万余元。法官解释说，江某曾经接送过豆豆，不能够说明当天豆豆的父母确实委托过江某接送豆豆，幼儿园不能证明豆豆的父母与江某之间存在委托关系。豆豆的父母也表示，当天他们并没有委托江某接送豆豆。在没有证据证明委托关系成立的情况下，幼儿园擅自把孩子交给江某接走，因此，幼儿园应承担赔偿责任。

在这起案例中，幼儿园将豆豆交与无关人员带走，结果引发了事故，园方也因此被判决承担相应的法律责任，其中的教训令人深思。实践中，低幼学生的接送人一般是学生的家长，也有可能是监护人指定的其他亲属或相关人员（如保姆等）。如果家长或指定人员不能按时到校接放学的学生，学校应当怎么办呢？此时，学校应当让这些学生在校园内的专门场所等待家长，并安排专门的教职工负责维持秩序，保证其安全。

特别要注意避免出现两种情形：一是避免让低幼学生自行离开校园，否则容易发生意外事故，并可能导致学校因为没有严格执行交接制度而被

追究法律责任;二是避免将学生交与无关人员。无论是书面还是口头的交接协议,都会约定特定的接送人。学校若将学生交与约定的接送人以外的人员,则构成违约,也违反了交接制度的规定。如果遇上特殊情况,约定的接送人因临时有事确实无法来学校接孩子,而需要临时委托他人代接的,学校应当与学生的监护人进行电话核实,并要求监护人向临时接送人出具代接孩子的书面委托书,并在接孩子时将委托书交给学校。监护人无法及时向临时接送人出具委托书的,应当以短信、微信、电子邮件等方式向学校先行确认委托事宜,并在事后及时向学校补交书面委托书。

三、对提前到校的学生,学校应及时让其进入校园并妥善管理

6岁的小芳是某小学学前班的学生,一日下午1点10分左右,小芳的外公将小芳送到学校的大门口,由于学校规定的入校时间是1点50分,距离开校门的时间还有40分钟,外公让小芳在校门口等着,自己便回家了。下午4点50分,学校放学后,小芳的父亲去学校接女儿,老师告诉他,小芳整个下午都没来上课,座位上也没有她的书包。发现小芳失踪后,学校立即组织全校大部分老师到处寻找,并向派出所报了案。当天晚上7点左右,派出所通知学校,在离学校几公里远的废弃的建筑工地上发现了小芳的尸体。杀害小芳的罪犯一直没有抓获。小芳的家长认为,他们的女儿是在学校门前失踪后惨遭不幸的,便告到法院,要求学校承担全部责任,给予15万元的赔偿。法院经审理认为,小芳的家长由于监护不力,对小芳不幸被害,应承担主要责任,而学校由于部分管理职责不到位,应承担次要责任,给予适当的赔偿。

对提前到校后在校门口等待又没有家长陪同的学生,学校是坚持按规定的时间打开校门,还是提前打开校门让学生随到随进呢?

以往有不少学校坚持按时开校门,这是有原因的。一方面,按时开校

门可以保证学校正常的作息制度不被打乱，而且可以培养学生的时间观念和规则意识。另一方面，提前开校门会增加学校的负担。这些负担主要包括两个方面。一是管理上的负担。提前开校门意味着学校必须安排一些教师提前到校值班，从而增加学校的人力、物力和财力负担。二是法律上的负担。按照现行的法律规定，在安全问题上，学校对在校未成年学生负有教育、管理和保护的职责。这一职责的起止时空范围为"门——门"，即始于学生上学后迈过校门进入校园，终于学生放学后走出校门离开校园（学校组织的校外活动是个例外，此种情况下学校的职责延伸至校外）。未成年学生在校学习、生活期间，学校未履行相应职责而导致学生受到意外伤害的，校方须承担相应的法律责任。而对发生在学校正常上学时间以外的校门外的安全事故，学校一般是没有法律责任的。显然，提前开校门就意味着延长了学校的安全责任时间，从而增加了学校的法律负担。这通常是学校不愿意承受的。

然而，学生的安全大于天，最大限度地保护学生的安全是学校的义务。在社会治安环境日趋复杂的今天，让学生在无人监管的情况下在校门口长时间滞留，无疑增加了其安全风险，容易诱发意外事故或不法侵害行为。因此，对提前到校的学生，学校应及时打开校门让他们进入校园，并安排一些教职工提前到校看管他们，对他们入校之后到上课之前的行为加强管理和监督，确保他们的安全。

四、学生到校后，勿以任何理由不让其入校，不得允许其擅自离校

某中学要求所有学生上学期间必须佩戴校徽。一日早晨7点40分左右，初一学生小童到达校门口时因未佩戴校徽被值班教师拦住。小童告诉老师，他的校徽落在家里了，自己家就在学校附近，可以回家去取。对此，值班教师未加以劝阻。小童在回家途中上楼梯时不慎摔倒，磕断了一颗门牙。事后，小童将学校告上了法庭，要求学校赔偿医疗费6000元、精神损害

抚慰金50000元。法院经审理认为，在规定的学生到校时间内，学校不让小童进校园并许可其离校回家的做法明显不妥，违背了学校对学生应尽的管理和保护之责，学校对损害的发生存有一定过错，应承担相应的责任。据此，法院判决部分支持了小童的诉讼请求。

在实践中，一些学校时常出于以下原因不让学生入校或者让其中途离校：学生未穿校服或未佩戴校徽，发型不符合要求，携带了与学习无关的物品，忘了带必备的学习用品，没有完成家庭作业，因犯错误而被教师要求回去"请家长"，以及教师让学生外出为自己买东西或拿物品等。殊不知，在学校规定的上学时间内，如果学校不让学生进校园或者让其中途自行离校，将导致学生脱离学校的管理范围，而处于安全监管的"盲区"。一旦发生安全事故，学校将会因疏于履行对学生的教育、管理和保护职责而需要承担相应的法律责任。有鉴于此，在规定的上学时间内，学生到校后，教师或协助执勤的学生不得以任何理由不让其入校，也不得在上学期间责令或允许学生自行离开校园。

律师的建议

上下学时，与家长配合做好学生的交接工作：

- 建立低幼学生接送的交接制度，并严格执行。
- 不得将晚离校的低幼学生交与无关人员，或者让其自行离校。
- 对提前到校的学生，学校应及时让其进入校园并妥善管理。
- 学生到校后，勿以任何理由不让其入校，不得允许其擅自离校。

4. 上课前，怎样通过考勤制度防范安全风险

上课铃声响后，任课教师走进教室，第一件事是干什么？争分夺秒地开始讲课吗？传授知识固然重要，但更为重要的是保护学生的安全。怎么保护？从检查学生的出勤情况开始。考勤制度的建立健全至关重要。过去，我们把考勤制度只是当作一种纪律管理手段，对那些旷课达到一定次数的学生进行警告、记过等纪律处分，以此来确保基本的教育教学秩序，督促学生好好学习。其实，除了这一功能外，考勤制度更大的价值在于，它还是一种重要的学生安全管理手段。通过落实考勤制度，可以及时发现学生的缺勤、旷课情况，并在第一时间与学生的家长进行联络、通报，防止意外情况发生，从而实现家庭保护与学校保护之间的适时衔接。考勤制度缺失或不健全，将会导致学校无法及时了解学生在校上学的情况，也会阻碍学校与家长之间及时沟通学生的安全信息，从而影响家庭和学校对学生监管职责的履行。

> **关键词**
>
> 考勤制度
> 缺勤
> 旷课
> 擅自离校
> 通知家长
> 请假
> 假条
> 因病缺勤
> 病因追查与登记
> 违反考勤制度

一、任课教师每节课前要进行考勤

在学校规定的上学时间，学生原则上都应当在校学习。一旦学生违反

这一规定，无论是迟到、早退、擅自离校，还是旷课，都属于异常现象，学校应当及时掌握这一情况并采取相应的管理措施，以防学生发生意外。为此，学校应当建立每节课前考勤的常规制度。任课教师在上课前应当对学生进行考勤，查明学生的出勤情况。特别是每天上午和下午的第一节课，任课教师更要仔细清点人数，一旦发现异常情况，要及时告知班主任。

二、发现学生未到校或擅自离校，班主任应立即通知家长

据"中新网"报道，区某怡就读于广西藤县某村小学学前班。由于家离学校并不远，区某怡平时都是步行往返学校，不需要父母接送。2015年5月5日上午，区某怡按时到校上学，但当日下午并未到校上学，当时的代班老师发现了这一情况，但没有向学生的家长告知这一情况。当天下午18时，区某怡的母亲孙某枚未见女儿按时回家，就发动家属、邻居、老师等人到村中各角落寻找。晚上11时许，孙某枚在距离学校不远的一处竹根下发现了区某怡的遗体。经藤县公安局确认，区某怡系被害身亡。痛失女儿的区某军、孙某枚夫妇认为学校未尽到相应的监护、管理义务，为此诉至法院，要求学校承担50%的赔偿责任，即赔偿经济损失10万余元。法院经审理认为，被害人区某怡是被告的学生，被告应当将原告女儿未到校的情况及时告知原告，但被告并未履行这一告知义务。此外，案发时被告未建立低年级学生上下学时接送的交接制度，可见被告有未尽管理职责的行为。据此，法院判决被告承担10%的责任，赔偿原告因区某怡死亡而造成的损失20552.4元。

学生缺勤的原因有很多，包括请假、迟到、早退、逃课以及上学途中发生意外等。对自行上下学的学生，若是在上学途中发生意外情况（如逃课玩耍、被拐骗绑架、遭遇事故等），而学校未在第一时间将学生缺勤的信息告知家长，可能就会导致家长未能及时跟进采取相应的安全措施，从而错过寻找和挽救孩子的最佳时机。因此，在对学生进行考勤的过程中，

任课教师一旦发现有学生缺勤,在询问其他学生后,应当立即将无故或因不明原因缺勤的学生名单交给班主任。班主任或者其他主管考勤工作的教师应当立即与缺勤学生的父母或者其他监护人取得联系,向其通报学生缺勤信息并了解原因。若家长表示孩子已离家前往学校,不知何故尚未到校,那么教师应当提醒、督促家长及时了解孩子的行踪,采取相应的安全防范措施,以免孩子发生意外。

《中华人民共和国预防未成年人犯罪法》第三十四条规定:"未成年学生旷课、逃学的,学校应当及时联系其父母或者其他监护人,了解有关情况……"《中小学幼儿园安全管理办法》第二十四条也规定:"学校应当建立学生安全信息通报制度,将学校规定的学生到校和放学时间、学生非正常缺席或者擅自离校情况以及学生身体和心理的异常状况等关系学生安全的信息,及时告知其监护人。"《学生伤害事故处理办法》第九条则规定:"因下列情形之一造成的学生伤害事故,学校应当依法承担相应的责任……(十一)对未成年学生擅自离校等与学生人身安全直接相关的信息,学校发现或者知道,但未及时告知未成年学生的监护人,导致未成年学生因脱离监护人的保护而发生伤害的。"由上述规定可见,学生非正常缺席属于事关学生安全的信息,及时向家长通报这一信息是学校的法定义务。倘若违反这一义务,一旦学生发生意外,学校将被追究相应的法律责任。

三、学生请假,班主任应当向家长核实

学校应当建立严格、规范的学生请假管理制度。若学生因病、因事不能到校上课,应当提前向学校请假。由于未成年学生属于无民事行为能力人(不满 8 周岁的未成年人)或限制民事行为能力人(8 周岁以上的未成年人),为了安全起见,请假应当由学生的监护人向学校提出,并提交书面的假条。假条的内容应当包括:孩子的姓名及所在班级、请假的原因、返校时间、家长的签名及日期。班主任在收到学生转交的假条后,应当通过打电话、发信息等方式向家长进行核实,防止孩子或他人假冒家长进行

欺骗。因学生突发疾病或临时有事，家长在孩子缺席当天临时打电话向班主任请假的，班主任应当让家长先用短信、微信等社交工具提交假条，并在学生返校后提交正式的书面假条。其中，学生因病请假的，学校、教师还应当严格执行因病缺勤病因追查与登记制度。根据《学校和托幼机构传染病疫情报告工作规范（试行）》的规定，班主任应当密切关注本班学生的出勤情况，对因病缺勤的学生，应当了解学生的患病情况和可能的病因，如有怀疑，要及时报告给学校疫情报告人。学校疫情报告人接到报告后应及时追查学生的患病情况和可能的病因，以做到对传染病病人的早发现。建立完善的请假制度，有利于学校准确掌握学生缺席的事由，降低安全事故的发生概率。

四、对违反考勤与请假制度的学生，学校应给予批评和教育惩戒

对迟到、早退、擅自离校、旷课等违反考勤与请假制度的学生，学校应当给予批评教育，或者根据教育部颁发的《中小学教育惩戒规则（试行）》以及校规校纪，给予适当的教育惩戒，督促学生认识和改正错误，以维护学校正常的教育教学秩序，防止发生安全事故。

律师的建议

建立健全学生考勤制度，防范安全风险：

• 任课教师每节课前要进行考勤。

• 发现学生未到校或擅自离校，班主任应立即通知家长。

• 学生请假，班主任应当向家长核实。

• 对违反考勤与请假制度的学生，学校应给予批评和教育惩戒。

5. 课堂上，任课教师如何防范安全风险

在上学期间，学生大部分时间是在课堂上度过的，保护学生在课堂上的安全，是学校安全管理工作的重要任务之一。未成年学生生性好动，自我保护意识和自我保护能力较为欠缺，日常教学活动中如果对其疏于教育、管理，很有可能会导致意外事故的发生。有鉴于此，学校应当建立健全课堂安全管理常规，落实管理要求，合理预见、积极防范安全风险。而任课教师则是课堂上保护学生安全的直接责任人。每一位任课教师既要做好学科教学工作，又要承担起对学生的安全管理职责，落实"一岗双责"制度，预防课堂安全事故的发生。

关键词

课堂
一岗双责
考勤
按时上课
离开课堂
课堂纪律
危险行为
身体不适
救助
提前下课

一、课前考勤，上课期间不得将违纪学生赶回家

任课教师上课的第一件事是检查学生的出勤情况。一旦发现有学生缺勤，教师应当询问其他同学，对无故缺勤的学生，应当立即通知其班主任，由班主任与学生的家长进行联系。此外，在课堂进行过程中不得因学生违纪而令其离开校园。对上课迟到的学生，教师应当在提醒或批评教育后让其进入教室，不应将其关在教室门外，对其放任自流。对未带作业或学习

用具的学生，教师不得让其回家取作业或用具，以免发生意外。对违反课堂纪律的学生，教师不得将其驱离学校或令其回家。学生严重扰乱课堂秩序，使得课堂活动无法继续进行的，教师可以根据《中小学教育惩戒规则（试行）》及校规校纪的规定，对其采取暂时隔离的措施，并由学校安排专门的教师对其进行教育管理。

二、按时上课，中途不要随意离开课堂

53岁的丁老师是一名市级优秀教师，她怎么也没想到自己一个小小的疏忽竟会酿成一场悲剧。那天上课的时候，她发现事先准备好的一样东西落在了办公室，于是回去拿。丁老师刚走，一贯懒散的小明同学打了一个哈欠，将脖子往后一仰，后脑勺靠在了后排同学小启的课桌上。小启觉得好玩，用双手紧紧锁住了小明的脖子。急于摆脱束缚的小明情急之下拿起桌上的铅笔不计后果地往后一杵，正好刺中了小启的左眼，鲜血随即淌出。闻讯赶到的老师急忙将小启送往医院救治。经诊断，小启的伤势为左眼穿通伤伴外伤性白内障，小启住院治疗近一个月，花费2万多元。小启出院后，由于无法与小明的家长及学校就赔偿问题达成一致意见，将小明和学校一起告上了法庭。法院做出一审判决：被告小明承担主要责任，赔偿原告70%的损失；被告学校承担次要责任，赔偿原告30%的损失。

教师履行课堂安全管理职责的前提是，上课时间要坚守岗位，不得缺岗。为此，首先，教师要做到按时上课，不得迟到。教师晚到哪怕一分钟，学生在教室里都有可能会闹翻天，乃至引发意外伤害事故。其次，在上课过程中，教师不能随意撇下学生离开课堂。须知，一旦教师离开课堂，学生即处于管理和保护的"真空"状态，在学习的压力和纪律的约束突然解除之后，他们很有可能会做出出格的举动。这就要求，教师在上课之前应当做好各个方面的准备工作，在课堂进行过程中，不管出于什么原因，都不能撇下学生离开课堂而让学生处于"放羊"状态。回办公室取教具、上

厕所或者外出看病，都不能成为教师中途离岗的理由。确因情况特殊必须离开课堂的，教师应当事先征得学校领导的同意，并由学校安排其他教师代课。否则，在教师脱岗期间一旦发生学生伤害事故，学校将会因疏于履行对学生的管理、保护之责而需要承担相应的民事责任。

三、管理课堂纪律，制止学生做出的危险行为

据媒体报道，2008年6月12日，安徽省长丰县某中学教师杨某正在教室里上课，班上学生杨某和陈某因言语不和扭打起来。教师杨某没有及时有效地予以制止，反而气愤地说了一句"你们要是有劲，下课到操场上打"。随后，其他同学将学生杨某和陈某拉开。学生杨某回到座位上后，出现全身颤抖、口吐白沫等症状。几位同学见状急忙将杨某送往附近的医院救治，但为时已晚，杨某最终不治身亡。此事经披露后，媒体将教师杨某称为"杨不管"。有关方面也做出了处理，教师杨某被调离教学岗位，同时处以行政记大过处分，其所在中学校长被免除职务并处以行政记大过处分。

良好的课堂纪律，是教师开展教学和学生正常学习的基本条件。相反，学生不守纪律、课堂秩序混乱，不但不利于课堂教学的进行，还有可能引发安全事故。纪律是秩序和安全的基本保障，管理课堂纪律是每一名任课教师的基本职责。放弃对课堂纪律的管理，任凭学生为所欲为，是教师失职的表现。

在学生的各种课堂违纪行为中，最应当引起教师警惕的是学生做出的危险行为。此类行为包括：携带危险物品或动物进教室；违规操作、玩弄带有一定危险性的教学设备、器物；手持小刀、剪刀、笔或其他尖锐物、硬物对着他人挥舞、比画；殴打他人；在教室内追逐、奔跑等。在上课过程中，一旦有学生做出此类危险行为，教师应当立即予以有效制止，并教育学生不得再犯。必要时，应当将违纪学生交给学校相关部门进行教育和

处理。在实践中，如果教师对学生做出的危险行为视而不见，未及时、有效制止，一旦发生安全事故，学校则必须对损害后果承担相应的民事责任。

四、发现学生身体不适，应当及时予以救助

据《燕赵晚报》报道，2009年4月21日11时许，某农村小学课堂上，男孩小昌误将一个塑料笔帽吞进肚子里。随后几名同学举手向老师报告了这一情况。老师询问后，对小昌说了一句"回去后告诉家长你吃了个笔帽"。之后，便继续上课。据小昌的母亲介绍，孩子回家后并没有将吞笔帽的事告诉家长。当天晚上10点多，小昌感觉肚子胀，随后到村里的诊所就医，凌晨5时许病情加重，转到医院就诊，但一直查不出病因。直到第二天13时许，在医生的提醒下，家长向老师打电话询问，才知道孩子吃了笔帽。但为时已晚，小昌于第三天15时许死亡。医院出具的死亡报告显示小昌系呼吸循环衰竭而死。小昌的父母向法院起诉要求学校承担赔偿责任。法院经审理认为，小昌是无民事行为能力人，在学校期间，学校对其有管理和保护的责任，老师在被告知小昌误食笔帽后没有及时告知家长，也没有采取其他救助措施，导致孩子延误治疗并造成死亡，学校对此负有主要责任。据此，法院判决学校赔偿小昌的父母各项费用共计85794.6元。

在课堂上，学生有时会出现身体不适，某些情形下如果对患病学生未能及时采取救助措施，将有可能产生严重后果。为此，一方面，学校、教师平时应当教育学生，生病了就请假，尽量不要来学校；在上课过程中，万一出现身体不适，务必立即告诉老师，听从老师的安排，尽量不要带病上课。另一方面，任课教师在课堂上一旦发现学生突发疾病，应立即通知其班主任，由班主任或其他教师带学生到学校医务室检查，或者直接送往医院救治。对生病的学生，任课教师绝不能不闻不问，否则，一旦因此导致学生延误救治，校方需要对加重的损害后果承担相应的民事责任。此外，发现学生患病后，学校还应当及时通知学生的家长，保障家长的知情权，

以便家长及早介入孩子的救治工作。

五、不得提前让学生下课

一日，某小学教师吴某在给三年级学生上体育课。距下课时间还有 5 分钟时，吴老师因有事需回办公室，就提前让学生下课。随后，当学生小东在操场上练习侧空翻时，另一名学生小良将其推倒，致使小东面部肌肉擦伤。事后，小东的家长带孩子看病，花去医疗费近千元。小东的家长找到学校，要求解决医药费问题。因协商未果，小东将小良和学校一起告上法庭。法院经审理判决小良承担主要责任，学校承担次要责任。法院认为，教师吴某未到下课时间即宣布下课，对学生放任自流，导致小东被其他同学推倒受伤，学校具有疏于管理的过错，应当对损害后果承担一定的赔偿责任。

任课教师在上课过程中，如果提前完成了课堂任务，或者临时有事，能否提前宣布下课而后自顾离去呢？答案自然是否定的。

学校对在校未成年学生负有教育、管理和保护的职责，按照学校的内部分工，在不同的时间、不同的场合，这一职责往往由不同的教师代表学校来履行。对某一节课的任课教师而言，其履行职责的时间一般始于规定的上课时间，终于规定的下课时间。如果教师为了抽身离开而提前让学生下课，使得学生处于无人监管的"放羊"状态，则意味着该教师打乱了学校的职责分工和安排，导致学校未能履行对学生的教育、管理和保护的职责。在提前下课期间一旦发生学生伤害事故，学校必须承担一定的法律责任。因此，除非学校做出统一安排，或者发生自然灾害等危及师生安全的紧急情况，任课教师原则上不得提前让学生下课，而应当严格遵守学校关于课时的规定。

律师的建议

任课教师应防范课堂上的安全风险：

• 课前考勤，上课期间不得将违纪学生赶回家。

• 按时上课，中途不要随意离开课堂。

• 管理课堂纪律，制止学生做出的危险行为。

• 发现学生身体不适，应当及时予以救助。

• 不得提前让学生下课。

6. 实验课上，怎样防范安全事故

由于教学的需要，中小学的实验课往往涉及一些危险实验用品的使用。以中学为例，实验课涉及工业酒精、乙醛、乙醚、无水乙醇、白磷、硫粉、钾、钠、碳化钙和二硫化碳等易燃品的使用；涉及高锰酸钾、过氧化钠、氯酸钾、硝酸铵和硝酸钠等氧化剂的使用；涉及水银、氯化钡、三氯甲烷和氢氧化钡等有毒品的使用；涉及硫酸、硝酸、盐酸、硫化钠、碱石灰、氢氧化钠和氧化钙(生石灰)等腐蚀品的使用。这些实验用品或具有易燃、易爆、有腐蚀性、有毒等特性，或在不当混合、遇水、遇空气时易发生反应而造成特定的危害（如爆炸、燃烧、产生有毒气体等），一旦疏于防护，很有可能引发烫伤、烧伤、灼伤、受腐蚀、中毒以及火灾等安全事故。因此，建立学校实验室危险化学品安全管理制度，加强对实验课的安全管理，防止发生威胁在校师生人身及财产安全的意外事故，是学校刻不容缓的一项紧急任务。

关键词

实验课
危险实验用品
备课
安全教育
实验操作规则
课堂秩序
巡回辅导
危险行为
实验室管理
制度上墙
危险化学品

一、实验课教师备课时须备安全防范

事故往往产生于对安全隐患排查的忽视和懈怠。未雨绸缪，有备无患，

实验课的任课教师在备课时，既要备知识，也要备安全。教师对实验课所涉及的各种仪器及药品的类型、特性，产生事故的机制，防范事故的手段和措施等，都要充分了解，对实验设计的安全性要有正确的判断。教师要考虑到学生在实验操作中可能会出现的失误、万一出现失误应当采取的对策，以及极端情况下如何组织学生安全撤离等。此外，实验室还应当预备必要的防护用品，以供学生做实验时使用。只有对实验课的安全问题预先进行通盘考虑，任课教师才算真正备好一节实验课。

二、课堂上先进行安全教育

一日，物理教师李某在班上讲授"做功和内能的改变"原理课。李老师在没有讲明本次实验应注意的事项，且没有采取必要的安全防范措施的情况下，就拿起放有少量棉花和火柴的空气压缩引火仪，分组做演示实验，并让学生注意观察。李老师演示完毕后，学生小东申请亲自动手做实验。经李老师允许，小东动手做实验，很快便达到实验效果。随后，学生小海在没有经过老师允许的情况下，擅自将实验仪器再次加压，结果造成仪器的试管发生爆炸，坐在前排的学生小亮的左眼被炸伤。经鉴定，小亮的伤残等级为八级。随后，小亮起诉到法院，要求学校以及肇事学生小海赔偿医疗费、营养费、整容费、护理费、误工费等各项损失8万多元。法院经审理认为，本案实验仪器的试管发生爆炸，致使原告小亮左眼受伤，是被告小海（肇事学生）在小东做实验已达到实验效果的情况下，擅自对实验仪器再次加压，导致试管内压强迅速增大所致。而被告小海擅自再次加压行为的发生，主要是任课教师李某在做该实验前，未向在场学生告知注意事项，同时未及时阻止被告小海擅自加压行为所致。教师李某在本起事故中存在主要过错。据此，法院判决学校承担90%的责任，学生小海承担10%的责任。

在实验课上，教师首先应当对学生进行安全教育。通过安全教育，让学生了解各种实验仪器、药品的特性及其存在的危险性，了解实验过程中可能会出现的错误操作及相应的危害性后果，了解自我防护的措施和手段，掌握安全操作规程，从而使学生对实验课的危险性有充分认识，并保持必要的安全警惕性。忽略安全教育，将导致学生的防范意识降低，从而埋下事故隐患。

三、实验操作规则要讲解、演示透彻

据《华商报》报道，一日，某中学初三（1）班学生在上化学实验课时，由于学生操作失误造成意外，八名学生被炸伤。该班一名学生介绍，当天上午，他们班在上化学实验课时，老师要求学生做"高锰酸钾制氧"实验，十余名同学围成一组，开始动起手来。其中一名学生在添加药品时，操作失误，用量过多，造成正在加热的化学试管爆炸破裂，周围八名同学不同程度受了伤。被炸伤的八名学生当时都到医院检查了，其中一人因玻璃炸进皮肤而住院，两人当天进行了观察治疗，其余五人都是轻伤，用了药后就回家了。

在学生做实验之前，任课教师应向学生讲清楚实验目的、实验原理、实验要点、操作程序、步骤以及相关要求，让学生掌握操作要领以及注意事项。教师的实验演示要直观、规范、完整，要让学生看清楚、理解透彻。切忌在学生未掌握实验要领的情况下就让其动手操作。

四、维护良好的课堂秩序

一日上午第四节课，某中学初三（2）班的全体学生来到学校实验室，准备做用高锰酸钾加热制取氧气以及红磷在氧气中燃烧两项化学实验。上课铃声响后，任课教师发现有两名女生未到，而且实验室里没有自来水，就让学生小智去找两名女生，并让几名学生去提水。教师讲解了实验要点，并强调红磷不能与高锰酸钾混合等要求。由于人声喧哗，学生随意走动，课堂秩序混乱，小智未听到上述要点。学生们分得高锰酸钾和红磷后便擅自做起实验，教师未予以制止。小智与同桌在分得高锰酸钾和红磷后，即把红磷放入试管与高锰酸钾混合加热，教师当时并未发现。因实验室里没有木垫，小智便用手拿着酒精灯给试管加热，后试管爆炸，碎片扎伤小智的左眼。医院诊断小智的伤情为左眼角巩膜裂伤，内容物脱失，眼球挫伤，眼内积血。治疗33天后，小智才出院，其仍遗有左眼球萎缩变小、角膜条状浑浊、左眼无光感等症状。

在实验课上学生容易因兴奋而导致课堂纪律混乱，而混乱的课堂纪律是实验课安全的大敌。在课堂上，如果人声嘈杂，人员随意走动，那么学生很可能听不见老师讲解的实验要领和注意事项，也可能因兴奋、烦躁而违规操作，那么就有可能发生安全事故。良好的课堂秩序是实验课安全的必备条件。

五、实验中加强对学生的指导和监督，及时制止学生做出的危险行为

在学生动手操作的过程中，教师绝对不能置身事外，而应进行巡回辅导，加强对学生的指导和监督，维持良好的课堂秩序。一旦发现学生违规操作或做出危险行为，教师一定要及时、有效地予以纠正和制止。

六、建立健全实验室安全管理制度

小学五年级的一堂化学实验课，竟然导致三名学生金属钾或金属锰中毒，最严重的一名学生在重症监护室治疗三天病情仍未好转。这是某小学发生的一起因学生清洗试管时操作不当引起的安全事故。据了解，这三名小学生在老师的指导下，学习用高锰酸钾加热产生氧气。实验结束后，老

师让三人将实验用过的一支试管拿到水槽清洗。据当时在场的一名女生回忆，三人中一名男生没向试管中注水就将粉末倒出，粉末扬起，三人均有不同程度吸入。十分钟后，三人出现不同程度的昏迷、胸闷、气喘。三天后，清洗试管的男生出现流鼻血、呕吐、腰痛等症状。重庆医科大学附属儿童医院接诊专家初步判断三名学生为金属钾或金属锰中毒，具体病因还在诊断中。

实验室是学校的安全事故高发场所，也是需要学校重点管理和保护的对象。学校应当采取有效措施，预防实验室内各种安全事故的发生。重点应当建立健全下列安全管理制度：（1）防火、防爆制度；（2）防毒制度；（3）防触电制度；（4）防盗制度；（5）防创伤制度。

在实验课上发生的各种安全事故，大多数是由于学生违规操作而引发的。因此，学校实验室应当制定《学生实验守则》（以下简称《守则》）、《实验室安全操作规程》（以下简称《规程》），并将《守则》《规程》张贴在实验室的墙壁上，让学生一进实验室即可看到，从而在不经意间反复教育、引导学生养成遵守课堂纪律和安全操作流程的良好习惯，以防发生安全事故。

七、加强对危险化学品的购买、保管、领用和销毁等各个环节的安全管理

中学的物理、化学、生物学科教学以及小学的科学课程实验课涉及数十种易燃易爆品、氧化剂、毒害品以及腐蚀品等危险化学品的使用，有的还涉及放射性物质的使用。为了保证师生的安全，预防意外事故的发生，学校应当严格按照国家和行业相关规定，建立危险化学品和放射性物质的购买、保管、使用、登记、销毁等制度，从购买、保管、领用和销毁等各个环节加强对危险化学品和放射性物质的安全管理。

律师的建议

防范实验课上的安全事故：

- 实验课教师备课时须备安全防范。

- 实验课的课堂上安全教育先行。

- 实验操作规则要讲解、演示透彻。

- 维护良好的课堂秩序。

- 实验中加强对学生的指导和监督，及时制止学生做出的危险行为。

- 建立健全实验室安全管理制度。

- 加强对危险化学品的购买、保管、领用和销毁等各个环节的安全管理。

7. 体育课上，教师应履行哪些安全管理职责

体育课是以学生身体活动为主要教学内容的一门课程，它具有运动性、激烈性、竞争性、对抗性和开放性等特点。与普通的文化课相比，体育课往往容易引发意外事故。近年来各地频频发生的体育课安全事故纠纷也给我们敲响了警钟。学校、教师应当高度重视体育课安全问题，严格按照《学校体育工作条例》和教学计划组织体育教学和体育活动，完善相关安全管理制度，并根据教学要求采取必要的保护和帮助措施，消除安全隐患，避免运动事故的发生。

关键词

体育课
特异体质
安全检查
天气
穿戴
准备活动
动作规范
帮助保护
安全教育
危险行为
及时救助

一、对特异体质学生给予特别保护

一日下午，某中学上体育课，苏老师安排学生绕运动场跑道练习400米跑。女生李某在跑步过程中突然昏厥摔倒，苏老师发现后立即叫校医对李某实施了急救措施，并及时将李某送往医院救治，但李某最终还是不治身亡。法医鉴定证实李某生前患有轻度心肌炎、肺水肿，其系心脏性猝死。

特异体质包括患先天性心脏病、癫痫、肺结核、高血压、胃溃疡、哮喘、

肺炎、肾炎、精神病以及其他严重的疾病和伤残等。学校应当提醒学生的家长，要将学生的特异体质情况及时告知学校，以便学校在日常教育教学活动中对这些学生做出特别安排，给予特别照顾。学校应当为特异体质、不适宜参加剧烈运动的学生建立个人档案。体育教师应当掌握特异体质学生的情况，对特异体质或者有特定疾病而不宜参加某种活动的学生，应给予必要的注意和保护。学生身患疾病后，在没有医生诊断证明其身体已完全康复并可以参加体育活动的情况下，教师不得允许其上体育课，也不得让其参加体育测验、体育竞赛等活动。

二、课前要对运动设施、器材进行安全检查

体育课教学对运动场地、运动器材存在较大的依赖性，而运动场地、运动器材如果存在安全隐患，就有可能导致学生在上课过程中受到意外伤害。为此，任课教师在上课前一定要做好安全检查工作。一是检查运动场所是否平整，是否符合特定体育锻炼项目的安全需要。例如，高低不平的场地，很容易导致学生在运动中摔倒或扭伤；练习跳远的场地，上面的沙子不能太薄，否则起不到保护作用。二是检查体育器材质量是否合格，是否存在损坏或因年久失修而老化的情况，是否适合特定年龄阶段学生的锻炼需要。通过细致检查，排除运动场地和运动器材存在的安全隐患。

三、根据天气情况调整教学内容

体育课以室外活动为主，教学内容受天气的影响较大。在雨、雪、大风等恶劣天气下，学校一般不应当安排室外体育课和体育活动，以免发生意外。

四、重视学生穿戴的运动适宜性和安全性

体育课以肢体活动为主，学生应当按要求穿运动服，而不要穿紧身或

妨碍肢体充分舒展的衣物。同时，为了防止运动过程中身上携带的物品与身体发生触碰而伤害到身体，教师应当要求学生上课时不得携带金属类饰品以及小刀或其他坚硬物具。例如，某校有一名高一女生在体育课上进行前滚翻练习时，不慎使兜中放置的钩针扎入小腹，身受重伤。有鉴于此，在上体育课之前，教师应对学生的服装以及随身携带的物品进行必要的提醒和检查，以防发生意外。

五、课堂准备活动要充分

课堂准备活动不充分容易导致运动损伤。一般认为，体育课上适度、充分的准备活动，可以提高学生个体中枢神经系统的兴奋性，增强各器官系统的功能活动，有效地动员身体逐渐、全面进入运动状态，从而预防肌肉、韧带和关节的损伤。体育教师应当充分重视准备活动，不能将准备活动视为可有可无、无关紧要的一个环节。

六、动作规范要讲解、演示透彻

在体育课上发生的各种伤害事故中，有很大一部分是由于学生未能掌握准确的运动技术动作而引发的。新的运动项目对一般学生而言往往存在一定的难度，学生如果把握不好动作要领，就很容易因动作失误而发生意外。因此，在学生练习之前，教师一定要向学生讲解清楚动作要领，并亲自进行示范，确保每一名学生都能准确掌握。对容易引发安全事故的环节，教师应当着重予以演示，并告诉学生自我保护的具体对策。

七、保护、帮助要到位

据"河南法院网"报道，一日上体育课，教师安排学生练习立定跳远。因学生较多，教师就安排四个同学一组进行练习。11岁的张某在跳远时不慎摔倒受伤，造成两颗门牙冠折。事后，张某起诉到法院，要求学校赔偿医疗费、营养费、护理费、律师代理费、后续治疗费等各项损失15600元，并赔偿精神损失费10000元。法院经审理认为，学校在教学活动中负有对学生进行安全教育、管理和保护的职责。立定跳远对小学生而言具有一定的技术难度，教师应当预见到学生有可能因为没有掌握技术要领而摔倒或被垫子绊倒的情形。为此，在活动中教师应当采取相应的保护措施，避免发生学生伤害事故。本案中，由于教师在学生练习时只是站在一边，对学生的保护不充分，导致学生张某倒地受伤，学校有过错，应当赔偿张某因此而受到的损失。据此，法院判决学校赔偿张某医疗费、营养费、护理费等损失2408元。

单杠、支撑跳跃等体育运动项目都存在一定的危险性，学生若在没有帮助和保护的情况下进行运动，往往更容易发生意外。在这些运动项目的教学中，教师应当在适当的位置摆放好保护垫，并在一旁对正在做动作的学生提供帮助和保护。例如，在学生进行纵箱分腿腾越练习时，教师要站在落地点附近，练习者支撑时握其上臂，练习者落地时扶其腹背；在学生进行直腿后滚翻练习时，教师应站在练习者侧面，两手扶练习者腰侧，帮助其身体缓冲落地，当练习者臀部翻离地、两手和肩部触地时，教师应两手提拉其髋部，帮助其推手和翻转。适当的保护和帮助，可以大大降低学生发生运动损伤的概率。

八、教学内容不超纲

在某小学四年级的一节体育课上，教师安排学生进行障碍跑练习。教师在32米的范围内用小板凳设置了四道障碍，要求每名学生往返跑一次。一名学生在练习中跨越障碍物时被小板凳绊倒摔伤，后被送往医院治疗。因医疗费的赔偿问题无法与学校达成一致意见，学生就将学校告到法院。法院经审理查明，该体育课教学内容安排违反了国家教委制定的《全日制小学体育教学大纲》的规定，其强度和难度均超过了四年级学生的承受能力。据此，法院判决学校向学生赔偿医疗费等相关损失。

体育课的教学内容应当与学生的年龄、性别特点和身心发展水平相适应。不同年龄阶段的学生，其身体的平衡性、协调性以及运动能力存在一定的差异，体育课的运动项目、运动强度的选择应当考虑到这一情况。在实践中，任课教师应当严格按照教学大纲的要求进行教学，所安排的教学内容、难度和强度不得超出学生的正常身体承受能力，否则一旦发生学生伤害事故，学校就必须承担相应的法律责任。

九、加强安全教育，及时制止学生做出的危险行为

据《齐鲁晚报》报道，15岁的小明与14岁的小强系山东省五莲县某中学的学生。2014年6月，在学校的体育课上练习弯道跑，跑至弯道处时，小明跑入小强的跑道，二人相撞，小明摔倒受伤，导致左臂骨折。经鉴定，其伤情构成八级伤残。后因赔偿事宜协商未果，小明将学校、小强及其父母诉至法院，要求共同赔偿各项损失共计16万元。法院经审理认为，小明未充分注意自身安全，在跑步时未遵守"不得串道"的规则，误入被告小强的跑道，致二人相撞，是其受伤的主要原因，小明应对其所受伤害自负主要责任。被告小强在发现小明误入其跑道时，未及时减速、避让，存在一定的过错，对小明所受伤害亦应承担一定的责任。被告某中学在组织学生上体育课的过程中，对弯道跑的技巧、安全注意事项未充分讲解，在发现小明串道时未及时采取吹哨等警示、制止措施，亦是小明摔倒受伤的重要原因，为此应承担一定的过错责任。结合原告、被告各方的过错程度，酌定小明自负60%的责任；小强承担10%的责任并由其父母承担补充赔偿责任，赔偿原告1.6万元；学校承担30%的责任，赔偿原告5万元。

体育课具有较大的安全风险，充分、有效的安全教育可以增强学生的安全意识，提高其自我保护能力，从而降低安全事故的发生概率。在体育课

上，教师要向学生讲清运动中存在的风险、需要注意的问题，督促学生遵守课堂纪律和安全规范，听从指挥，防止发生事故。除此之外，在上课过程中，教师还应当对学生加强教育和管理，不让任何一名学生的行为游离于教师的监管之外。特别是在体育课的自由活动和分组教学过程中，任课教师应当确保每名学生的活动都处于自己的视野范围之内，对学生错误的技术动作要及时纠正，对学生做出的危险行为要及时有效地制止，防止发生安全事故。

十、发生意外伤害后要及时救助伤者

在体育课课堂活动进行过程中，一旦学生出现身体不适或受伤等情形，教师应当立即让其去学校医务室进行检查和处理；情况严重的，医务人员或教师应当采取紧急救援措施，并及时将学生送往医院救治，同时通知学生的监护人，避免因延误治疗而导致学生的病情或伤情加重。

律师的建议

防范体育课上的安全事故：

- 对特异体质学生给予特别保护。

- 课前要对运动设施、器材进行安全检查。

- 根据天气情况调整教学内容。

- 重视学生穿戴的运动适宜性和安全性。

- 课堂准备活动要充分。

- 动作规范要讲解、演示透彻。

- 保护、帮助要到位。

- 教学内容不超纲。

- 加强安全教育，及时制止学生做出的危险行为。

- 发生意外伤害后要及时救助伤者。

8. 课间休息时，如何管理学生的"高危行为"

相较于课堂而言，课间休息时间，学生的活动场地更为开放，活动的自由度也更大，所受到的纪律约束也更少，加之在课堂学习压力短暂解除之后，学生往往表现出极大的兴奋性，这让学校的管理难度随之增大。学校如果缺乏相应的制度设计，对学生的课间活动缺乏有效的监督和管理，那么发生安全事故的概率将会大大增加。有鉴于此，在学生休息、放松的时候，学校、教师反而应当紧张起来，对学生加强安全教育和管理，避免发生意外事故。

关键词

课间
课间活动
高危行为
课间行为准则
安全教育
危险行为
高危区域
值班巡逻
课间游戏

一、识别、了解课间活动中的各种"高危行为"

小学二年级学生小颖用扎头发的橡皮筋做了一副弹弓。一天课间休息时，小颖邀上同班同学小刚在操场上射弹弓，他俩用弹弓上的橡皮夹住小石子，对着不远处的一个矿泉水瓶不停地射击。小颖射击时，小刚站在他的右前方对他进行指点，射出的小石子竟击中小刚的右眼。小刚受伤后，住院治疗26天，花去医疗费3408元。医院诊断其伤情为"外伤性白内障（右），眼球视网膜挫伤"。经鉴定，小刚的伤情构成七级伤残。小刚的父母就儿子的损害赔偿问题与小颖的父母及学校争议较大，便起诉至法院，要求小颖的父母和学校承担赔偿责任。法院判决被告小颖的父母承担主要责任，被告学校承担次要责任，原告小刚自负一定责任。

课间，学生的下列行为特别容易引发安全事故，成为"高危行为"。

（一）追逐奔跑

课间追逐奔跑属于无序奔跑，由于受场地限制，加之人群聚集，学生在奔跑时容易碰到课桌椅、门、墙壁或其他同学，导致自己、他人摔伤或因磕碰硬物而受伤。在奔跑中猛然回头、转身或变向，则容易与他人发生触碰而引发事故。

（二）跳台阶、攀高、骑滑

学生在课间玩耍时跳台阶等，或者攀爬课桌、窗台、护栏、篮球架、树木，或者骑着栏杆扶手滑行，这些行为都很危险。

（三）拥挤

课间休息时，学生在人群密集的教室门口、楼梯或厕所门口等空间狭小的通道处快速行走、推人或相互拥挤，一旦前面有学生摔倒，往往容易引发群体性踩踏事件。

（四）玩耍危险物品

一些学生违反规定，携带打火机、管制刀具、剪刀、弹弓等危险物品进校园并在课间休息时拿出来玩耍，或者手持小刀、露出笔尖的笔具比画、玩耍，一不注意，很容易伤及自己或他人。

（五）做危险游戏

某些具有一定危险性的游戏，如叠罗汉、跳山羊、斗鸡、背人等，若在没有成人监督和保护的情况下玩耍，很有可能会发生意外，低年级学生尤其不适合玩耍此类游戏。

（六）吵架、打架等敌意行为

学生因小事发生矛盾，从吵架发展到大打出手，由于缺乏辨别力和自控力，动起手来往往不管不顾，很容易导致伤亡的后果。

二、制定课间行为准则，加强课间安全教育，杜绝"高危行为"

课间安全事故的发生虽然具有一定的偶然性，但绝大多数都与学生的违规、危险行为有关。为此，学校应当为学生的课间行为立下规矩，制定课间行为准则，并利用集会、班会、黑板报、橱窗专栏等渠道，对学生进行课间安全教育，让其养成课间安全行为习惯。实践中，学校未对学生开展相应的课间安全教育，未及时制止学生在课间休息时做出的危险行为，由此引发安全事故的，校方需要承担相应的法律责任。

学生课间行为准则可包括以下内容。

- 禁止在教室内、走廊上追逐奔跑或做其他剧烈运动。
- 进出教室要慢行，不拥挤，不使劲推门，防止撞到别人。
- 进出厕所要慢行，不拥挤或推搡他人，禁止在厕所内外追逐、打闹、逗留。
- 上、下楼梯要靠右慢行，不拥挤，不推人、撞人，不并步，不跳步，不打闹。
- 禁止做叠罗汉、斗鸡、背人等带有危险性的游戏。
- 安全使用体育设施，在没有保护措施的情况下不要在秋千、双杠、平梯等设施上做危险动作，防止摔伤。
- 禁止攀爬课桌、窗台、门、护栏、球架、围墙、树木。
- 禁止携带刀具、棍棒、针、火柴、打火机、鞭炮等危险物品及动物进学校。
- 禁止从窗户往外扔东西或从高处往下扔东西。
- 禁止向同学投掷课本、铅笔盒、椅子等硬物。
- 禁止拿笔、刀、棍棒、雨伞头等尖锐物对着别人比画、挥舞。
- 同学之间如发生矛盾可及时向老师求助,禁止骂人、推搡他人、对他人突然使绊、打架斗殴。
- 未经班主任批准不得出校门,禁止翻墙出校。

三、识别、了解课间活动中的各个"高危区域"

据《京华时报》报道,一日下午,某小学学生小龙、小磊、小舟三人在课间活动时玩滑杠。当时小磊和小舟在旁边帮小龙推。当小龙要求停止时,两人仍继续推小龙。小龙抓握不住,面部朝下摔在地上。经医院诊断,小龙两颗牙牙冠折断,两颗牙半脱位。事后,小磊、小舟的家长分别赔偿了小龙1000元,学校也负担了700余元的医疗费。但小龙的家长仍要求学校和小磊、小舟的家长,对小龙的牙齿后续治疗费、修复费、精神损害等进行赔偿。由于无法就赔偿责任比例达成一致意见,所以小龙起诉要求三个被告赔偿各种损失近16万元,其中要求学校承担90%以上的责任。法院经审理认为,学校对体育器械缺少必要的防护措施,值周教师也未尽到监督、管理职责,因此应承担主要的赔偿责任,赔偿小龙医疗费、交通费、临时性外形修复费、后续治疗费共计1.9万余元以及精神损害抚慰金8000元。小磊、小舟的家长承担次要赔偿责任,各赔偿小龙相关费用1141元。

课间,校园里的下列场所容易发生伤害事故,成为"高危区域"。

(一)教室

由于教室里摆放了较多的课桌椅,供通行的过道面积有限,学生在游戏、打闹过程中很容易因磕碰或摔倒而受伤。

（二）楼梯

学生在楼梯的扶手上骑行，上、下楼梯时打闹、推搡，在楼梯上奔跑，在行人众多时在楼梯上相互拥挤，都有可能引发安全事故。

（三）厕所门口

学生在课间休息时蜂拥着上厕所，如果急速进出，则容易因磕碰、拥挤而受伤。

（四）单杠、双杠等室外体育器材摆放处

在没有保护设施，也没有教师在场帮助的情况下，学生自行在单杠、双杠上做一些复杂的运动，很有可能发生意外。

（五）操场

操场是学生课间活动的主要场所之一，活动人数众多，学生在无序奔跑中容易发生碰撞而导致受伤。

四、建立"高危区域"课间巡查制度，及时制止学生做出的危险行为

课间是学生休息、放松的时间，但学校的安全管理却不能随之放松。相反，学校应当对学生的课间行为加强监督、引导和管理，消除安全隐患。为此，学校应当建立课间巡查制度，安排教师在楼梯、厕所门口、室外体育器材摆放处、操场等课间活动中的"高危区域"进行巡逻，及时发现并纠正、制止学生所做出的违规、危险行为。学校可以规定，值周的校领导为课间巡查的总负责人，当天值日的教师为学校分区域的巡查负责人，班主任为本班教室的巡查负责人，各负责人在课间加强安全巡查。巡查的教师应当佩戴红袖标，教师发现学生的行为具有危险性的，应当及时予以纠正、制止，并进行批评教育，情节严重的应当上报学校，由学校视情况给

予纪律处分。

课间巡查制度还可以配合班级纪律评比来实施，以增强其实效性和目的性。

五、向学生推荐、传授健康、安全、有益的课间游戏活动

学生的课间活动以适度、安全为原则。为了避免学生盲目地选择一些危险性较大的活动，学校可向学生推荐、传授一些安全的游戏活动，如"官兵捉贼""手指拔河""石头、剪刀、布"、踢毽子、跳皮筋、跳绳、游戏操等，引导学生通过适当的方式来放松神经、养精蓄锐。此外，在课间休息时，有条件的学校可以播放优雅的背景音乐。优雅的音乐可以营造一种轻松、雅致的氛围，既能陶冶学生的情操，又能使学生心情放松、心境平和、动作得体。

律师的建议

防范课间休息时发生安全事故：

- 识别、了解课间活动中的各种"高危行为"。
- 制定课间行为准则，加强课间安全教育，杜绝"高危行为"。
- 识别、了解课间活动中的各个"高危区域"。
- 建立"高危区域"课间巡查制度，及时制止学生做出的危险行为，并对违纪者予以批评教育。
- 向学生推荐、传授健康、安全、有益的课间游戏活动，引导其通过适当的方式来放松减压。

9. 学生就餐时间，常见的安全隐患有哪些

学生在学校集体就餐期间，由于用餐人数众多，加之学生因为肚子饥饿或急于抢占"先机"等原因而情绪高涨，行为冲动，很容易引发各种意外事故。为此，学校应当完善学生用餐管理制度，对学生在校集体就餐期间的行为加强引导和管理，并开展相应的安全教育，防止发生伤害事故。

关键词

集体就餐
离开教室
下楼梯
食堂门口
拥挤
地面湿滑
汤桶摆放
打闹嬉戏
维持秩序
文明就餐
危险行为

一、放学后急于离开教室、下楼梯，易引发摔伤、踩踏等事故

一天中午放学前，某小学准备学生的午餐，将饭菜及汤盆放置在教室门口。第四节下课后，四年级某班学生争先恐后朝教室外跑。由于同学们相互推挤，将放置在教室门口无人看管的汤盆打翻，徐某跌倒在地，热汤翻倒在徐某的双腿和臀部上，致使其臀部、双下肢烫伤总面积达7%。事发后，学校向徐某赔偿了全部医疗费并一次性支付后续治疗费22500元。

上午放学铃声响过后，安排学生在教室就餐的学校，部分学生急于上厕所而涌出教室。而安排学生在食堂就餐的学校，一些学生为了尽快到达

食堂而冲出教室，飞奔下楼。在奔跑和拥挤中，学生很容易发生碰撞、摔倒乃至踩踏事故。为了防范风险，学校应当通过平时的安全教育、课后的安全提醒，以及在午餐时间安排教师在楼道和楼梯处值班巡逻、维持秩序等方式，引导学生有序、安全地离开教室，走下楼梯。

二、食堂门口人员拥挤，可能发生危险

据"中国法院网"报道，一日中午下课铃声响后，某中学高三学生小史和同学一起往学校食堂跑去。由于学校食堂是定点开饭，早赶到的学生都围在食堂门口嬉闹。当食堂管理人员打开门时，学生们便争先恐后往里挤。在拥挤中，食堂的玻璃门被挤压破碎，恰巧挤在门边的小史被玻璃划伤了右臂。随后，小史被送往医院救治，经诊断，其伤势为右手右侧尺神经断裂、右肘部切裂伤，后经鉴定其伤情构成十级伤残。事发后，小史将学校告上法庭，索赔医疗费、护理费、残疾赔偿金等各项损失共计5.5万余元。法院经审理判决学校赔偿小史医疗费等各项经济损失共计4.06万元。

学生上学期间学习紧张，放学的时候多半已是饥肠辘辘。而一些安排学生在食堂就餐的学校，规定的集体就餐时间往往较短，部分学生因担心排队时间太长或吃不上饭，放学后急匆匆地奔向食堂，导致短时间内大量人员在食堂门口聚集、出入，由此产生各种安全隐患。为了预防事故发生，学校应当有针对性地采取相关安全管理措施。例如，学校规定的学生集体就餐时间应比较充裕，不能太短；食堂大门应当提前打开，就餐期间应保持多个出入口畅通，防止学生在单个出入口聚集；安排教职工在出入人员较多的食堂大门值班，疏导学生通行，防止学生拥挤、打闹；在发生疫情等特殊情况期间，实行分时错峰用餐，防止过多人员聚集；等等。

三、汤桶摆放不当、地面湿滑、秩序混乱，可能酿成事故

据《新京报》报道，一日中午，某小学二年级学生小兴在学校食堂排队打饭，当时人多拥挤，现场没有老师维持秩序，而队伍旁边就是一个盛满热绿豆汤的保温桶。小兴不慎被挤倒，一屁股坐进汤桶内。事故导致小兴胸部以下都被烫脱了皮，经司法鉴定，其伤情构成八级伤残。出院后，小兴将学校告上法庭，索赔医疗费、残疾赔偿金等共计24万余元。法院经审理认为，学校对学生负有教育、管理和保护的职责。本案中，学校食堂将热汤桶放置于小学生排队打饭的食堂门口外，存在明显的不安全因素，校方疏于管理，应承担相应的赔偿责任。据此，法院判决学校赔偿小兴各项损失共计21万元。

鉴于学生就餐人数众多，学校应当对器物摆放、就餐环境、学生行为加强管理，充分预见到可能存在的各种安全隐患，并采取相应的防范措施。例如，学校食堂地面要保持清洁、不留积水，防止学生因地面湿滑而摔倒；菜、汤、粥、水在低于60℃（夏天50℃）之前不要放到学生可接触到的地方，40℃以下的食物才能让学生食用；汤桶不得摆放在食堂门口、过道等人行通道上，亦不宜直接放在地面上，最好放在桌台上；学生打饭高峰期，安排教职工在现场维持秩序，引导学生有序排队，避免拥挤，及时制止学生做出的打闹、加塞等不安全行为；平时教育学生饭菜不要盛得太满，以免溢撒，端着热菜、热汤时不要猛然回头或快步行走，要注意避开他人，不要将菜、汤、粥从自己或他人的头顶举过。

四、学生就餐过程中嬉戏打闹，容易造成伤害

据《楚天都市报》报道，一日午餐时间，某小学高年级学生小刚与小兵在学校食堂内发生口角，随后小兵拍打小刚左侧肩膀，打完后便往食堂门口跑去。小刚则从学校食堂内向外追赶小兵，同时将手中的饭勺扬起朝

小兵扔出，不料饭勺击中了迎面而来的小涛的左眼。小涛当时鲜血直流，后被值周教师送往医院治疗，经诊断其伤情为左眼角膜穿透伤伴虹膜嵌顿、左眼巩膜裂伤、左眼创伤性前程积血、左眼视网膜病变 NOS，左眼球需摘除，经司法鉴定构成七级伤残。事发后，小涛将小刚和学校起诉到法院，要求二者赔偿各项损失 36 万余元。法院经审理判决小刚及其家长赔偿 201528 元，学校赔偿 146566 元。

学生生性活泼，容易冲动，为了防止其在就餐期间发生打闹行为，维持良好的就餐秩序，学校应当制定学生文明就餐管理制度，开展相关安全教育，规范学生的就餐行为，培养学生文明用餐的习惯。在就餐期间，应当根据食堂规模和就餐人数安排足够的人手负责维持秩序，及时制止学生做出的各种危险行为，预防发生安全事故。

律师的建议

防范学生集体就餐期间发生安全事故：

- 放学后学生急于离开教室、下楼梯，易引发摔伤、踩踏等事故，学校应当安排教职工在楼道、楼梯处维持秩序。
- 食堂门口人员拥挤，可能发生危险，学校应当采取多种方式疏导通行。
- 汤桶摆放不当、地面湿滑、秩序混乱，可能酿成事故，学校应当对器物摆放、就餐环境、学生行为加强管理。
- 学生就餐过程中嬉戏打闹，容易造成伤害，学校应当制定学生就餐管理制度，安排专人维持就餐秩序，培养学生文明就餐的行为习惯。

10. 午休时间，怎样做好安全管理工作

午休时间也是学生安全事故的高发时段之一。午休时间，教师们要么抽空小憩，要么忙于批改作业；而学生失去了课堂纪律的约束，自由活动、自主安排的机会增多，学校教育、管理和家长监护都处于薄弱期，容易发生各种各样、大大小小的安全事故。学校应当高度重视午休时间学生的安全问题，完善相关制度，采取充分措施，以消除各种安全隐患，保障学生午休安全。

关键词

午休时间
不在校午休
安全告知
统一在校午休
午休场所安全
设施安全
值班制度
午休纪律
自由活动
离校外出

一、对不在校午休的学生应加强安全教育，督促监护人履行保护职责

2020年12月24日下午，广东省惠州市某学校在该校微信公众号发布声明称，12月21日中午，小区内的某私人午托机构发生一起学生安全事故。该校两名学生在无人看管的情况下玩耍，导致其中一名学生从二层床铺上摔下来，造成颅内出血。声明称，经医院抢救治疗后，该名学生并没有残疾或生命危险。该私人托管中心负责人和双方家长已在积极处置相关后续事宜。声明还提到，该校再次对全体学生进行了校外行为安全教育，并召集了周边托管中心负责人开会，要求其强化安全管理和专业培训。同时，学校要求家长在选择托管机构时要选择有资质

及合格的机构安排午托。

无论是城镇还是农村,总有一部分学生选择不在学校午休。其中,有的是因为学校离家较近而主动选择回家就餐和午休;有的则是因为学校条件受限,无法满足需求而被动选择回家或者到校外午托机构甚至私人"小饭桌"就餐和午休。这些学生的安全问题一直备受社会关注。问题的解决有赖于政府、家庭、学校以及有关机构的共同努力。学校应当切实履行教育机构职能,在保障学生安全问题上发挥自身作用。例如,对学校提供在校午餐、午休条件而学生的家长却选择自行解决的,校方应当做好统计和登记工作,与家长明确各自的安全责任,并尽可能向家长发放学生午休安全告知书,提醒、督促家长切实履行监护职责,对孩子的行为加强管束,防范各类安全事故。在午休期间,个别学生提前到校的,为避免其在校外滞留期间发生意外,学校应当允许其进入校园并予以妥善管理。

二、对统一在校午休的学生,应提供安全的午休场所和设施

据"中国新闻网"报道,2015年6月5日,昆明市盘龙区人民法院对致6死35伤的明通小学踩踏事故案做出一审判决:明通小学校长李岚、副校长杨霖、体育教师李鹏程犯教育设施重大安全事故罪,分别被判处2年至1年不同刑期。法院经审理查明,2004年,盘龙区明通小学将位于昆明市北京路明通巷10号校园内的教职工宿舍楼一单元二至七层的10套宿舍改变用途,用于组织学生集体午休。被告人李岚作为校长,杨霖作为分管后勤和安全工作的副校长,明知该宿舍楼作为学生午休楼使用明显不符合国家标准文件《中小学校设计规范》等的相关要求,存在重大安全隐患,且未采取有效的防范措施,却一直使用。2014年9月25日17时许,被告人李鹏程作为该校体育教师,违反体育器材使用管理的相关规定,擅自将教学使用的两块海绵垫倚墙立放于午休楼一楼楼道处。次日14时许,该校一、二年级500余名小学生结束午休,在经过一楼过道返回教室上课时,

因立放于过道的海绵垫倾倒在楼道上阻碍学生顺利通行，致大量学生相互叠加挤压，引发严重踩踏伤亡事故。

近年来各地政府和学校纷纷采取各种措施，着力解决学生在校统一午休问题。在解决问题过程中尤其不能忘记，学校应当为学生提供安全的午休场所和设施。目前各所学校提供的午休场所包括学生宿舍、教室以及其他场地。其中，提供宿舍作为午休场所的，宿舍的条件应当符合国家标准文件《中小学校设计规范》规定的要求，投入使用前应当经过验收并取得合格证明，还要保证宿舍的空气质量符合环保要求。此外，学校提供的床铺等设施也要符合相关安全要求。提供教室作为午休场所的，在学生午休过程中应当加强安全管理，防止发生意外事故。提供其他场地作为午休场所的（例如，将学校的图书馆、阅览室、多功能室、体育馆等场所在午休时间向学生开放，并根据条件配备午休相关设施），应当保障场地、设施的安全，维护良好的午休和通行秩序，避免发生拥挤踩踏等事故。

三、安排教师值班，维持午休纪律，及时处理突发事件

据"扬州发布"消息，2018年5月中旬某日中午，小明和小刚在学校吃过午饭后回到教室午休。两人没有睡意，便在教室里玩起了一种在男生中流行的游戏。他们将塑料刀绑在橡皮筋的一头，随后在两人争抢橡皮筋的过程中，小刚抓住绑有塑料刀的橡皮筋一头，小明则抓住橡皮筋的另一头。不知什么原因，小刚突然松手，由于橡皮筋弹力大，塑料刀飞快弹了出去，击中了小明的左眼。当天晚上小明因左眼疼痛感加剧，被父母紧急送往市区一家医院治疗，医生诊断其伤势为左眼角膜穿通伤伴虹膜嵌顿，左眼虹膜损伤，左眼外伤性白内障。事发后，小明将小刚及其父母、学校起诉至法院。法院经审理判决小刚及其父母承担55%的赔偿责任，学校承担35%的赔偿责任，其余损失由原告小明自行承担。

学生统一在校午休时间虽然不属于上课时间，但仍属于法律所规定的"学生在校学习、生活期间"，学校仍旧对在校午休学生负有教育、管理和保护职责。虽然学生午休了，但学校的安全管理工作不能停摆。为了保障学生的安全，学校应当采取各项安全管理措施。例如，制定学生在校午休纪律，并要求学生严格遵守；对学生开展午休期间预防事故发生的安全教育；安排教师值班，维护午休秩序，及时制止学生做出的危险行为；一旦学生突发疾病或者发生伤害事故，及时进行应急处理，第一时间救助患者和伤员，最大限度地降低损害后果；等等。

四、对学生的自由活动进行适当约束，加强教育和管理

午休期间，学生能不能在校内自由活动，或者开展文体活动？原则上，午休时间应当专时专用，尽量让学生午睡休息。对无法入睡或没有午睡习惯的学生，可以允许其在教室内看书或写作业。一般不应允许学生自由活动或自行开展文体活动。对学校组织的文体活动或其他活动，学校应当对参加活动的学生开展相应的安全教育，并对活动进行合理的组织和安排，加强安全管理，消除安全隐患，防止发生意外事故。

五、做好门卫工作，限制在校午休学生随意离校外出

据"法律资讯网"消息，一日中午，某小学三年级学生小覃在学校吃完午饭（早上从家自带盒饭到校就餐）后，没有回教室午休，而是与同班两个同学到学校附近的小水沟玩耍，结果被马蜂叮蜇，经抢救无效不幸身亡。事后，小覃的父母向法院提起诉讼，要求学校承担赔偿责任。法院经审理认为，学校作为教育管理者，应该对学生加强教育和管理，采取充分的安全措施预防发生事故。本案中，学校在午休期间，没有尽到管理职责及合理的安全保障义务，致使小覃到校外玩耍时被马蜂叮咬致死亡。学校对事故发生有一定的过错责任，应承担相应的赔偿责任。

学生统一在校午休期间，学校应当切实履行安全管理职责，保障学生的安全。为了预防发生伤害事故，学校应当加强门卫管理工作，防止学生擅自离校外出。个别学生确因特殊情况需要外出的，应当由其家长向学校履行请假手续，并由家长自行保障孩子外出期间的安全。未经家长同意并履行请假手续，学校原则上不得允许学生随意离开学校，以免发生意外。

律师的建议

做好午休时间学生安全管理：

- 对不在校午休的学生应加强安全教育，督促监护人履行保护职责。
- 对统一在校午休的学生，应提供安全的午休场所和设施。
- 安排教师值班，维持午休纪律，及时处理突发事件。
- 对学生的自由活动应进行适当约束，加强教育和管理。
- 做好门卫工作，限制在校午休学生随意离校外出。

11. 提前放学，学校需要履行怎样的法律义务

有时，学校难免会因为某种原因临时调整放学时间，提前放学。当学校决定这么做的时候，有没有从学生和家长的角度考虑一下，这种临时调整会给他们带来怎样的影响？他们需要提前为此做好怎样的准备工作？近年来，一些学校临时调整放学时间后，学生在回家途中遭遇意外伤害的情况屡有发生。事后，一旦学生及其家长将学校诉至法院，校方往往会因为没有恰当地履行法律义务而被判决承担相应的责任。那么，当学校决定提前放学的时候，应当履行怎样的法律义务呢？

关键词

提前放学
通知家长
学生安全信息
通知方式
书面通知
回执
自行离校
安全教育

一、学校调整放学时间提前放学，务必事先通知家长

2016年4月19日下午3点半，某校因临时召开教师教学工作交流会，遂安排学生提前放学（平时放晚学时间应为下午4点20分），但六年级一班的班主任并未通知学生的家长。当天放学后，班上的同学叫小涛一起去儿童乐园玩耍，当他们几个人在一家酒店门口相互追逐嬉闹时，小涛不慎摔倒，导致左膝盖与右眼受伤。后经鉴定，小涛右眼的伤情构成了八级伤残。事后，小涛以学校提前放学却没有通知家长为由，向法院提起诉讼，要求校方赔偿各项损失126000元。法院经审理认为，被告某小学作息表显示，放

晚学时间为下午4点20分,因临时开会而提前放学,应根据《中小学幼儿园安全管理办法》第二十四条的规定建立学生安全信息通报制度。本案中,被告某小学并未举出已与学生的家长建立了安全信息通报的证据。因此,对当天下午放学后小涛发生安全事故受伤,学校在管理上存在一定过错。据此,法院判决被告某小学承担30%的责任,赔偿小涛各项损失37800元。

学生上下学时间,属于事关学生安全的信息。《中小学幼儿园安全管理办法》第二十四条规定:"学校应当建立学生安全信息通报制度,将学校规定的学生到校和放学时间、学生非正常缺席或者擅自离校情况以及学生身体和心理的异常状况等关系学生安全的信息,及时告知其监护人……"根据这一规定,在开学初,学校应当通过张贴公告、向学生的监护人发放书面的《家长须知》、发送短信或微信通知等多种方式,将学校规定的上学、放学时间告知学生的家长,提醒家长做好孩子上下学时的安全工作。学校因某种原因须对学生到校或放学时间进行临时调整,特别是推迟上学时间或提前放学的,应当提前另行通知学生的家长,以便家长相应地调整接送孩子的时间,或及时掌握孩子的行踪变化信息并采取相应的防范措施。

实践中,如果学校在没有提前告知家长的情况下就让学生提前放学,一旦学生在独自回家的途中发生意外,学校则需要承担一定的法律责任。

二、要将提前放学的信息以恰当的方式通知家长,确保家长收到信息

某小学为方便统一管理学生上下学,与家长协商后每天用校车在约定的站点接送学生上下学,并收取一定费用。一年元旦前夕,学校决定12月31日下午2点半放学(比平时提前一小时),12月28日,学校将临时变动放学时间的通知提前写在教室的黑板上,让学生转告家长。当天下午2点半,校车把孩子们送到指定接送点,家长们一一将自己的孩子领走了。但7岁的陈某忘记将学校提前放学的通知告诉父母,家长没有按照变动后

的时间提前到接送点来接孩子。陈某从校车中跑出来后,没有看到家长来接,就急急忙忙跑向马路,准备自己回家。在路中央时,被一辆急速驶来的大货车撞倒,当场死亡。有关部门做出了非交通事故损害赔偿调解书,要求车辆肇事者承担主要责任(70%),死者本人承担次要责任(30%)。家长无法接受,他们认为这30%的责任应当由陈某所在学校承担。(摘自《中国教育报》,作者谭晓玉)

学校提前放学,应当事先通知家长。那么,学校应当以怎样的方式履行这一通知义务呢?不恰当的通知方式,可能无法确保家长收到信息,也就等于没有通知,一旦发生事故,校方就无法免责。妥当的做法应当是以书面的方式进行通知,并确保每一位家长都能收到。其中,由学校以纸质通知书的形式进行通知的,最好在通知上附上回执,家长在回执上签字后让孩子带回上交学校。由学校或者各班班主任采取发送短信或微信等方式进行通知的,则应当让家长在收看信息后及时回复"家长已收到通知,并将采取相应措施履行对孩子的监管职责",以便确保家长知悉通知的内容。

三、提前放学后不得让无人接送的低幼学生自行离校

7岁的小彬放学走失后被宣告死亡,他的父母将学校告到了法院。原告小彬的父母诉称,2010年12月27日(当天是星期一),被告某小学因为考试提前于中午放学,但学校及老师并没有将提前放学的事情告知家长,因此原告没有提前去接小彬。学校及老师也没有让小彬在学校等待原告来接,而是放任小彬自己离开。到正常放学时间,原告想去接小彬时,才从他人处得知学校因为考试已经提前在中午放学。小彬失踪后七年间没有任何音讯,2017年11月10日长春市九台区人民法院判决宣告小彬死亡。法院经审理认为,根据《中小学幼儿园安全管理办法》的规定,学校应当做好安全信息通报及上下学时孩子的交接工作。本案中,被告某小学由于期末考试需要提前放学,却只是让学生回家通知家长提前来校接学生放学,

而未将该安全信息直接通知学生的家长，存在一定过错。且在考试结束后，学校教师在未将小彬交接到其父母手中的情况下，放任小彬自己离校，致使其处于无人监管和保护的状态，继而导致本次事故的发生。被告未尽到教育、管理职责，应当对本次事故承担主要责任。

就小学低年级学生、幼儿而言，学校提前放学后，若因故没能提前通知到家长，或者虽已通知到家长，但家长因故未能按时来校接孩子，则学校仍然对学生负有教育、管理职责。在这种情况下，学校不能让学生自行离校，而应当让其留在校园里等待并对其采取统一的照管措施，直至家长或其指定的人员将孩子接走。否则一旦孩子自行离校后发生安全事故，校方则需要承担相应的法律责任。

四、放学前对学生进行安全教育，提醒学生路上注意安全

学校提前放学后，个别学生可能不像往常一样直接回家，而是借机到别处玩一会儿。行踪的变化会给学生的安全增加不确定性。为了增强学生的安全防范意识，防止发生意外，班主任或最后一节课的任课教师要在放学前对学生进行安全教育和提醒，叮嘱学生路上注意安全，不要到安全没有保障的场所玩耍，随时让家长了解自己的行踪，遇到危险要及时求助。

律师的建议

学校提前放学需要履行相关法律义务：

- 学校调整放学时间提前放学，务必事先通知家长。
- 要将提前放学的信息以恰当的方式通知家长，确保家长收到信息。
- 提前放学后不得让无人接送的低幼学生自行离校。
- 放学前对学生进行安全教育，提醒学生路上注意安全。

12. 放学后，需要防范哪些常见的安全风险

按照法律规定，学生在校学习、生活期间，学校对其负有教育、管理和保护职责。放学铃声响后到学生走出校门之前的这一段放学后时间，仍属于法律规定的"学生在校学习、生活期间"。然而有些学校却放松了警惕，未建立放学后安全管理制度，对学生疏于教育和管理，由此引发了一些意外伤害事故。那么，这一时间，常见的安全风险有哪些？应当采取怎样的安全防范措施呢？

关键词

放学后
下楼
出校门
维持秩序
补课
开展活动
延长安全责任期间
安全管理
滞留在校
清校
值班巡逻
校车安全管理
交接

一、学生下楼、出校门途中玩耍打闹易出事故，应安排教师维持秩序

据湖南省常德市武陵区人民法院发布的消息，2015年12月30日放学后，某中学学生高某与罗某在教室发生打闹后引发追赶，在罗某追赶高某的过程中，高某不慎在楼梯处摔伤。后高某被送到常德市某医院住院治疗，住院15天，医院诊断为左胫骨远端骨骺骨折。事发后，因赔偿事宜未达成一致意见，高某将罗某和学校告上法院。法院经审理认为，因高某与罗某的打闹、追逐发生在教室和楼道中，而学校对学生在校的管理

应包括课堂管理和课间、放学管理,当时学校的安全值班员和班主任未及时发现这一情况并予以劝告与制止,因此学校对此次事故的发生存在一定过错,应承担相应补充责任。鉴于高某的伤害结果的发生具有一定偶然性和突发性,且高某与罗某两人的打闹、追逐是造成高某受伤的主要原因,法院综合衡量后,判决高某的监护人自行承担整个损失的35%;罗某的监护人罗某某承担45%的责任,赔偿45782.28元;常德市某中学承担20%的责任,赔偿20347.68元。

放学铃声响后,学生没有了课堂纪律的约束,情绪高涨,压力释放,容易做出危险的举动。而放学时间又是学校人员流动的高峰期,在短时间内,大量学生走出校园,安全秩序的维持不容忽视。为了预防发生意外事故,一方面,在平时,学校应当教育学生放学后要文明有序地离开校园;另一方面,在放学时间,学校应当安排教师在教学楼楼道、楼梯口以及校门内外的通道上值班巡逻,负责疏导学生的通行秩序,预防发生拥挤踩踏行为,及时制止学生做出的打闹、追逐等危险行为;班主任或任课教师应当将低年级学生、幼儿护送到校门口指定地点,以便家长有序接孩子,防范意外风险。

二、留下学生补课或开展活动等于延长学校的安全责任期间,安全管理需跟进

孙老师是某小学六年级数学教师。一日下午放学后,孙老师将班上几名成绩较差的学生留下来单独"开小灶"。补课进行了一个多小时才结束,随后学生陆续离校。11岁的小岩在独自回家的途中,被一骑车人撞倒在地,左胳膊不能动弹。肇事者随即逃逸。家人闻讯赶到后将小岩送往医院救治,诊断结果为左肱骨髁上骨折。家长共花去医疗费15000余元。由于找不到肇事者,小岩将孙老师和学校一起告到法院。孙老师辩称,事故发生在学生回家途中,并非在补课期间,也不在学校内,自己没有责任。学校则在

答辩中称同意孙老师的答辩理由,同时认为,补课不是学校组织的,是孙老师的个人行为,与学校无关,学校不应承担任何责任。后经法官耐心说服,原告、被告达成调解意见,两被告共同给付原告3000元作为补偿,纠纷得以平息。

学校放学后,一些教师可能会把学生留下来补写作业,进行个别辅导,出班级黑板报,召开班干部会议,或者参加其他活动。尽管这些活动未必是学校统一安排的,但只要教师安排的活动与教育、教学有关,不是教师的个人事务(如为教师个人干家务),那么教师的这些行为仍旧属于职务行为,其法律后果由学校承担。在这一时间,学校对学生仍负有教育、管理和保护的职责。一旦学校管理、保护不周而发生伤害事故,校方就应当承担相应的责任。可见,教师在放学后留下学生的行为,实际上延长了学校的安全责任期间,加重了学校的安全责任负担。为了预防发生事故,学校应当对留校参加活动的学生开展安全教育,对活动进行合理组织和安排,加强管理,保障学生的安全。

三、学生自行滞留在校园内玩耍游戏,学校须防范安全事故

据《海峡导报》报道,小高是某小学四年级学生,2010年10月27日下午放学后,大约16时50分(学校规定的清校时间为17时40分),小高来到学校操场上打篮球。他在与五年级学生、校篮球队队员小李争抢篮球时,被小李撞倒在地,头磕在地面上,而后小李又压在了小高身上。事故造成小高脑出血,住院治疗71天。不久后,小高将学校和小李告到法院。庭审中,经法官调解,原告、被告签署了调解协议,校方承诺赔偿小高85375元,而撞人的小李的父母表示愿意赔偿2000元。

放学后,不少学校出于各种原因,并没有马上清校,而是留出一段缓冲时间。在清校之前,一些学生可能会滞留在校内,或写作业,或玩耍

游戏。此时，学校的管理往往较为松懈，对学生的行为疏于引导和管束，容易发生意外事故。有鉴于此，学校应当明确规定清校时间，并在平时教育学生放学后要及时离校，不要在校园内无故滞留。放学后，要及时组织教师开展清校工作。在清校之前，应当安排教师到教室、厕所、操场等重点场所值班巡逻，掌握学生的活动情况，及时发现并制止学生做出的危险行为及其他违反校规校纪的行为，防止发生安全事故。

四、使用校车的学校应当将学生送至指定地点，与家长做好交接工作

据《扬子晚报》报道，2013年3月25日，读小学一年级的6岁小学生小明放学后，乘坐学校的校车回家。小明下了校车后准备过马路由其奶奶接回。当他从校车后面自行横过道路时，被一辆疾驰而过的货车撞倒碾压致伤。经公安交警部门认定，货车驾驶员麻某、小明负事故同等责任。事发后，小明先后将驾驶员麻某及承担车辆交强险的保险公司、学校告到法院。关于学校的责任，法院经审理认为，按照小学校车标牌审核的路线行驶，小明下车回家本无须横穿道路，但由于校车在事发当天擅自更改行驶路线，使小明下车回家不得不横穿道路，增加了小明下车后发生交通事故的危险性。校车既未在校车停靠站点停靠，也未在公共交通站台停靠，同时学生上下车时，随车照管人员未在车下引导、指挥，维护上下车秩序，违反了校车安全管理条例的相关规定。虽然小明的损伤系麻某驾驶机动车将横穿道路的原告撞倒碾压所致，但学校校车的违法行为与小明的受伤后果存在间接因果关系，校方应承担相应的赔偿责任。据此，法院判决学校赔偿小明125979.38元。

放学后，使用校车接送学生的学校，一定要严格遵守国家关于校车安全管理的规定，并按照与家长约定的时间、地点进行交接，将学生安全送达。特别是在学生上下车、过马路的时候，校车照管人员应当做好引

导和陪护工作，保障学生安全。对小学低年级学生和幼儿，校车照管人员还应当做好与家长之间的交接工作，不得将学生交给无关人员，或者让其自行回家，以免发生意外。

律师的建议

放学后学校需要防范安全风险：

- 学生下楼、出校门途中玩耍打闹易出事故，应安排教师维持秩序。

- 留下学生补课或开展活动等于延长学校的安全责任期间，安全管理需跟进。

- 学生自行滞留在校园内玩耍游戏，学校须防范安全事故发生。

- 使用校车的学校应当将学生送至指定地点，与家长做好交接工作。

13. 晚自习，学校的安全管理工作重点在哪里

晚自习虽然是以学生自习为主，不需要老师上课，不涉及剧烈运动，但学校的安全管理工作一点儿也不能放松。从自习课课堂、课间休息到下晚自习前后，各个环节都存在大大小小的安全隐患。实践中，一旦学校放松警惕，疏于管理，各种危险乃至事故可能就会不期而至。那么，晚自习期间，学校的安全管理工作重点在哪里呢？

关键词

晚自习
考勤
维持纪律
处理突发事件
课间
巡逻
危险行为
下晚自习
踩踏
疏导通行
门卫管理
擅自离校

一、晚自习课上应安排教师值班，负责考勤、维持纪律、处理突发事件

据《都市晨报》报道，2014年3月28日晚某校自习课上，没有老师在场。14岁的小刘与小鹿在教室内发生口角，小刘先动手将小鹿推倒，随后在双方厮打中，小鹿踢到小刘眼部，导致小刘左眼球钝挫伤、视网膜震荡、视神经挫伤。事后小刘将小鹿和学校告到了法院。法院经审理认为，小鹿在争执中将小刘的眼睛踢伤，其应对小刘的损害后果承担赔偿责任。小刘在双方发生口角后首先动手打小鹿，导致事态升级，故其自身也存在一定过错，应承担相应的责任。学校组织学生上晚自习，未安排老师维持纪律，学生打闹后未及时赶来制止，在对学生的教育、管

理上也存在过错。根据三方的责任大小,法院判决由小鹿承担50%的责任,学校承担30%的责任,小刘自行承担20%的责任。

晚自习时间属于法律所规定的"学生在校学习、生活期间",学校对学生负有教育、管理和保护的职责。虽然是自习课,但教师不能缺席,学校应当安排教师在教室里值班。教师的职责主要体现如下。其一,在自习课开始后进行考勤。一旦发现有学生缺勤,应当及时了解学生缺勤原因,发现学生行踪不明的,应当及时与家长联系、沟通,以防发生意外。其二,在自习课堂上,负责维持课堂纪律。自习课也需要有良好的学习纪律,一旦发现学生不遵守课堂纪律,或者擅自离开课堂,或者在课堂上实施威胁自身或他人人身安全的危险行为,教师应当及时制止并给予批评教育。其三,及时处置突发事件。自习课上发生学生受伤、突发疾病等紧急情况时,教师要在第一时间妥善处置,救助伤者,并及时向学校负责人报告。

二、晚自习课间属于事故高发时段,应对学生的行为加强引导和管理

据"今日米脂"消息,2018年7月2日20时许,某中学晚自习课间休息时,八年级学生小乐与同班学生小翔在本校操场上打篮球,两人因发球权发生口角后厮打在一起,小乐用拳头将小翔的鼻子打伤,后小翔因鼻孔流血住院12天,共花去医疗费10862.69元。随后,小翔起诉至法院。法院经审理认为,小翔与小乐均系已满10周岁限制民事行为能力人,两人对自己的行为均有一定的认知能力和辨别是非能力。小乐将小翔打伤,具有重大过错,应承担该事故70%的责任。小翔不能冷静处理同学之间的矛盾致自己受伤,故对自己的伤害亦应承担适当的责任,以10%为宜。课间活动是学生自由活动时间,也是学生伤害事故的高发时段,学校应当加强对学生的管理和保护。本案中,学校没有尽到足够的管理和保护义务,亦应对原告的伤害承担一定责任,以20%为宜。

课间休息时间是学生伤害事故的高发时段，白天上学期间如此，晚自习期间更是如此。晚上天黑，光线不足，周围环境中存在的不安全因素难以被发现，容易导致学生在游戏、玩耍中发生意外事故。有鉴于此，学校应当对学生晚自习课间的活动场所做出适当限制，禁止学生在照明不足的场所自由活动或从事剧烈运动。此外，课间应当安排教师在教室、楼道、楼梯等学生聚集的场所值班巡逻，及时发现和制止学生做出的危险游戏、高难度运动、打架斗殴等危险行为。

三、晚自习下课后重点防范踩踏、摔伤事故，安排教师疏导通行

据新华社消息，2003年12月11日晚8时，某中学下晚自习时突然停电，大批学生滞留在楼梯上。一个学生搞恶作剧，突然大喊"地震了"，致使学生们在黑暗中相互拥挤，共16名学生被挤下楼梯，5人不幸死亡。事后，学生家长起诉至法院。法院经审理认为，被告某中学在管理等方面比较混乱，存在重大安全隐患而未及时采取措施，并由此造成了此次恶性事故，应当承担赔偿责任。依据有关赔偿标准，法院判决被告某中学赔偿原告方各种费用总计383150元。

晚自习下课后，大量学生同时走出教室，经过狭窄的楼道，走下台阶众多的楼梯，在此期间，一旦有学生在行进中捣乱、搞恶作剧，或者行速太快发生拥挤，或者不慎摔倒，很容易酿成群死群伤的踩踏事故。为此，一方面，学校应当保障晚自习期间楼道、楼梯等通道照明充足，发生停电等情况时应及时启动应急供电或人工照明，消除可能会造成通行秩序混乱的一切隐患；另一方面，晚自习下课时，学校应当将教学楼的各个通道、出口都打开，避免学生在单一出口过度拥挤，同时安排教师在楼道、楼梯处值班，负责疏导通行、维持秩序，及时制止学生做出的拥挤、打闹等行为。

四、夜间加强门卫管理和重点场所的巡逻，确保学生下自习后按时就寝

据河南省鹤壁市中级人民法院发布的消息，14岁的李某系某中学住宿生，该校对住宿生实行全封闭管理。2013年一天晚自习下课后，李某觉得饥饿，遂喊上同学王某随非住宿生一起溜出校门。二人吃饭后返校，发现学校大门已锁，在学校门岗上喊门卫开门未果，就到一处低围墙边，意欲翻墙入校。李某刚扒上围墙，一块巨石掉下来砸中了其双腿，导致其双胫骨骨折，后实施了左小腿截肢手术，住院治疗100余天，花费医疗费用16万余元。由于各方就赔偿事宜多次协商未果，李某向法院提起诉讼。一审法院认为，李某作为住校学生，晚自习后未经允许擅自外出，对事故的发生存在过错；学校对出校学生未尽到管理职责，且在学生返校时未予开门，致使学生采取跳墙的方式返入校园时受伤，也应承担相应的责任。

晚自习下课后，个别学生可能会趁着学校夜间管理松懈而擅自离校，或者借着夜色的掩护在校内偏僻角落实施违规违纪行为。为了保障学生的安全，学校在晚自习下课后应当安排教师在校内重点场所值班巡逻，加强门卫管理，禁止学生擅自外出，强化就寝点名、宿舍检查制度，确保学生下晚自习后按时回到宿舍就寝，防止发生意外事故。

律师的建议

做好晚自习学生安全管理工作：

- 晚自习课上应安排教师值班，负责考勤、维持纪律、处理突发事件。
- 晚自习课间属于事故高发时段，应对学生的行为加强引导和管理。
- 晚自习下课后重点防范踩踏、摔伤事故，要安排教师疏导通行。
- 夜间应加强门卫管理和重点场所的巡逻，确保学生下自习后按时就寝。

14. 放假前，学校如何履行安全教育和管理职责

中小学、幼儿园的假期比较多，除了寒、暑假两个长假外，还有清明节、端午节、劳动节、中秋节、国庆节、元旦等中、短假期。放假前后，学生思想容易出现波动，情绪偏于亢奋，不经意间就可能做出失控行为。而学校教职工在忙于日常琐事的过程中，对学生安全问题容易放松警惕，出现麻痹思想，导致安全工作开展不到位，由此埋下各种隐患。事故始于懈怠，假期前后更需强化安全管理。那么，放假前学校安全管理工作的着力点在哪里呢？

> **关键词**
>
> 放假前
> 安全隐患排查
> 心理健康
> 考试作弊
> 成绩隐私
> 极端事件
> 放假时间
> 提前告知
> 通知方式
> 调整放假时间
> 假期安全教育

一、组织开展安全隐患排查工作

针对假期前后事故易发的特点，学校应当未雨绸缪，及时开展校园安全隐患排查工作。排查的重点包括物理安全和行为安全。

在物理安全方面，学校应当组织教职工对校园设施和环境开展一次"拉网式"排查，包括对学校场地、校舍、围墙、防护栏、厕所、楼梯、栏杆、供水供电设备、实验室、体育活动器材室、户外体育设施、特种设备、灭火器、应急照明器材、疏散线路指示标志等进行细致排查，并做好排查

记录，建立排查档案。对发现的各类安全隐患，要迅速落实整改措施，及时消除隐患。对一时无法整治的隐患和重大危险源，要制定严密的防范和监控措施，并及时向上级部门报告。

在行为安全方面，为了预防校内各种矛盾暴发、行为失控而引发事故，学校应当组织专人排查校园里存在的各种师生矛盾、家校矛盾、学生间的矛盾、教职工与学校间的矛盾，对发现的问题要及时进行处理，做好沟通、教育和安抚工作，及时化解各类矛盾，防止矛盾激化而引发暴力冲突。

二、关注假前学生心理健康，防止发生极端事件

2020年6月23日晚放学后，某地一名小学六年级女生陈某在自家相邻单元楼顶坠楼身亡。事发后，当地成立了由公安、教育等部门组成的联合调查组。调查组查明，6月23日上午，班主任曹某在课堂上发放了语文检测试卷。陈某拿到试卷后对成绩很不满意，就对身旁的同学流露出轻生的念头。在分析点评试卷期间，班主任对学习进步较大的学生进行了表扬，对出现退步的学生进行了批评教育。在此过程中，对一名男生有拍肩膀、踢腿、扔试卷行为，对陈某有拍肩膀动作，属行为失当。对此，调查组已责成学校对班主任曹某停职反省，并要求学校进一步加强管理，规范教师行为，强化学生心理引导与教育。调查组经查看监控视频以及调取人证、书证和物证，综合研判分析，对陈某坠亡，学校和老师没有直接责任，其坠亡主要原因来自家庭生活、个人心理等方面。

寒、暑假放假前后，经历了期末考试，一些学生容易出现思想波动，甚而做出极端行为。针对这一现象，学校和教师应当重视、关心学生的心理健康，并采取相应的安全防范措施，及时疏导学生的负面情绪，化解学生的心理问题。

特别要注意两种情况。一是妥善处理学生考试作弊的行为。学校应当通过平时和考前的规则教育、诚信教育，让学生做到诚信考试、拒绝作弊。

实践中，一旦发现学生实施作弊行为，要根据校规校纪进行适当处理，并做好学生的思想教育工作，加强与学生家长之间的沟通，预防学生因为想不开而做出过激行为。二是要注意保护学生的成绩隐私，尊重学生的人格尊严。学校和教师要端正办学思想，坚持立德树人，摒弃"唯分数论"的错误做法，严格执行国家关于不得公布学生的学习成绩及排名的规定，保护学生的学习成绩隐私。对成绩不理想的学生，教师应当以鼓励和正面教育为主，尊重学生的人格尊严，不得对其进行挖苦、讽刺或体罚。发现个别学生因为成绩问题而情绪异常时，要及时主动过问，给予必要的心理疏导和安抚，关爱学生的身心安全。

三、提前将放假时间告知家长，做好家校之间的沟通和衔接工作

据《春城晚报》报道，16岁的小陈是某中学高二学生。2013年4月28日晚上8点左右，小陈等10多名同学一起到县城一家KTV参加同班同学小方的生日聚会，同学们在包间中尽情地唱歌饮酒。当晚10点半左右，小陈在醉酒状态下骑摩托车回家，在距离自家七八百米处，摩托车撞在路边高压电的铁塔上，导致小陈不幸身亡。事发后，小陈的家长将学校起诉至法院，要求学校赔偿经济损失。昆明市中级人民法院二审经审理认为，学校决定让高二学生提前放假，放假时间与国务院假日办当年所确定的五一假期不同。根据我国《中小学幼儿园安全管理办法》的规定，学校调整放假时间后，应将调整放假时间的信息及时告知学生的监护人。而被告学校采用的是让学生自己转告家长的方式，这种方式不符合安全管理办法的规定，不能保证学生的监护人能够了解学生的放假情况。学校未及时将调整放假时间的信息告知学生的监护人，确实会对家长行使对监护人的监护管理行为造成一定的影响。本案中，学校对提前放假履行告知义务存在瑕疵，应对小陈的死亡后果承担10%的赔偿责任，赔偿原告小陈的父母4.4万元。

在学生放假时间的通知上，学校应当注意两点。第一，按照教育部等九部门印发的《中小学幼儿园安全管理办法》的规定，学校放假时间属于关系学生安全的信息，校方应当提前将放假时间告知学生的监护人。在履行告知义务时，学校应当采取合理、妥当的通知方式，尽可能取得家长的确认回复，以确保家长知晓通知的内容。第二，学校应当坚持依法办学，严格执行国家关于节假日时间安排的有关规定。确有特殊情况需要调整放假时间的，应当提前报请上级部门批准。经批准后决定调整放假时间的，应当提前通知家长，提醒家长提前做好安排，加强对子女的监护，以实现家庭保护和学校保护之间的衔接，防止发生意外事件。

四、对学生开展假期安全教育，提高学生的安全防范意识和自我保护能力

2018年6月30日下午，广西灵山县3名小学生到山塘游泳时不幸溺亡。事发前一天，学校刚刚考完试，事发当天学生们都在家休息。当天下午，灵山县三隆镇金东村金东小学三年级学生劳某伟、四年级学生劳某以及正久学校六年级学生黄某艺，3人相约到金东村一处山塘游泳，结果不慎发生溺水。当晚12时，3名学生的遗体被打捞上岸。

假期是未成年人安全事故的一个高发时段。《中小学幼儿园安全管理办法》第三十九条明确规定，学校应当在开学初、放假前，有针对性地对学生集中开展安全教育。有鉴于此，学校在放假前，应当通过课堂教学、班团队会、专题讲座、墙报板报、校园广播电视、学校网络等方式，集中开展假期安全专题教育，重点是对学生进行防溺水、防交通事故、防食物中毒、防火、防震、防踩踏、防校园暴力、防煤气中毒、疫情防控和健康保护等安全教育，切实提高学生的安全防范意识和自我保护能力。

为了督促家长履行监护人职责，共同做好学生的安全保护工作，学校在放假前后，可以采取向全体学生的家长发放公开信、召开线上或线下安

全教育家长会等方式，向家长宣传各方面的安全教育知识和技能，增强家长的监护责任意识和安全防护能力。

律师的建议

抓好放假前学校安全管理工作：

- 假前要组织开展安全隐患排查工作。
- 关注假前学生心理健康，防止发生极端事件。
- 提前将放假时间告知家长，做好家校之间的沟通和衔接工作。
- 对学生开展假期安全教育，提高学生的安全防范意识和自我保护能力。

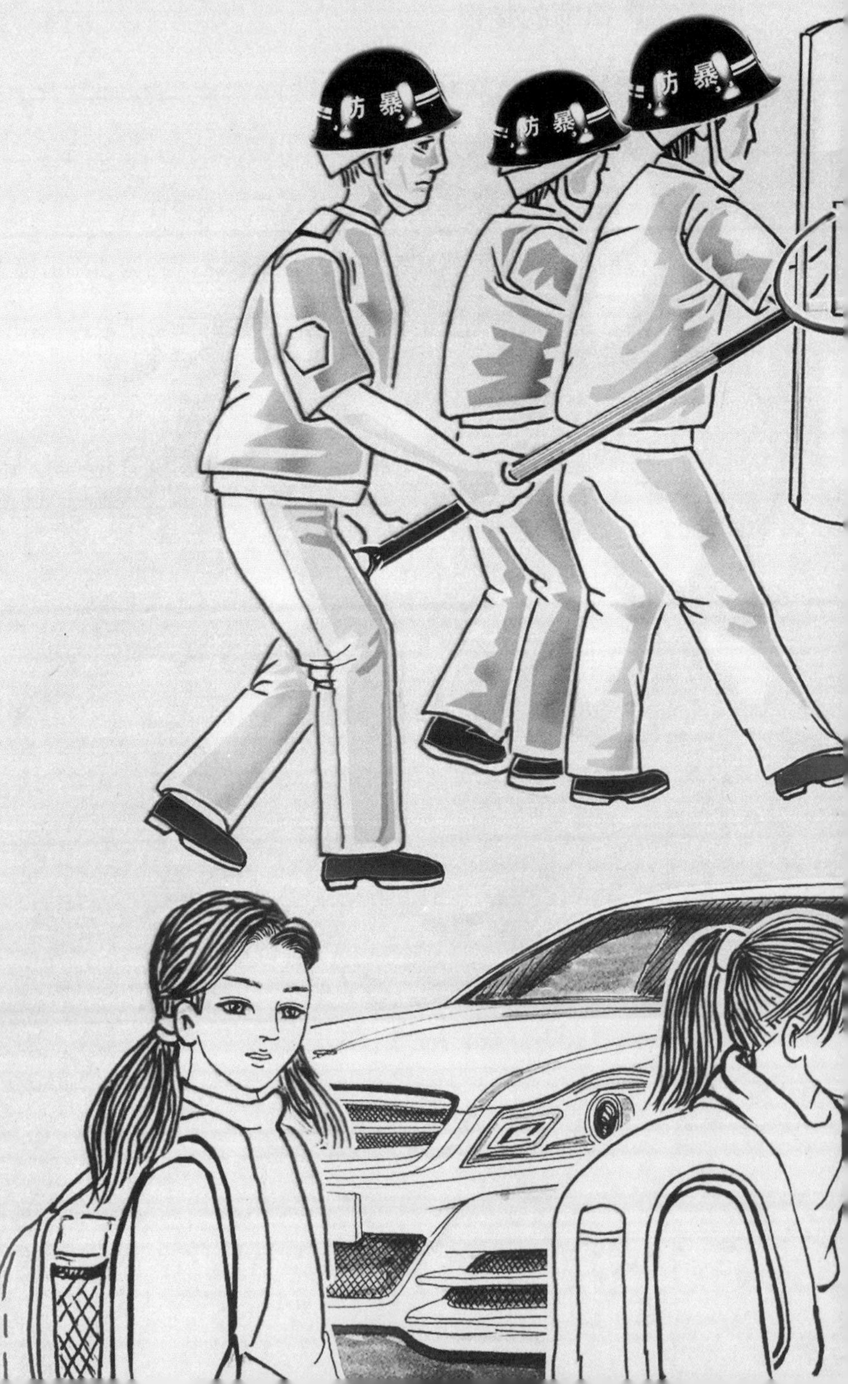
防暴
防暴
防暴

第 2 部分
按空间维度防范

15. 校门口，应当做好哪些方面的安全防范工作

校门口是学校联系外部社会的通道，也是安全事故的易发区域。在这里，学生因为上下学而蜂拥进出，众多家长为接送孩子而一时聚集，各类交通工具在大门周遭穿梭来往，甚至个别动机叵测的闲杂人员在周围游荡，人来人往、车水马龙中滋生、存在着各种安全隐患，给学校的安全管理工作带来极大的挑战。对一所学校而言，守好了校门口的安全，也就守住了校园安全的第一道防线。那么，校门口常见的事故都有哪些？学校应当做好哪些方面的安全防范工作呢？

关键词

校门口
暴力伤害案件
人防
物防
技防
交通事故
通行疏导
打闹受伤
等候区
设施事故
电动收缩门

一、防范暴力伤害案件，加强人防、物防和技防

上海市第一中级人民法院经审理查明，被告人黄一川因自认为遭到他人的欺辱和伤害，遂产生杀害无辜儿童以泄私愤的歹念。2017年3月至10月，黄一川先后在上海、广州等地拍摄多所小学、幼儿园的照片，选择作案目标。2018年6月6日黄一川再次来沪，通过反复实地观察，最终决定以上海市世界外国语小学的学生作为作案目标。6月28日7时许，黄一川携带事先准备的不锈钢斩切刀至该校附近驻足窥探，伺机作案。11时

30分许，黄一川尾随该校小学生谭某某、费某某、金某某以及学生的家长张某某等人，行至距校南门约130米处时，拿出斩切刀进行砍杀，造成谭某某、费某某死亡，金某某、张某某受伤。2019年5月23日，上海市第一中级人民法院依法公开宣判被告人黄一川故意杀人案，以故意杀人罪对被告人黄一川判处死刑，剥夺政治权利终身。

上下学时间，在中小学、幼儿园校门口，短时间内大量未成年人聚集，人员混杂，秩序较乱，而安保力量又相对薄弱，因此，这里成了一些心怀叵测的极端个体实施违法犯罪的场所。一些不法分子出于制造影响、引发关注、发泄仇恨、报复社会等目的，伺机在校门口行凶作案；个别家长因为孩子在校受到同学、老师的不公正对待，或者因为孩子入学、受处分等问题对学校不满，而试图报复殴打、滋扰有关师生；一些正值青春期、行为冲动的学生在与同学发生矛盾后，叫来外校学生或社会闲杂人员在校门口截留、伤害本校同学。看似平静的校门口，有时却是危机四伏。学校应当高度重视这一方面的安全隐患，并通过强化人防、物防、技防，完善校门口安全保卫制度，预防、遏制校门口恶性暴力案件的发生，保护在校师生的人身安全。

二、防范交通事故，做好通行疏导

据《温州都市报》报道，2020年10月19日上午，某小学门口附近接连发生两起交通事故，致6车不同程度受损。民警调看现场公共视频发现，早晨7时53分许，一辆灰色轿车缓缓停靠在校门口附近，车辆右后车门忽然打开，一辆经过车辆右侧的两轮电动车避让不及，被碰撞侧翻，碰到了路边停放的轿车。事故发生后，车辆后座下来一名学生，电动车后座同样坐着一名学生。随后学生背着书包先行离开现场，留下双方驾驶人在现场等候处理。仅仅过了两分钟左右，现场再次发生一起交通事故，视频画面中两起事故如出一辙：7时55分许，一辆黑色轿车在校门口停下，车后座的学生打开右后侧车门时，不慎撞上了一辆送孩子上学的两轮摩托车，导致摩托车连车带人侧翻碰撞到路边停车位上的轿车。民警依法对事故责任做出认定，两名学生开车门引发交通事故，轿车驾驶员负事故全部责任。

学生上下学时段，众多家长接送孩子，又逢人们上下班高峰期，因而校门口及周边车辆、人员聚集，交通繁忙，安全形势不容乐观。保护学生免受交通事故的伤害，是家庭、学校、社会的共同责任，学校应当对学生加强交通安全教育，并在力所能及的范围内建立健全保护在校未成年学生交通安全的相关管理制度。

一是要加强设施建设。学校应当根据需要，提请有关部门在校门外"T"字路口两旁竖起"学校门前，车辆慢行"的大型警示牌，在校门口正对道路上画上严禁停车标识线，在两旁道路50米范围内画好减速带和减速线，以警示驾驶员注意校门口交通安全，预防发生交通事故。校门口交通安全形势比较复杂的，学校应主动提请有关部门根据《中华人民共和国道路交通安全法》的规定，在学校门前的道路上设置行人过街设施，或者施划人行横道线，设置提示标志。校门口紧邻主要街道或交通主要干道、交通环境较为复杂的，学校应提请有关部门设立"护学岗"，在学生上下学的高峰期安排民警到学校门前路段维持交通秩序。

二是要加强校门口交通疏导。在学生上下学时段，学校应当安排有经验的教师到校门口值班，负责疏导车辆和人员的通行秩序，引导车辆有序停放、有序通过校门口，指挥学生有序进出校门，保障学生平安通行。

三是要加强对学生的交通安全教育。平时，学校应当把对学生的交通安全教育作为日常法治教育和安全教育的一项重要内容，向学生宣传交通安全知识，增强学生的交通安全意识，提高其自我保护能力。

三、防范学生打闹受伤，加强对学生的教育和管理

据《广州日报》报道，一天中午放学后，某校一年级学生小文和六年

级学生小方在学校门口嬉戏打闹。在打闹过程中小文不慎撞向了六年级学生小全正在骑行的自行车，随即被车后轮绊倒。由于小文不同意去医院，学校的黄老师和另一值班教师将小文送回家并将情况告诉了其奶奶，同时还向校长汇报了情况，校长立即要求黄老师等将小文送到镇卫生院检查。经检查，小文被诊断为右胫腓骨下段骨折。

在上下学时段，时而会有一些学生在校门口逗留，有的是提前到校后等待校门开放，有的是放学后等候家长来接，有的则是和同学聊天、玩闹。校门口可供活动的区域本来就不大，加之人员、车辆通行繁忙，一旦学生之间出现追逐打闹现象，很容易引发伤害事故。

虽然校门外发生的事故，学校不一定要承担法律责任，但在力所能及的范围内保护师生安全是道义所在。为此，学校应当采取相应的防范和应对措施。例如，在校园内靠近校门的地方圈定专门的区域作为等候区，将上学时提前到校的学生以及放学后等待家长来接的学生安排在等候区活动，并指派教职工予以看管；上下学时段安排教职工在校门口执勤，负责维持秩序，及时发现并制止学生做出的追逐打闹及其他危险行为；一旦学生遭受伤害，要立即救助，并及时通知家长，尽可能降低损害后果。

四、防范设施伤人，保障校门、围墙安全

据"云南法治网"消息，2016年7月14日上午8时左右，某小学六年级学生小周与其他学生在学校门口等待保安开启电动收缩门进入学校，在保安用电子遥控器开门的过程中，小周被电动收缩门夹伤右手，医院诊断其伤情为右尺桡骨远端双骨折。经司法临床鉴定，小周的损伤构成十级伤残。随后，小周将学校起诉至法院，要求校方赔偿医疗费等各项损失26410.84元。法院经审理查明，被告某小学在每周的班务工作中均会对学生进行一定的安全教育，2016年6月电动收缩门安装后，学校曾在大门口处拉过两周时间的警戒线，但事发时校门处仅有一名保安在场，校门口电

动收缩门处未设置安全警示标志，也未拉警戒线。法院认为，被告某小学在电动收缩门开始使用时曾在校门口处拉过警戒线，其已预见到电动收缩门具有一定的危险性，但在撤除警戒线后未继续采取有效的管理措施，亦未在事发的校门处设置相关安全警示标志提醒学生注意校门的开关安全，未尽到教育、管理职责，对原告受到的损害应承担80%的责任。

实践中，一些学校的围墙和校门由于年久失修，存在倾覆、倒塌的风险；一些学校所购置的校门质量不合格、不符合安全标准，或者安装工程不达标，未经过验收合格即投入使用；一些学校对电动收缩校门的开放和关闭未建立安全管理制度，由此埋下了安全隐患。学校应当保障校园设施安全，建立设施安全管理和检查制度，及时发现并消除安全隐患，预防发生设施安全事故。

律师的建议

做好校门口的安全防范工作：

- 防范暴力伤害案件，加强人防、物防和技防。

- 防范交通事故，做好通行疏导。

- 防范学生在校门口打闹受伤，加强对学生的教育和管理。

- 防范设施伤人，保障校门、围墙安全。

16. 操场上，常见的安全隐患与事故如何防范

操场是学生在校学习、生活期间的重要运动场所，也是学校开展体育活动、增强学生体质、丰富学生课余生活的主要功能场所。在学校里，操场或许是学生最爱去的地方之一，在操场上"撒把野"是很多学生的快乐源泉，学生的身心发展与健康成长离不开操场。然而，操场却是校园安全事故的高发区域之一，以运动伤害事故为主的大大小小的安全事故在这里时有发生。如何在满足学生运动需求的同时预防发生事故，考验着学校的管理智慧和能力。那么，操场上容易发生哪些安全事故？怎样做好安全防护工作呢？

一、防范"毒操场""毒跑道"事件，确保操场质量符合国家安全标准

据"上游新闻"报道，2018年9月，浙江省三门县某小学的塑胶跑道正式投入使用。开学后不久，学生出现了流鼻血、皮肤起疹子等情况。仅在2018年12月10日至2019年1月3日间，就有近30名学生出现流鼻血、咳嗽、腹痛、头晕等症状。2018年11月27日至29日，三门县教育局和学校组织学生进行了体检。

关键词

操场
塑胶跑道
毒操场
毒跑道
安全标准
运动设施
安全隐患
用前检查
雨雪天
地面湿滑
防滑
危险行为
安全教育
巡逻制度

家长提供的检测结果显示，参与体检的1000多名学生中，578人血常规指标异常，111人尿常规指标异常，135人肝功能、肾功能、尿酸指标异常，98人凝血功能异常，9人胸片上肺纹理改变。其中，部分学生还存在两种以上症状。后经检测机构两次检测，学校的塑胶跑道确实存在有害物超标的情况。事发后，学校铲除了已投入使用的塑胶跑道。针对这一"毒跑道"事件，2019年7月5日，中国生物多样性保护与绿色发展基金会提起了环境公益诉讼，操场承建方、质量检测方以及学校均被列为被告。

学校操场的质量问题，切切实实地影响着学生的身心健康与安全。近年来，随着经济的发展和教育投入的增加，各所学校的办学条件不断得到改善，不少学校重建、翻建了操场，传统的沙土操场、水泥操场逐渐被塑胶、草皮等操场取代。然而在建设、改造操场的过程中，一些举办者和学校忽视了质量把关与安全管理，对承建、施工单位缺乏有效约束，导致操场质量安全问题层出不穷。特别是塑胶操场、塑胶跑道建设所引发的"毒操场""毒跑道"事件，严重危害着师生的生命安全与健康。

据专家介绍，劣质塑胶跑道的毒性污染源主要来自三个方面：一是原材料质量不合格，铅、镉、铬等重金属超标，学生长期接触这种跑道会造成血铅超标、铅中毒等；二是部分施工单位为降低施工成本，违规添加含苯溶剂（胶水），这些溶剂会排放有毒气体，导致学生产生咳嗽、呕吐、头晕、流鼻血等症状；三是一些厂家在原材料中掺入其他有害于人体的物质。

从2018年11月1日起，由教育部牵头组织制定的《中小学合成材料面层运动场地》正式实施，这个新国标文件对校园塑胶跑道建设中可能产生的18种有害物质做了限定，并按照家装标准对建成后的跑道挥发性有机物限量做了规定。此后交付的中小学合成材料面层运动场，都必须严格执行这一国标要求。为了保障操场的质量安全，举办者和学校在与生产企业签订体育场地建设合同的时候，要特别重视、强调质量标准要求，在招标过程中要选有资质、有信誉且有一定规模的生产企业，把质量放在第一位,不能简单以价格作为最主要的竞争指标,谁出价低就让谁中标。在设计、施工、验收等环节,应当要求各个单位严格执行最新国家标准,明确安全责任,确保工程质量,杜绝"毒跑道""毒操场"等豆腐渣工程。

二、防范运动设施存在安全隐患而引发意外受伤,加强定期检查、用前检查

2018年4月11日16时10分许,某小学在学校小操场组织学生进行大课间户外活动,玩飞盘游戏。8岁的二年级学生小美在跑动中接飞盘时,被学校操场上凸起的塑胶绊倒,头面部磕到地砖上,导致右边门牙磕断和失血,脸部和腿部不同程度擦伤,经诊断为11、12牙外伤(牙折断)。事发后,小美将学校起诉至法院,要求校方承担赔偿责任。庭审过程中,被告某小学认可学校操场塑胶时间长久,存在开裂、凸起鼓包等情况。法院经审理认为,被告某小学的操场作为供学生日常活动的公共设施,其上铺设的塑胶开裂、凸起鼓包,存在明显不安全因素,致使小美在正常跑动中被绊倒摔伤,故某小学应为上述未尽教育、管理职责的情况承担责任。小美作为限制民事行为能力人,具备一定的风险预知及行为控制能力,其在快速奔跑追逐飞盘的过程中未顾及地面状况,应自负一定责任。综合全案案情,法院认定小美自负20%的责任,某小学承担80%的责任。

学校操场上可能有不少体育运动设施设备,包括跑道、足球场、篮球架、单杠、双杠、云梯、乒乓球台、爬杆、爬绳等。这些设施设备会因为年久失修、老化而出现质量问题,或者因为自然力、人为作用而产生安全隐患。例如,设施倾斜,材质破损,螺丝松动,地面鼓包、脱皮、掀起,场地高低不平,地面上有小石子、钉子等坚硬物,这些情况下学生在快速运动或全身心投入运动过程中就很容易受到伤害。

按照《中华人民共和国未成年人保护法》《中小学幼儿园安全管理办法》《学生伤害事故处理办法》等法律、规章的规定,学校不得在危及未

成年人人身安全和身心健康的校舍以及其他设施、场所中进行教育教学活动，因学校的校舍、场地、其他公共设施，以及学校提供给学生使用的学具、教育教学和生活设施、设备不符合国家规定的标准，或者有明显不安全因素，造成学生伤害事故的，学校应当依法承担相应的责任。有鉴于此，学校应当建立健全运动设施定期检查和用前检查制度，及时发现并消除设施设备存在的安全隐患，最大限度地保护学生的安全。

三、防范学生因为地面湿滑而摔伤，雨雪天加强安全管理

据《延边晨报》报道，2020年12月9日7时，读小学四年级的张某和往常一样乘坐校车到达学校，下车后踩到学校操场路面上的冰，不慎摔倒，导致一颗门牙折断。张某受伤后，未将此事及时告知家长。当日晚6时，家长发现张某受伤后带其到医院治疗，经诊断为右上门牙冠折。随后，张某将学校告上法庭，要求学校承担全部赔偿责任。法院经审理认定学校未尽到教育、管理职责，判决学校赔偿张某医疗费、后续牙齿修复费用、护理费等各项费用共计24962.65元。

在遭遇雨雪天气时，学校的操场容易积水或者结冰，造成地面湿滑。而未成年学生的身体平衡感往往不如成年人，一些学生走路时还很容易分心，甚而在操场上滑行、奔跑或打闹，因而容易发生摔伤事故。而酿成诉讼纠纷后，学校往往会因为未对学生进行相关安全教育、对场所管理不力而被判决承担相应的法律责任。

为了预防此类事故的发生，在雨雪天学校应当加强安全管理。首先，在遭遇大风、暴雨、下雪等恶劣天气前后，学校和教师要对学生开展防风、防滑、防冻等方面的安全教育，提醒学生走路要专心、慢行，留意路面状况，防止摔伤。其次，雨雪过后，学校要及时组织教职工清理操场和道路上的积水、积雪，为学生创造安全的通行走道和活动场所，消除潜在危险。再次，在操场存在积水、积雪的情况下，学校尽量不要组织学生在上面开

展运动，对安全隐患较大的区域，要设立警示标志，采取隔离措施，防止学生进入，以免发生意外。

四、防范学生实施危险行为而引发事故，健全安全教育和值班巡逻制度

小孟、小金、小刘均系某学校小学四年级的学生。2018年9月13日，课间操结束后学生自由活动期间，在操场西南角，四（3）班学生小金将其同班同学小刘推倒后就跑，小刘起身去追时，小金与从侧面跑过来的四（2）班学生小孟发生碰撞，导致小孟倒地后头部撞击在沥青混凝土的操场地面上而受伤。事发后，小孟将小金、小刘和学校起诉至法院，要求三个被告承担赔偿责任。法院经审理判决小金承担40%的责任，学校承担50%的责任，小孟自行承担10%的责任，小刘不承担责任。关于学校的责任，法院经审理认为，根据公安机关调查笔录记载，事发时，小金的班主任老师以及小孟的班主任老师均不在学生活动的操场上，也无其他管理人员对奔跑嬉闹的学生予以制止；监控视频显示，学校亦未对学生课间活动时在人员密集的操场上快速奔跑的行为进行约束。鉴于小孟所受损害与学校未尽教育和管理职责具有很大程度的关联性，故判决由学校承担50%的赔偿责任。

操场是学生课间休息时的重要活动场所。学生在玩耍过程中所做出的奔跑、追逐、投掷硬物、推搡打闹等行为，很容易引发伤害事故。然而，课间游戏和休息毕竟是学生不可剥夺的权利，我们不能因为担心发生事故而不让学生到操场上玩耍。那么，学校该如何在满足学生玩耍需求的同时避免发生伤害事故呢？最重要的是要对学生开展相应的安全教育，提高学生的安全防范意识和自我保护能力。同时，也需要学校建立健全操场值班巡逻制度，课间安排教职工到操场上巡逻，及时发现并制止学生做出的危险行为，避免发生意外事故。

律师的建议

做好学校操场的安全防护工作:

- 防范"毒操场""毒跑道"事件,确保操场质量符合国家安全标准。

- 防范运动设施存在安全隐患而引发意外受伤,加强对操场的定期检查、用前检查。

- 防范学生因为地面湿滑而摔伤,雨雪天加强对操场的安全管理。

- 防范学生在操场上实施危险行为而引发事故,健全安全教育和值班巡逻制度。

17. 楼梯上，应防范哪些安全事故

教学楼的楼梯，是师生们上下楼的必经通道，因为常走，所以上下楼梯容易放松警惕。然而，这里空间狭窄，台阶众多，通行高峰时人员密集，因而存在诸多安全隐患，也是某些类型事故的易发区域。近年来发生在校园楼梯处的踩踏、坠楼、摔伤等事故不时见诸媒体报道，这也给我们敲响了警钟。学校应当高度重视楼梯处的安全防范问题，建立健全楼梯安全管理制度，保护师生的生命安全与健康。那么，楼梯处常见的事故都有哪些？如何预防？

一、集体通行时重点防范踩踏事故，从设施、管理和教育三方面入手

2017年3月22日上午8点半左右，河南省濮阳县第三实验小学当天组织月考，考试前学生集中去厕所，从二楼下到一楼时，由于学生在楼梯上拥堵，从而导致踩踏事故发生。事故共造成22名学生受伤，其中1人在送往医院途中死亡，5人重伤。

从地点来看，校园踩踏事故几乎都发生在学校教学楼的楼梯上，且

关键词

楼梯
拥挤踩踏
楼梯设施设备
安全标准
班额
错峰通行
提示语
值班巡逻
安全教育
应急预案
疏散演练
滑溜扶手
推人
奔跑

大多数发生在一楼和二楼之间。从时机、场合来看，踩踏事故多发生在学生下晚自习、参加升旗仪式、做操、集会、放学或就餐等群体活动的往返途中。从危害后果来看，踩踏事故一经发生，几乎都会造成学生伤亡的结果，且往往是群体性伤亡，危害极大，影响极其恶劣，社会关注度极高。

（一）引发学校楼梯踩踏事故的原因

调查研究表明，引发学校楼梯踩踏事故的原因，主要有以下几个方面。

1. 校园设施设备存在安全缺陷

这是引发学校楼梯踩踏事故的外部客观原因。这方面的安全缺陷包括：（1）多层教学楼上、下行通道少，整栋教学楼只有一个楼梯。从建筑安全的角度来看，一幢多层教学楼至少应当有两个楼梯，楼层较高且班额较大的教学楼可在四个方向均设有楼梯。（2）楼梯宽度不足。若楼梯宽度小于1.5米，那么在学生放学、上操、集会等集体通行高峰时很容易发生拥挤。（3）楼梯护栏的高度不够（小于1.10米），或者护栏年久失修、被损坏。由于护栏存在缺陷，学生在集体通行时有可能坠落而引发事故。（4）楼梯处照明设备出现故障，没有及时修复，也未配备紧急照明设备。照明不足，不利于学生看清台阶及前方的情况，在紧急情况下不仅影响人群的疏散和逃生速度，还会造成人群的恐慌心理。

2. 学校管理不当，安全制度不健全

这是引发学校楼梯踩踏事故管理上、制度上的原因。这方面的原因主要表现为：（1）楼层班额设置不合理（如每个班级人数过多）。（2）在学生集体通行高峰期，学校未安排教师在楼道、楼梯处疏导通行、维持秩序，或者安排的教师人手不够，不能有效疏导通行。（3）学校未及时消除校园通道中存在的安全隐患（如楼梯扶手坏了，或者楼道、楼梯处照明设备发生了故障，学校没有及时进行修理或更换）。（4）未对学生开展避免拥挤、紧急疏散等相关的安全教育和演练。

3. 学生在集体通行时过度拥挤等不当行为

这是踩踏事故的直接诱发因素。学生此时的不当行为包括：（1）在拥挤的人群中逆行。（2）在行进中弯腰系鞋带、捡东西。（3）在通行时搞恶作剧（如故意堵住通道、出口，故意大喊"地震了"等，引起人群恐慌，导致学生因急于离开而相互拥挤）。（4）通行速度过快（如上课、上操铃声响后，学生急于回教室或到达操场，因部分学生的通行速度快于人群的整体速度而导致推挤）。（5）在集体通行时不慎摔倒。（6）教学楼的楼道、楼梯突然停电后，学生因恐慌、害怕、急于离开现场而相互拥挤。

（二）学校楼梯踩踏事故的预防

前事不忘，后事之师，学校应当采取防范措施，消除安全隐患，预防楼梯拥挤踩踏事故的发生。重点防范措施包括以下几个方面。

1. 确保设施设备安全

学校应当确保教学楼的楼梯、通道、照明等校园设施设备符合国家相关安全规定和标准。应当建立健全楼梯安全检查制度，定期对教学楼的楼梯通道、护栏、扶手以及楼梯间照明设施进行安全检查，及时清理楼道和楼梯间的堆积物，确保楼道、楼梯通畅。对已损坏的楼梯扶手，学校要及时加固。对损坏的楼梯间照明设施，学校要及时修复或更换，以免影响学生的安全通行。在晚间遭遇突然停电的情况下，学校应当立即启用应急照明设备，以保证楼道、楼梯的照明条件。

2. 合理安排班级教室，建立错峰通行制度

学校要严格控制每个楼层的班级数，每层一般不宜超过4个班级。同时，要尽可能将大班额、低年级学生安排在底楼或较低楼层，以减轻教学楼楼梯、通道的通行压力。在学生上操、集会、放学等场合，学校可适当错开学生通行的时间，实行分年级、分班级逐次下楼，并形成制度。

3. 张贴安全通行提示语，建立楼梯值班巡逻制度

学校应当在教学楼楼道、楼梯的墙面上张贴安全通行提示语，如"靠右慢行""禁止打闹"等，以强化学生的安全通行意识，培养学生安全、文明的通行习惯。在学生集合时，学校不要一味求快、求整齐，要给学生的通行留出足够的时间，防止学生因通行速度过快而发生意外。在学生

下课、上操、集会、放学时，学校应安排教师在楼道、楼梯处值班，负责疏导通行，维持秩序。每一个楼层的楼道、楼梯处至少应当有一名教师值班。值班教师要提醒学生慢走、不要拥挤，要及时制止学生做出的打闹、推人等危险行为，发生危险时要及时、有序地将学生疏散到安全地带。

4. 对学生开展预防拥挤踩踏事故的安全教育

学校应当通过黑板报、主题班会、国旗下的讲话等渠道，结合各地发生的学生拥挤踩踏事故案例开展安全教育，让学生了解发生拥挤踩踏事故的主要原因、严重后果及防范措施。平时，学校应当教育学生上下楼梯时要靠右慢行，不拥挤，不打闹，不搞恶作剧，行走时不突然弯腰拾物或系鞋带。

5. 制定应急预案，开展疏散演练

为了提高学校处置拥挤踩踏事故的应急能力，确保事故发生后救援工作得以高效、有序进行，最大限度地减少人员伤亡和财产损失，学校还应当结合国家有关规定和本校的实际情况，制定本校的拥挤踩踏事故应急预案，并定期组织师生进行疏散演练，切实提高师生应对突发事件的能力。

二、平时防范学生因滑溜扶手、推人、奔跑等原因而引发意外事故

小申和小孙是小学同班同学。一天下午放学后，小申下楼梯时被小孙在后面推了一下，重重地摔倒在地。学校老师随即将小申送往医院治疗，经诊断，小申伤情较重，牙脱位，颌面部挫伤。事发后不久，小申将小孙和学校起诉至法院，要求二者赔偿医疗费、营养费等共计4万余元。法院经审理判决由小孙承担70%的责任，学校承担30%的责任。

中小学生生性好动，辨别力和自控力有待增强，对危险后果缺乏预判能力，常常在下楼梯时做出一些危险动作，比如爬到扶手上滑溜，推搡他人，嬉戏打闹等。而楼梯由于台阶起伏、地板坚硬，稍有不慎便容易发生摔伤事故。为了预防此类事故，学校应当采取相应的安全防范措施。

首先，要确保楼梯设施符合国家安全标准。按照《中小学校设计规范》的规定，教学楼楼梯应符合下列要求：楼梯每个梯段的踏步级数不应少于3级，且不应多于18级；各类小学楼梯踏步的宽度不得小于0.26米，高度不得大于0.15米；各类中学楼梯踏步的宽度不得小于0.28米，高度不得大于0.16米；室内楼梯扶手高度不应低于0.90米，室外楼梯扶手高度不应低于1.10米；楼梯栏杆不得采用易于攀登的构造和花饰；杆件或花饰的镂空处净距不得大于0.11米；楼梯扶手上应加装防止学生溜滑的设施；等等。学校应当确保教学楼的楼梯设施符合上述安全标准。

其次，要在楼梯上设置警示标志，对学生加强安全教育。学校应当在楼梯上的醒目位置张贴安全通行提示语，并利用班会课、下课前一分钟安全教育等多种途径，对学生开展安全上下楼梯的专题教育，切实增强学生的安全防范意识，提高其自我保护能力。

再次，在课间和上下学时段，应当安排教职工在楼梯处值班巡逻，及时发现并制止学生做出的危险行为，预防发生意外事故。

律师的建议

做好教学楼楼梯的安全防护工作：

- 重点防范学生上下楼梯时发生拥挤踩踏事故。

- 确保教学楼楼梯设施设备符合安全标准，定期进行安全检查，及时消除安全隐患。

- 合理安排班级教室，建立错峰通行制度。

- 在楼梯醒目位置张贴安全通行提示语，建立楼梯值班巡逻制度。

- 对学生开展预防拥挤踩踏事故的安全教育。

- 制定应急预案，开展疏散演练。

- 平时还应防范学生因滑溜扶手、推人、奔跑等原因而引发意外事故。

18. 楼道里，各种危险行为及易发事故如何防范

楼道，顾名思义，是楼房内部的走道。然而，教学楼楼道不仅仅是走道，还是一些学生课间驻足远眺、休息放松的小场所。可教学楼楼道毕竟空间狭小，一旦学生通行拥挤，或者做出奔跑、跳跃等剧烈运动，则很容易发生磕碰、摔伤等事故。近年来，发生在教学楼楼道里的大大小小的安全事故层出不穷，楼道也成了学生课间事故的高发区域之一。那么，楼道里容易发生哪些安全事故？学校应当怎样做好安全防护工作呢？

关键词

教学楼楼道
坠楼事故
设施安全
护栏
课间巡逻
奔跑相撞
安全提示语
拐角碰撞
危险游戏
危险动作
危险物品
安全教育

一、防范楼道护栏处发生坠楼事故

2020年7月20日上午课间休息时，某中学一群男生在楼道里嬉闹。一名初二男生突然起跳，做出了"后仰跳投"的动作。意外的是，当他落地时，不幸后仰翻出栏杆，坠落楼下。彼时，旁边有同学发现后冲到护栏旁边想拉住他，但未能成功。万幸的是，学校发布的情况公告显示，该名学生当天下午经医院检查，"除左手骨折、右手皮肤挫伤外，生命体征良好"。

校园楼道坠楼事件虽然少见，但也绝非个案，而且一旦发生，往往

会酿成死亡或伤残的严重后果。关于坠楼的原因，一方面，一些学校的楼道护栏存在安全缺陷，例如室外护栏的高度没有达到1.10米，不符合安全标准；护栏采用了易于攀登的构造和花饰，便于学生踩着横杆爬上扶手；护栏年久失修，变得不牢固、易断裂等。另一方面，一些学生安全意识不强，在靠近护栏的地方做危险动作，比如在护栏边上跳跃、用力挤靠栏杆、攀爬护栏等。

为了预防教学楼楼道发生坠楼事故，学校应当做好三个方面的安全工作。一是确保楼道护栏设施符合国家安全标准。《民用建筑设计通则》规定，栏杆应以坚固、耐久的材料制作，并能承受荷载规范规定的水平荷载；住宅、托儿所、幼儿园、中小学及少年儿童专用活动场所的栏杆必须采用防止少年儿童攀登的构造，当采用垂直杆件做栏杆时，其杆件净距不应大于0.11米。《中小学校设计规范》也规定，防护栏杆必须牢固、安全，高度不应低于1.10米。学校应当定期开展安全检查，发现护栏设施不符合安全标准、存在安全隐患的，应当及时更换或修缮。二是对学生开展防范坠楼的安全教育。要通过国旗下的讲话、班会课等多种方式，教育学生平时不要挤靠护栏，不要在护栏边上跳跃或做其他剧烈运动，不要把头探出护栏外，不得攀爬护栏等。要通过安全教育，切实提高学生的安全防范意识。三是建立课间值班巡逻制度，及时发现和制止学生做出的容易引发坠楼事故的各种危险行为。

二、防范学生在楼道里奔跑时相撞

据"央广网"消息，9岁的小智是某小学三年级学生。2016年10月10日下午课间，小智从自己班级教室门跑出时，在门口与正在走廊上奔跑的隔壁班同学发生碰撞，小智被撞至教室门正对的墙壁上，导致左脸出血。随后同学和老师将小智送到校医室，并打电话通知小智的母亲，母亲到校后将小智送往医院治疗。经医院诊断，小智左锁骨肩峰端骨折，左肩锁关节脱位，全身多处皮肤软组织挫擦伤。事发后不久，小智将学校起诉至法院。法院经审理判决学校承担70%的责任。

课间，一些学生常常在楼道里奔跑。究其原因，或者是着急上厕所，或者是急于到操场上做操、玩耍，或者是同学间追逐打闹，或者是上课铃声响后急于回教室上课等。然而，楼道毕竟是行走通道，学生来来往往，空间又比较有限，学生在奔跑时很容易碰到他人。特别是一些学生在奔跑时还常常回头张望，顾后不顾前，导致要么迎头撞上墙壁、栏杆或者他人，要么脚底踩到他人脚面或其他障碍物而被绊倒，要么与其他疾驰而来的同学猛烈相撞。

预防此类事故，学校可从四个方面着手。首先，最重要的当然是对学生开展安全教育，要通过制定学生安全行为守则、出黑板报、召开主题班会等方式，教育学生在楼道里通行时要谨慎慢步、瞻前顾后、互相礼让，不得奔跑、追逐、猛拐，不得堵塞通道。其次，为了时刻督促、提醒学生注意安全，学校可在楼道墙面上张贴安全提示语。再次，楼道里不得堆放可能妨碍通行的任何物品，学校应当强化安全检查，及时清理占道物品，保持楼道畅通。最后，课间要安排教师在楼道里值班巡逻，及时发现、制止学生的奔跑行为。

三、防范学生在楼道拐角处发生碰撞

据《文汇报》报道，婷婷和小刚都是一所小学的学生。一天上午下课后，婷婷跑到教师办公室订正作业时，在楼道连接处，不巧与奔跑中的小刚相撞，导致摔倒受伤。经诊断，婷婷左眼眶骨折。随后，婷婷将小刚和学校告上法庭，要求二者共同赔偿医疗费、残疾赔偿金等各项损失共计9万余元。法院经审理认为，本起事故发生地点在校内，由于学校的设施存在安全隐患，导致学生在楼道里奔跑时视线受阻，这是婷婷与小刚碰撞致伤的原因之一。而婷婷和小刚两人不顾危险胡乱奔跑也是相撞致伤的原因之一。根据各方的过错程度，法院酌定婷婷自负25%的民事责任，小刚承担25%的民事责任，学校承担50%的民事责任。据此，法院判决小刚的父母赔偿2.2万余元，学校赔偿4.5万余元。

楼道里有两个拐角处容易因为行人视线受阻而发生碰撞事故。一是楼道与楼梯的拐角处，二是楼道与教室门口的拐角处。由于墙面的阻挡，在这两处通行的人无法提前看到对向过来的人，不能提前预知危险。一旦某一方向的行人通行速度过快，等到看见对方的时候往往已经来不及躲闪。预防拐角相撞事故，最主要的措施当然是对学生开展安全教育，要让学生在教室、楼道、楼梯通行的时候，养成靠右行走、瞻前顾后、谨慎慢步的良好习惯。除此之外，在拐角处张贴提示语，课间安排教师在楼道里值班巡逻也是必不可少的安全举措。

四、防范学生在楼道里做危险游戏和动作而受伤

据"亚心网"消息，亮亮与小明、小刚均为某小学学生。一日，参加完考试的小明与小刚在学校教学楼楼道内玩"斗鸡"游戏时，亮亮要求加入游戏，在三人玩耍过程中，亮亮被小明撞倒在地。经医院诊断，亮亮的伤情为左股骨上段病理性骨折、左股骨近端骨纤维结构不良。事发后，因赔偿问题未能协商解决，亮亮将小明、小刚及学校诉至法院。法院经开庭审理，判决小明承担60%的责任，小刚承担10%的责任，学校承担15%的责任，亮亮自行承担15%的责任。

未成年学生的身体协调能力、平衡感尚在发展之中，牙齿、骨骼等机体组织都还比较脆弱，某些游戏和动作对他们而言具有相当的危险性。像叠罗汉、跳山羊、斗鸡、背人等本身就具有一定危险性的游戏，学生若是在没有成人监督和保护的情况下玩耍，很可能会发生意外。而楼道狭小的空间范围，又给游戏平添了几分危险。除此之外，在楼道里做出推搡他人、猛然转身、向后向外伸腿等动作，或者玩耍小刀、弹弓、露出笔尖的笔具

等危险物品，也都容易伤到他人或自己。为了预防此类事故的发生，学校一方面要强化对学生的安全教育，提高其安全防范意识和自我保护能力；另一方面，要建立课间楼道值班巡逻制度，及时发现和制止学生做出的危险行为。

律师的建议

做好教学楼楼道的安全管理工作：

- 保障楼道设施安全，加强对学生的安全教育，建立课间楼道值班巡逻制度，及时制止学生做出的危险行为。

- 防范楼道护栏处发生坠楼事故。

- 防范学生在楼道里奔跑时相撞。

- 防范学生在楼道拐角处发生碰撞。

- 防范学生在楼道里做危险游戏和动作而受伤。

19. 学生厕所里，常见的安全事故如何防范

学生厕所是一个不太起眼、容易被大人忽视的地方，却是每个学生每天要"亲密"接触的场所。对学生厕所，我们不能以为只要做好清洁卫生工作就万事大吉。事实上，由于这里高峰时期人员密集、来去匆匆，教职工少有"光顾"而导致管理偏弱，场所性质涉及隐私而无法安装监控设备等原因，常常发生各种各样的安全事故。那么，学生厕所里常见的安全事故都有哪些？学校应当如何做好相关安全管理工作呢？

关键词

学生厕所
地面湿滑
摔伤
设施配备
拥挤
文明有序
碰撞受伤
安全提示语
嬉戏打闹
学生欺凌
高发区域

一、防范因厕所地面湿滑而导致学生摔倒受伤

小杨系某小学学前班学生。2014年9月15日上午11时30分左右，小杨在学校上厕所时，因地砖滑，不慎滑倒。小杨于当天被学校老师及其亲属送往医院住院治疗，至2014年9月22日出院。其伤情经诊断为"右肱骨髁上粉碎性骨折"。经司法鉴定，小杨的伤残等级为九级。随后，小杨将学校告上法庭。法院经审理查明，在小杨滑倒的事发厕所，由于地砖滑，偶尔有人摔倒。事发后，学校已经对该厕所地面铺设防滑垫，进行了防滑处理。法院认为，学校明知厕所地砖滑，在事故

发生前就偶尔有人滑倒，作为教学场所的管理者，学校应当考虑到未成年人对存在的不安全事物的认知能力差和厕所用水较频繁易致地面湿滑的因素，预见到可能发生人员摔伤的事故，应及时消除安全隐患。而学校疏于管理，未能实施相应措施导致损害结果发生，应当对损害后果承担全部赔偿责任。据此，法院判决被告某小学赔偿原告小杨117987.04元。

厕所是学生在校期间经常使用的生活设施，学校应当确保其设施安全，平时应当对其加强维护和管理，及时消除安全隐患，预防学生在如厕时发生意外事故。而防范因厕所地面湿滑而导致学生摔倒受伤，便是学校的一项安全责任。厕所保洁后地面未晾干，雨雪天学生脚踩后地面积留雪水，或者厕所水龙头漏水，下水道堵塞导致粪水溢出，都有可能造成厕所地面湿滑。为了防范发生学生滑倒受伤事故，学校应当采取相应的防滑措施。例如，学生厕所地面采用防滑地砖，或者在上面铺设防滑垫，喷涂防滑剂，打扫后及时将其吹干或擦干，都可以有效解决防滑问题。学校应当加强对厕所的管理和维护，为学生营造安全的如厕环境。

二、防范学生在厕所里发生碰撞而受伤

小亮和小谷是某小学四年级同班同学。一日上午第三节下课后，任课教师拖堂继续讲了近十分钟。第四节课预备铃声响后，同学们纷纷冲向同一楼层的厕所。在男生厕所，小亮跑进门时与正要出来的小谷撞个满怀，导致小谷倒地不起。后经医院诊断，小谷的伤情为左肱骨外髁骨折。经司法鉴定，小谷左上肢损伤构成九级伤残。事发后不久，小谷将小亮和学校告上法庭。法院经审理认为，小亮在奔跑中将小谷撞倒致伤，应负主要责任；学校教师拖堂，未给学生留足必要的如厕时间，致使学生慌忙上厕所，且未对学生进行相应的安全教育和提醒，以致酿成事故，校方对此存有过错，应承担次要责任。

学生厕所里空间有限，在如厕高峰期人来人往，稍有不慎便容易发生碰撞事故。预防此类事故的发生，学校应当从以下几个方面入手。

一是在设施配备上，要根据在校学生人数配足如厕设施。按照《中小学校设计规范》的规定，教学用建筑每层均应分设男、女学生卫生间及男、女教师卫生间；当教学用建筑中每层学生少于3个班时，男、女学生卫生间可隔层设置；男生卫生间应至少为每40人设1个大便器或1.20米长大便槽，每20人设1个小便斗或0.60米长小便槽；女生卫生间应至少为每13人设1个大便器或1.20米长大便槽；每40—45人设1个洗手盆或0.60米长盥洗槽。学校应保障卫生间设施配备符合上述国家标准。

二是在管理上，学校应当对下课期间学生厕所可能出现的拥堵情况进行预判并采取相应的管理、疏导措施，要给学生留足如厕时间，并通过制定学生如厕文明行为守则、在厕所墙面上张贴安全提示语等举措，让学生养成文明有序上厕所的习惯，避免出现拥挤、推搡等危险行为。

三是在安全教育上，要经常性地对学生开展防范如厕期间发生事故的教育，提高其安全防范意识和自我保护能力。

三、防范学生在厕所里嬉戏打闹而受伤

据《新闻晨报》"周到上海"报道，2020年4月某日课间，上海市徐汇区某小学的厕所门口，几十名小学生排成两队依序如厕。小帆看到另一队伍比较快，就换去另一队伍排队，后来周围同学发现他原先排的队伍更快，就笑他，小浩也跟着笑。小帆就在小浩小便时推了小浩一下，导致小浩撞到厕所墙壁并造成两颗上门牙受伤。后经医院诊断，小浩的伤情为前门牙折断。事发后，小浩将小帆和学校告上法庭，要求两方赔偿医疗费、律师费、后续治疗费等共计2.7万余元。法院经审理判决被告小帆一方承担全部赔偿责任，赔偿原告小浩各项损失0.7万余元。

未成年人生性活泼，辨别力、自制力较为欠缺，打闹起来往往没轻没

重，不分场合，不计后果。一些淘气的男生完全没有虑及厕所空间狭小，周遭设施材质刚硬，容易因为磕碰而导致四肢骨折、牙齿折断等事故隐患，随意推搡正在小便的同学，抢占便器位置，朝他人扔厕纸，追逐嬉戏，给他人及自身的安全带来极大的威胁。解决这些安全隐患，需要学校建立健全学生安全、文明如厕制度，加强对学生的相关安全教育。

四、防范厕所里发生学生欺凌事件

据《京华时报》报道，某地一初中女生遭7名学生殴打的一段视频在网上引起广泛关注。网友在QQ空间发布的一段视频显示，一名女学生在厕所内被多名同学轮番殴打，一旁还有同学用手机拍摄。仅在视频中被打女生就挨了20多记耳光，其间还多次被飞踹、打倒在地。事发后，当地人民政府通报称，警方调查查明，2016年9月21日11时50分左右，某中学初三年级学生姬某某以黄某甲瞟黄某乙一眼为由，纠集黄某乙、熊某等7人将黄某甲叫到学校女厕所内，以打耳光、辱骂等方式进行欺凌，并录像上传至QQ空间。经检查，被打学生身体状况正常。通报称，7名涉案学生被行拘，涉事学校被全县通报批评，3名学校领导被问责。

学生厕所因为涉及个人隐私，按照法律规定不能安装监控设备。又由于学校教职工多有专用厕所，学生厕所少有成人"光顾"，因此容易成为学校安全管理的一个薄弱环节。个别学生利用这一漏洞，在厕所里实施违规违纪行为，企图逃避学校的监管和约束。从近年媒体报道的学生欺凌事件来看，学生厕所和操场角落、学生宿舍一起成了校内欺凌行为的三个"高发区域"。而学生厕所的欺凌行为，又往往发生在午休、放学后等如厕学生人数较少的时候。对这一情况，学校应当有针对性地采取措施，在课余时间加强对学生厕所的安全管理，例如通过安排教职工定时对厕所进行巡逻、建立学生欺凌及时报告制度、强化反欺凌安全教育等措施，杜绝学生厕所里发生欺凌事件，切实保护学生的身心健康和安全。

律师的建议

做好学生厕所安全管理工作:

- 确保学生厕所设施设备符合安全标准和要求。
- 防范因厕所地面湿滑而导致学生摔倒受伤。
- 防范学生在厕所里发生碰撞而受伤。
- 防范学生在厕所里嬉戏打闹而受伤。
- 防范厕所里发生学生欺凌事件。

20. 教室里，应当重点防范哪些安全事故

教室是学校开展教育教学活动的主要场所，学生上学期间大部分时光都是在这里度过的。教室与学生的关系如此密切，理应成为最安全的场所。然而在实践中，由于教室空间狭小、器物较多、人员密集，加之一些学校安全制度不健全、管理不周，一些学生时而做出危险行为，导致教室里不时发生大大小小的伤害事故。那么，教室里存在哪些安全隐患？容易发生哪些安全事故？应当怎样做好安全防范工作呢？

关键词

教室
环境污染
装修
空气质量
设施安全隐患
安全标准
安全检查
坠窗事件
绊倒
走道宽度
碰撞
投掷硬物

一、防范教室环境污染事故

据《新晚报》报道，18岁的杨某原是尚志市某中学学生。一次假期过后，杨某与同学们返校上课时发现，新粉刷的教室里有一股浓浓的刺鼻味道，但老师和学生们都没在意，依旧在表面上看起来"窗明几净"的教室内读书上课。几天后，学生们相继出现抽搐、胸闷、恶心等症状，而杨某病情最重，以至全身麻木，四肢无力，呼吸困难。杨某被确诊为"急性轻度苯中毒"。杨某住院643天，共付医疗费、住院费等近13万元，还耽误了两年学习。她将油漆厂家及学校告上法庭，要求赔偿。法院在调查时发现，

尚志市某中学在粉刷教室时，购买使用了某油漆厂和某油漆化工有限公司生产的"油漆"，其中苯含量均超过了国家标准；此外，还使用了某涂料厂生产的"稀释剂"清洗刷子和工作服，稀释剂中的苯含量超标25.5%。这些严重超标的苯挥发到空气中，致使杨某在校学习时中毒。由于三家厂家都提供不出证据证实自己的产品致害原因的比例，因此，法院认为它们应承担共同侵权的连带赔偿责任。而该中学在学校开学和刷油漆这两项工作中处理不当，也应依法承担补充赔偿责任。据此，法院做出一审判决，三家苯超标的厂家连带赔偿杨某医疗费、补课费、精神损害抚慰金等总计22万余元。该中学则承担补充赔偿责任。

为了改善办学环境，一些学校常常利用寒、暑假或者"十一"等长假进行装修，包括粉刷、装饰墙面、地面，维修课桌椅、教具、学具等。在装修过程中，往往需要大量使用油漆、涂料、胶、壁纸、夹板等材料，而这几种材料中通常含有大量的甲醇、苯、TVOC（即总挥发性有机化合物）等有害气体。如果没有采取有效的环保措施，就很容易给室内环境造成污染，从而危及在校学生的身心安全与健康。

教室安全，首先是环境安全，空气质量达标。《学校卫生工作条例》第六条规定，学校教学建筑、环境噪声、室内微小气候、采光、照明等环境质量以及黑板、课桌椅的设置应当符合国家有关标准。按照国家标准文件《中小学校设计规范》的要求，中小学校建筑的室内空气质量，应符合现行国家标准《室内空气质量标准》及《民用建筑工程室内环境污染控制规范》的有关规定。《室内空气质量标准》明确规定了室内空气应达到"无毒、无害、无异常嗅味"的要求，还详细规定了各种污染源的控制标准（包括化学性、物理性、生物性和放射性污染物的控制标准，其中化学性污染物包括甲醛、苯、氨、可吸入颗粒物、二氧化碳、二氧化硫等污染物质）。《民用建筑工程室内环境污染控制规范》规定了应当控制的室内环境污染物有氡（Rn-222）、甲醛、氨、苯和TVOC，还详细规定了民用建筑工程所选用的建筑材料、装修材料应当符合的具体要求以及施工要求和验收要求，并规定室内环境质量验收不合格的民用建筑工程，严禁投入使用。

学校应当高度重视装修过程中可能存在的污染问题，防患于未然。在对教室等校内建筑、设施进行装修时，应当选择正规、有资质的施工单位，并选用符合环保要求的建筑、装修材料。装修结束后，学校应当委托具有资质的专业部门对空气质量进行检测，确保空气质量符合国家有关标准，未经检测或检测不合格的，不得安排学生使用，要为学生创造卫生、安全的学习和生活环境。

二、防范因教室内的设施安全隐患而引发事故

据新华网报道，2013年10月8日，某中学初二女生黄某正在教室里听课，位于她上方天花板上的吊扇突然坠落，转动的风扇叶片刮到黄某的左脸颊，她的脸部及眼角顿时鲜血直流。虽然事发后黄某被立即送往医院治疗，没有生命危险，但她的嘴角至脸颊处却留下了一道长达6厘米的明显的疤痕，已经构成轻度毁容。多次索赔无望后，黄某的父母将学校诉至法院，请求判决学校就黄某的整容、治疗等费用以及相应的精神损害进行赔偿。法院经审理认为，本案中校方疏于对教室风扇进行安全检查和维护，导致风扇非人为因素无故坠落，致使黄某毁容，应当赔偿其相应的经济损失。据此，法院判决校方赔偿黄某后续治疗费用20000元，精神损害抚慰金20000元。

教室内的设施存在安全隐患，如同在教室里埋下了一颗"不定时炸弹"，随时可能"引爆"，从而引发门窗倒塌、玻璃破碎、灯管或吊扇坠落、课桌椅散架、仪器漏电、黑板爆裂等各类事故。

为了预防此类事故的发生，首先，学校在教室内配备的各种设施设备应符合相关安全标准。课桌椅、门窗、灯具等设备都有相应的国家标准或行业标准，学校应当从正规厂家采购符合安全标准的设备，委托具有资质的专业机构和人员进行安检和调试，确保设备安全。其次，要定期对教室

内的设施设备进行安全检查。相关设施设备在使用过程中会因为老化、自然损耗、人为破坏等原因而出现安全隐患，学校应定期对这些设施设备开展安全检查，及时发现存在的问题，并通过维修、更换等措施及时排除隐患。班主任每天应当留意灯具、电器、门窗等设备的安全状况，发现问题要及时解决或者向学校报告。再次，要经常性地对学生开展爱护校园公共设施的安全教育。通过教育和提醒，让学生养成爱护学校公共设施的良好习惯，学会正确使用，不搞人为破坏。

三、防范学生从教室窗户坠楼事故

据"金羊网"报道，小轩是某小学五年级学生，2016年9月19日中午约12点，准备午休的小轩和同学将教室的课桌拉到两边窗户下，把教室中间空出来做午休场地。然而，就在这时，一名女同学哭着跑去向老师报告称，小轩忽然从窗户摔了下去。法院经审理认为，学生在教室里午休时，校方允许学生先把课桌拉到两边窗户之下，此做法使窗户下面新增了垫脚物，窗台的高度相对降低，从而增加了学生从窗户坠落的危险，校方存在管理过错。此外，小轩属于限制民事行为能力的未成年人，对其所处危险情况，校方没有及时发现并采取措施，属于管理不到位。据此，法院判决学校对小轩的损失承担70%的责任，赔偿小轩76万余元。

多层教学楼存在着学生从教室窗户坠楼的风险。教师安排学生擦窗户、学生淘气攀爬窗台、窗台过低、学生靠近窗户打闹等都可能引发学生意外坠楼。按照《中小学校设计规范》的规定，中小学二层及二层以上的临空外窗的开启扇不得外开，临空窗台的高度不应低于0.90米。学校严格执行这一规定，一是可以避免学生因擦拭外开的窗户而引发的坠楼事件；二是可以大大减少因窗台过低而引发的学生意外坠楼事件。除了确保设施符合安全标准外，学校还应注意，在缺乏安全保障的情况下，不应当安排学生擦窗户及玻璃，平时应对学生加强安全教育，禁止学生攀爬窗台、临窗课桌或靠近窗户打闹，以免发生意外。

四、防范绊倒摔伤事故

据《重庆晚报》报道，小邓与小封是某小学四年级学生。一日早晨8时左右，学校还没开始上课，小封背向讲台，站在第一排课桌前收作业，腿则伸在过道口。小邓从教室后门进来，准备前往自己的座位。在通过靠左的通道时，小邓意外踢到小封的脚而摔倒，牙齿磕到讲台上。事后，小邓被老师送往医院就医。出院后，小邓的家属将学校和小封一起告上法庭。经调查，法院得知小邓所在班级共有53名学生，教室长8.9米，宽6.24米，纵向过道宽度为0.48米。而根据《中小学校设计规范》的规定，完全小学应为每班45人；普通教室内纵向过道宽度不应小于0.6米，独立的非完全小学可为0.55米。据此，法院认为，小邓所在的班级人数超过国家规定的学生人数，导致纵向过道的宽度低于国家规定的标准。教室过道的拥挤，势必增加学生走动中碰撞其他物体而受伤的危险性，为学生受伤埋下了安全隐患。结合本案实际，法院判决学校承担60%的赔偿责任。另一被告小封将腿伸到过道上，对通行造成了一定的障碍，是小邓被绊倒的原因之一，因此判决其承担10%的赔偿责任，由其监护人承担赔偿责任。另外，原告小邓没有充分观察过道旁边的障碍物，也有一定过错，判决其自行承担30%的责任。

中小学教室面积多为五六十平方米，摆上几十张课桌椅后，富余之处所剩无几，如果学生人数较多，空间将更显局促。在这样狭小的地盘上行走，很容易因为脚下碰到障碍物而摔倒。预防发生绊倒摔伤事故，保持过道通畅至关重要。为此，学校应当从多方面入手。

一是要严格按照国家有关政策规定，控制班级学生人数，避免出现大班额现象。按照《国家学校体育卫生条件试行基本标准》的规定，普通教室人均使用面积小学不低于1.15平方米，中学不低于1.12平方米。班级人数过多，会导致教室人均使用面积不足。

二是要保证教室内纵向过道宽度不小于 0.6 米。按照《中小学校设计规范》《国家学校体育卫生条件试行基本标准》的规定，中小学校普通教室内纵向过道宽度不应小于 0.6 米，独立的非完全小学可为 0.55 米；教室后应设置不小于 0.6 米的横行过道；教室前排课桌前缘与黑板应有 2 米以上距离。教室过道宽度不足，会给学生的通行带来不便。学校要通过控制班级人数、合理摆放课桌椅等方式，确保教室内的过道符合安全标准，消除安全隐患。

三是要对学生加强安全教育，提醒学生课间休息时不要堵住过道、妨碍他人通行，不得故意在他人行走时对其脚下使绊，坐在过道旁边的学生不得将脚伸到过道上，不要在过道上奔跑或快速行走，以免给自己或他人造成伤害。

五、防范碰撞受伤事故

据"北京法院网"报道，一日中午 12 点 50 分左右，11 岁的鹏鹏坐在座位上看图画。同学扬扬与其他同学在教室里嬉戏打闹，在嬉闹过程中扬扬跑过鹏鹏的座位时，不慎将鹏鹏的左眼碰伤。医院诊断鹏鹏的伤情为"左玻璃体积血，双脉络膜视网膜病变"，经司法鉴定构成八级伤残。事发后，鹏鹏将扬扬及就读的学校告到法院。法院经审理判决扬扬的监护人赔偿鹏鹏 57000 余元，学校赔偿 24000 余元。

教室里发生的碰撞事故主要有三种情况。一是学生在教室里追逐奔跑、嬉戏打闹，其间碰撞到他人或者桌椅、讲台，从而导致自己或他人受伤。二是在教室门口，学生快进或快出时与他人相撞，伤到他人或自己。三是学生在未观察教室门后是否有人的情况下就猛然推门，导致他人被门板撞伤。预防此类事故发生，重在教育。要通过经常性地开展安全教育，让学生提高安全警惕，不在教室里奔跑打闹，开门时先观察再慢慢打开，养成良好的行为习惯。

六、防范投掷硬物致人伤害事故

据"蒲城县人民法院网"消息，小董和小任均系某小学二年级学生。一日早晨7时50分左右，小董被奶奶送到学校门口后自行进校。小董刚进教室，就看见小任拿一把塑料尺子朝自己扔过来，躲避不及，尺子打在了左眼上。后经医院治疗，小董的家长花去医疗费13000余元。经司法鉴定，小董的眼睛伤情被评定为九级伤残。随后，小董起诉至法院，要求学校、小任及其父母共同赔偿医疗费、护理费、交通费、伙食补助费、营养费、伤残赔偿金等损失共计54238.07元。法院经审理判决小任及其父母承担70%的责任，学校承担30%的责任。

由于缺乏辨别力、自控力，安全意识不强，一些学生特别是男生在教室里打闹时，往往不管不顾，随手抓起东西就朝他人扔去，铅笔、书包、尺子乃至椅子都有可能被他们"就地取材"，成为手中的"武器"。而这些物品在被人用力投掷后很容易给他人造成伤害。有鉴于此，学校和教师应当通过制定学生行为守则、强化安全教育等方式，培养学生文明、安全的行为习惯，提高其安全防范意识和自我保护能力，预防发生此类安全事故。

律师的建议

做好学生教室的安全管理工作：

- 确保教室空气质量合格，防范教室环境污染事故。
- 确保教室设施符合国家安全标准，防范因设施安全隐患而引发事故。
- 防范学生从教室窗户坠楼事故。
- 防范绊倒摔伤事故。
- 防范碰撞受伤事故。
- 防范投掷硬物致人伤害事故。

21. 食堂里，防范食品安全事故的着力点在哪里

在校学生的饮食安全一直是一个万众关注的社会焦点问题。学校一旦发生食品安全事故，将会危害师生的安全和健康，引发舆情事件，冲击正常的教育教学秩序，后果十分严重。做好校园食品安全工作，防范病从口入，保护在校师生的饮食安全是学校的一件大事，也是一件难事。学校应当严格遵守《中华人民共和国食品安全法》《中华人民共和国食品安全法实施条例》《学校食品安全与营养健康管理规定》《餐饮服务食品安全操作规范》等法律、法规、规章的各项规定，建立健全食品安全管理制度。当前很多学校都办有食堂，校园食堂承载着在校师生食品供应和饮食安全保障的重任。那么，学校食堂该如何做好食品安全管理工作，防范各类食品安全事故发生呢？

关键词

学校食堂
食品安全
事故
自办自营
主体责任
承包
委托经营
招投标
校外供餐
日常监管
投毒
安全保卫
安全预案
应急处理

一、防范自办自营的食堂发生食品安全事件

据中新社报道，2016年12月9日，位于河南省光山县孙铁铺镇的某小学学生在吃了午饭后，出现肚子疼、恶心、呕吐等症状，被送往县人民

医院紧急救治。随后当地官方通报称，先后有三十余名学生出现疑似食物中毒症状。根据光山县公安机关现场调查和光山县人民医院医务人员临床诊断分析，确定疑似食物中毒是由食用发芽变质的土豆引起的。事发后，光山县食品药品监督管理局对该校进行了立案处理，并处以10万元的罚款；县教体局免去该校校长和分管副校长的职务；县纪检监察机关依据疑似食物中毒的原因，对县教体局、县食品药品监督管理局相关责任人员进行立案调查，对违纪责任人员依纪从重问责。

按照国家规定，有条件的学校应当根据需要设置食堂，采用自营方式供餐，为学生和教职工提供服务。学校自营食堂预防发生食品安全事故，关键是要做到以下几点。

（一）严格执行食品安全管理法规的各项规定，全面落实主体责任

当前各所学校尤其要重视落实下面四个方面的制度。

一是落实食品安全校长（园长）负责制。校长（园长）作为学校食品安全工作的第一责任人，要将食品安全作为学校安全工作的重要内容，建立健全并落实有关食品安全管理制度和工作要求，定期组织召开会议研究和部署食品安全工作，参加食品安全检查，研究重大隐患整改措施，下达隐患整改任务并跟踪落实，及时解决校园食品安全工作中的问题。

二是落实学校负责人陪餐制度。学校应当建立集中用餐陪餐制度，每餐均应当有学校相关负责人与学生共同用餐，做好陪餐记录，及时发现和解决集中用餐过程中存在的问题。

三是落实食品留样制度。学校食堂应当对每餐次加工制作的每种食品成品进行留样，每个品种留样量应当满足检验需要，不得少于125克，并记录留样食品名称、留样量、留样时间、留样人员等，留样食品应当由专柜冷藏保存48小时以上。

四是落实关于小卖部、超市的禁止性规定。非寄宿制中小学、幼儿园

原则上不得在校内设置食品小卖部、超市；已经设置的，要逐步退出。寄宿制中小学确需设置食品小卖部、超市的，应依法取得许可，原则上只售卖纯净水、矿泉水、预包装面包、牛奶等食品，避免售卖高盐、高糖及高脂食品。

（二）强化流程管理，建立健全食品安全各个方面的管理制度

为了保证学校食品卫生安全，学校应当按照《餐饮服务食品安全操作规范》等法规的规定，针对食品生产经营活动的各个环节、各个方面建立相应的规章制度，并建立岗位责任制，将具体职责落实到个人。特别要严格落实以下几个方面的规章制度：（1）原材料采购索证登记制度；（2）库房卫生管理制度；（3）粗加工及切配卫生制度；（4）烹调加工卫生制度；（5）餐具清洗消毒制度；（6）食堂、餐厅清洁卫生制度；（7）食品留样制度；（8）从业人员健康体检制度及卫生知识培训制度等。

（三）落实校园食品采购、制售的禁止性规定

按照《学校食品安全与营养健康管理规定》的规定，学校食堂禁止采购、使用下列食品、食品添加剂、食品相关产品：（1）超过保质期的食品、食品添加剂；（2）腐败变质、油脂酸败、霉变生虫、污秽不洁、混有异物、掺假掺杂或者感官性状异常的食品、食品添加剂；（3）未按规定进行检疫或者检疫不合格的肉类，或者未经检验或者检验不合格的肉类制品；（4）不符合食品安全标准的食品原料、食品添加剂以及消毒剂、洗涤剂等食品相关产品；（5）法律、法规、规章规定的其他禁止生产经营或者不符合食品安全标准的食品、食品添加剂、食品相关产品。除此之外，中小学、幼儿园食堂不得采购、贮存、使用亚硝酸盐（包括亚硝酸钠、亚硝酸钾），不得制售冷荤类食品、生食类食品、裱花蛋糕，不得加工制作四季豆、鲜黄花菜、野生蘑菇、发芽土豆等高风险食品。

二、防范承包或委托经营的食堂发生食品安全事件

据《齐鲁晚报》报道，2012年5月25日，青岛市某中学发生一起学生集体性食物中毒事故，多名学生出现呕吐、腹痛、发热和腹泻等症状，陆续到医院就诊。经查，此次事故是由"蜡样芽孢杆菌"感染所致的群体性食物中毒，主要原因是学校食堂将前一天午餐所剩大米饭提供给学生食用。中毒事件发生后，事发学校食堂托管公司经理寇某某、学校食堂厨师长许某被公安机关刑事拘留。青岛市食安办对该校食堂托管单位某酒店管理服务公司的违规行为进行了行政处罚，责成学校与该公司解除合同。同时，青岛市市南区委、市政府对相关责任人分别给予行政纪律处分。同年12月17日，法院对该起食物中毒案进行一审审判。法院以犯生产、销售不符合安全标准的食品罪，当庭做出宣判，判处寇某某有期徒刑两年，并处罚金五千元；判处许某有期徒刑一年六个月，并处罚金四千元。

当前学校食堂存在两种经营模式，一种是学校自营，另一种是引入社会力量承包或者委托经营。按照国家规定，具备条件的中小学、幼儿园食堂原则上采用自营方式供餐，不再引入社会力量承包或者委托经营食堂，不再签订新的承包或者委托经营合同。实施营养改善计划的农村义务教育学校食堂不得对外承包或者委托经营。

因条件所限无法自营而采取引入社会力量承包或者委托经营食堂的学校，在承包或委托经营食堂过程中，应当注意做好以下几个方面的工作。

首先，在承包方、受托经营方的选择上，学校应当以招投标等方式公开选择依法取得食品经营许可、能承担食品安全责任、社会信誉良好的餐饮服务单位或者符合条件的餐饮管理单位。学校可从经营管理水平、技术水平、社会信誉、制度建设、服务质量、从业人员的素质和健康状况以及服务承诺等方面进行考察、比较，通过招标择优选定承包方或受托经营方。承包方或受托经营方应当是依法设立的餐饮经营企业，经营时间需达到一定年限，此前所经营的餐饮服务卫生量化分级考评应达到优秀以上。学校

不得将食堂承包或委托给不具备资质的单位或个人经营管理。

其次,在合同的订立方面,学校应当与经营方依法签订承包经营或委托经营合同。合同内容要详细约定经营方在食品安全与营养健康方面的义务和责任,要对食品安全管理制度的建立及落实、服务质量、发生食品安全事故后的责任承担方式、合同的解除条件(例如,约定一旦经营方违反合同约定,学校即有权解除合同)等方面的内容做出明确约定。要通过签订合同,约束经营方严格依照法律、法规、规章、食品安全标准以及合同约定进行经营,对食品安全负责,并接受委托方(即学校)的监督。

再次,在经营方经营学校食堂过程中,学校应当对食堂的食品安全加强监督和管理。任何时候学校都不能放弃对食堂的监管职责,而应当通过强化管理和检查,督促经营方依法、依约履行食品安全责任,确保师生饮食安全。

三、防范校外供餐发生食品安全事件

据"澎湃新闻"报道,2017年5月2日是五一假期后的第一个上班日,当天早上,南京市某小学部分学生家长突击来到学校的午餐供应企业南京某餐饮服务有限公司。眼前的一幕令他们十分愤怒:不少土豆发芽,排骨长霉,猪蹄则是生熟混放在一起……孩子怎么可以吃由这样的食材做成的食物呢?万一发生集体食物中毒怎么办?一名家长对可能引发的后果表示很后怕。接到市民举报并经媒体曝光后,5月3日,南京市栖霞区市场监督管理局燕子矶分局对涉事企业——南京某餐饮服务有限公司进行现场调查,并约谈企业负责人。当晚,这家企业被勒令停业整顿。前述小学一名副校长告诉"澎湃新闻",考虑到供餐公司的实际卫生状况,以及食材、原材料的加工处理存在问题,学校决定终止与其合作,下一步将更换供餐公司。

很多学校由于条件所限,采取从校外供餐单位订餐的方式来解决在校学生集体供餐问题。学校应当特别注意以下几个方面的问题。

一是在供餐单位选择方面,按照国家规定,学校从供餐单位订餐的,应当建立健全校外供餐管理制度，选择取得食品经营许可、能承担食品安全责任、社会信誉良好的供餐单位。

二是在供餐合同订立方面，学校应当与供餐单位签订供餐合同（或者协议），明确双方食品安全与营养健康的权利和义务，存档备查。合同要约定，供餐单位应当严格遵守法律、法规和食品安全标准，当餐加工，确保食品安全。

三是在日常监管方面，学校应成立以校长为组长的学生在校就餐工作领导小组，加强对校外供餐的监督管理，建立健全相关工作制度，并对供餐单位提供的食品随机进行外观查验和必要检验，确保食品符合国家和地方对配送食品的标准、质量、温度等要求，预防发生食品安全事故。

四是在民主管理和社会监督方面，学校家长委员会和膳食委员会应参与供餐单位选定，餐费标准、配餐食谱的确定，以及对供餐服务和供餐质量的监督。

四、防范食品投毒事件

王某在某幼儿园工作期间，因学生管理问题与中班老师孙某某产生矛盾，决定对孙某某实施报复。2019年3月27日9时许，王某将事先准备好的亚硝酸钠投放到中班学生加餐的八宝粥内，致使学生食用八宝粥后中毒，最终造成1人死亡、21人轻伤、2人轻微伤的严重后果。2020年9月28日，焦作市中级人民法院依法对此案进行公开宣判，被告人王某因犯投放危险物质罪被依法判处死刑，剥夺政治权利终身。

在各地发生的学生食物中毒事件中，有一小部分是由人为投毒造成的。从媒体公开报道的案件来看，投毒者既有学校内部的教职工、学生，也有校外人员，投毒的主要目的是对学校领导或教师不满而图谋报复。

为了防范投毒事件的发生，学校食堂应当按照国家规定建立安全保卫制度。平时，应当采取的防范措施包括：严禁非食堂工作人员随意进入学校食堂的食品加工操作间和食品原料存放间；食堂各个功能间的安全应当由专人负责，下班时应当锁好食堂门；食堂钥匙不得转交给非工作人员，如需维修等，必须报学校总务处批准并由专人在现场监管；食堂工作人员上班时应检查食堂门锁是否有撬过的痕迹，食堂内水池、调味罐等是否有异味，发现异常应立即向领导汇报；每日饭菜、开水做好后，最好先由专人试尝、试喝，确保安全后再提供给师生。此外，学校还应尽可能在食堂门口安装监控设备，对食堂的安全加强监控。

五、防范食堂就餐期间发生意外伤害事故

据"黄岩新闻网"消息，一日中午放学后，小学生小卫跟随同学一起按规定到学校食堂排队买饭。可能刚开学的原因，同学们相见尤为兴奋，恰逢老师又不在场，不少同学在排队过程中不停地嬉闹、推搡。突然，小卫感觉有同学向他推挤过来，一个趔趄站立不住，倒向边上。这一倒，竟刚好倒在存放在地上的咸菜汤桶里。刚出锅不久的咸菜汤热度可想而知，小卫当即被烫得不轻，闻讯赶来的老师急忙将小卫送往医院。经鉴定，小卫的伤势构成九级伤残。

一些学校对学生就餐秩序疏于管理，每到就餐时间，在打饭、打菜过程中，学生不排队就蜂拥而上，在拥挤中饭菜被打翻或者洒在他人身上的事情时有发生，一些低年级学生甚至因打不上饭而挨饿，这些情况应当引起学校的高度重视。为了让学生安全就餐、文明就餐，学校应当对食堂就餐秩序加强管理。重要的管理措施包括：学校餐厅的地面应保持干燥，防止湿滑；不得允许学生进入开水房、食堂内部操作间；就餐时间要安排教师在餐厅里维持秩序，制止学生的打闹、拥挤、加塞等危险行为或不文明行为；要教育学生排队打饭、轻声慢行、保持距离、文明就餐，在端着热菜、热汤时不要猛然回头或快步行走，以免危及自己或他人的安全。

六、制定安全预案，发生食品安全事故后妥善进行应急处理

为了增强学校处置突发性集中用餐食品安全事故的应急能力，最大限度地保护师生的生命健康，学校应当根据国家有关规定并结合本校的实际情况，制定集中用餐食品安全事故应急处理预案。

一旦发生集中用餐食品安全事故或者疑似食品安全事故，学校应当根据需要启动应急预案，立即采取下列措施：（1）组织救助，第一时间将受害师生送往医疗机构救治，协助、配合医疗机构开展救治工作；（2）停止供餐，并按照规定向所在地教育、食品安全监督管理、卫生健康等部门报告；（3）封存导致或者可能导致食品安全事故的食品及其原料、工具、用具、设备设施和现场，并按照食品安全监督管理部门的要求采取控制措施；（4）配合食品安全监管部门进行现场调查处理；（5）配合相关部门对用餐师生进行调查，加强与师生、家长联系，通报情况，做好沟通、引导工作；（6）总结教训，并根据卫生、教育等部门提出的整改意见，按时进行整改，避免再次发生食品安全事故。

律师的建议

做好食品安全管理工作：

- 严格遵守食品安全法规的各项规定，建立健全食品安全管理制度。
- 防范自办自营的食堂发生食品安全事件。
- 防范承包或委托经营的食堂发生食品安全事件。
- 防范校外供餐发生食品安全事件。
- 防范食品投毒事件。
- 防范食堂就餐期间发生意外伤害事故。
- 制定安全预案，发生食品安全事故后妥善进行应急处理。

22. 学生宿舍里，需防范哪些常见的安全事故

宿舍是寄宿生在校期间主要的起居、生活场所，保护学生的住宿安全是寄宿制学校的一项重要法定职责。未成年学生远离家庭的呵护，照顾自己、保护自己的能力又较为欠缺，学校的责任十分重大。寄宿制学校应当按照国家规定，提供符合安全标准的住宿及相关生活设施，配备专门的宿舍管理人员，建立健全宿舍安全管理制度，及时消除安全隐患，履行对住宿学生的照管和保护职责，保障住宿学生的人身和财产安全。实践中，学生宿舍常见的安全事故有哪些？如何防范事故的发生？

关键词

学生宿舍
寄宿生
设施安全隐患
意外事故
双层床
安全栏板
火灾
疏散通道
用火用电
性侵害
盗窃事件
巡逻制度
安全信息通报

一、防范因宿舍设施存在安全隐患而引发意外事故

据重庆市第二中级人民法院发布的消息，小方系某中学初三学生，平时寄宿在学校。一日凌晨1时许，小方在睡觉过程中从学校宿舍双层床的上铺跌下摔伤，后被学校送往医院救治。医生诊断其伤情为右髋骨骨折。经司法鉴定构成十级伤残。事后，小方诉至法院，要求学校赔偿其损失12万余元。一审法院经审理认为，某中学提供的木床没有安全防护措施，致使小方在睡觉过程中翻身

不慎跌下摔伤，学校未尽到安全管理的职责和义务，依法应当承担主要的民事责任。同时，小方未尽到安全注意义务，亦有一定过错，应承担次要的民事责任。据此，一审法院判决某中学一次性赔偿小方医疗费等费用共57540.70元。某中学不服一审判决，提起上诉。二审法院判决驳回上诉，维持原判。

向学生提供符合安全标准的教育设施是学校的法定义务，学校应当保证学生宿舍的设施设备完全符合国家规定的安全标准和要求，使其不存在任何安全隐患。实践中，学校尤其应当注意以下设施设备的安全问题。

一是宿舍房屋的安全。宿舍房屋应当符合国家有关建设标准，不得让学生在危房内住宿，新建的房屋未经验收合格不得让学生入住。对新装修的房屋，学校应当委托环保检测机构对空气质量进行检测，防止因宿舍空气质量严重不合格而损害学生的身心健康。此外，学生宿舍不得设在地下室或半地下室，每室居住学生不宜超过6人，居室每生占用使用面积不宜小于3.00平方米。

二是床铺的安全。学校应当为学生宿舍配备正规厂家生产的符合安全标准的床铺。鉴于以往有一些学生从宿舍上铺摔下而导致受伤或死亡的教训，学校在购买上下铺床位时应当特别重视其安全性能。目前我国尚未专门制定学生高低床的国家标准和行业标准，只是在针对普通床具而制定的国标文件《家用双层床安全第1部分：要求》中有相关规定。比如，任何用于上层使用的床，四周应安装安全栏板；关于安全栏板的高度，安全栏板的顶边与床铺面上表面的距离应不小于0.30米，床褥上表面到安全栏板的顶边距离应不小于0.20米；等等。此外，《农村寄宿制学校生活卫生设施建设与管理规范》规定，为防止学生从床上跌落，双层床的上床应设置防跌落板（或杆），防跌落板（或杆）的高度不宜低于0.25米，长度不宜小于床体长度的2/3；小学生使用双层床的上床距离地面高度不宜高于1.6米；双层床应安装安全可靠的小梯子和抓（扶）手。实践中，各所学校为学生配备的床铺至少应当不低于已有的安全标准和规定。而且在使用过程中，学校还应当定期对床板、床铺护栏、梯子等部位进行安全检查，发现损坏的要及时维修或更换。

三是冬季取暖设备的安全。我国北方冬季需要取暖，为此一些学校（特别是农村学校）在学生宿舍安装了燃煤取暖设施。这些设施如果使用和管理不当，很容易引发煤气中毒和火灾事故。因此，有条件的地方，应当采取相对安全的学校集中供暖的取暖方式。因条件制约而采取燃煤取暖的学生宿舍，务必安装排烟管道，且周围不能存放易燃物品，要保证排烟管道畅通、不漏气。同时，房间里应装有风斗，并经常进行检查和更换。此外，还要尽可能在学生宿舍安装一氧化碳报警装置，必要时可采取深夜闭火等措施，防止一氧化碳积聚而造成中毒、火灾。

二、防范宿舍发生火灾事故

2008年11月14日清晨6时，上海商学院徐汇校区学生宿舍楼602室发生火灾事故，因烟火过大，4名女生在消防队员赶到前从6楼宿舍阳台坠楼逃生，不幸全部遇难。火灾的原因系前夜有学生使用"热得快"电热器，宿舍熄灯断电后该学生将"热得快"放在床板上，但没有拔下电源插销，导致次日清晨送电后，"热得快"引燃周围可燃物。据悉，该女生寝室着火后，有两名女生先是呼救，并试图用脸盆到水房打水灭火，但回来后发现房门已无法打开。火势迅速蔓延，尚在室内的其他4名女生情急之下跑到阳台处。后因火势越来越大，她们先后从6楼坠下，全部遇难。

学生宿舍属于人员密集场所，一旦发生火灾，后果不堪设想。近年来频频发生的学生宿舍火灾事故，给各所学校的安全管理敲响了警钟。学生宿舍作为学校消防安全管理的重点部位，应当严格执行各项消防安全规定，特别是要注意以下几个问题。

其一，要保证消防布局符合规定。学生宿舍在新建、改建、扩建的过程中，应当严格遵守消防规定。在宿舍使用过程中，不得人为破坏消防布局。例如，一些学校因条件所限，男生、女生同住一栋楼，学校不是采取男生住低层、女生住高层的方式，而是将整栋楼人为地"一分为二"，男生、女生各住左、右半栋楼，为了防止男生、女生违规"串门"，学校还在每一层的楼道上设墙或者铁栅栏进行分割，从而造成消防栓、楼梯、安全出口等消防设施也被"一分为二"，给火灾发生时的灭火工作以及人员疏散造成困难。此种情况要予以避免。

其二，要保证疏散通道畅通。多层学生宿舍楼，应当至少有两个疏散楼梯，楼道、楼梯应当保持畅通，不得有堆放物影响通行。宿舍楼的安全出口平时不得上锁或封堵，宿舍的窗户一般不应安装防护栏，以免发生火灾时影响学生的快速疏散。

其三，学校应当在宿舍楼的楼道、宿舍配备灭火器等必要的消防设施，并通过安全教育让师生学会正确使用。有条件的学校，应当尽可能在学生宿舍安装火灾自动报警系统，以便及时发现初期火情。

其四，加强对学生宿舍危险用火、用电行为的管理。学校应当通过定期开展安全检查和安全教育，提高学生的消防安全意识，制止学生携带易燃易爆物品、大功率电器和伪劣电器进宿舍，防范学生在宿舍内做出抽烟、点蜡烛、点蚊香、做饭、焚烧物品、私接乱拉电线、使用大功率电器和劣质电器、将台灯靠近可燃物、人走不关电等危险用火、用电行为。

三、防范宿舍发生性侵害事件

据人民网报道，一日晚 8 时 20 分，某中学住校的同学回到寝室。该中学是一所封闭式管理学校。负责本校寝室管理的男教师李某对 9 个男女学生宿舍进行了检查。确认没有异常情况后，李某便下令同学们关灯休息，然后他自己也回到寝室。可能是考虑到同学们晚上要起来上厕所，当发现很多寝室没有锁门时，李某并没有在意。可是谁也没有想到，就是这看似正常的疏忽，却给了歹徒可乘之机。深夜 12 时许，一名歹徒潜入四楼 9 号女生宿舍，将两名女生掐昏后对其实施了奸淫。事后，歹徒趁着夜色逃脱。案发后，学校为了保全声誉，禁令全校师生不准将此事外传，并决定暂不报案。直到学生的家长找到学校，迫于压力，学校才于案发第二天上午向当地派出所报了案。由于案发现场已遭到严重破坏，案件迟迟未能侦破。事发后不久，两名受害女生以学校疏于管理和未采取有效安全防范措施为由，一纸诉状将学校告上法庭，诉请法院判被告赔偿两原告医疗费、护理费等各5000元，并赔偿精神损失费各50000元。

未成年的寄宿学生身体力量比较弱小，认知水平和辨别能力相对有限，安全防范意识和自我保护能力有待提高，而学校对其照管往往不能做到跟家长的监护一样周全，因而他们很容易成为一些不法分子实施犯罪的目标。相比较而言，寄宿的女生更容易受到不法侵害。学校应当针对女生宿舍安全工作的特点，采取相应的安全管理措施。

首先，在地理位置选择上，女生宿舍楼不宜位于学校的偏僻角落或紧临学校的外墙，且不应当安排男生住宿。若因条件所限，男生、女生只能同住一栋楼的，应当安排男生住底层，女生住高层。

其次，在设施设备保障上，女生宿舍的阳台或窗户应当尽量安装既可防盗又不影响火灾时逃生的专门防护栏、防护网（可在室内开启、上锁），以防不法分子从窗户或阳台进入宿舍。平时要确保女生宿舍的门窗完好、门闩牢固。为此，学校应当定期进行安全检查和维修。针对女生夜间外出上厕所容易遭受侵扰的情况，女生宿舍应尽量建立内置式厕所。条件较好的学校，可在每间宿舍内安装紧急呼叫系统，在宿舍的走廊上安装警报器，在宿舍大楼的入口处安装摄像监控设备，实行24小时监控。

再次，在安全制度上，学校应当建立女生宿舍异性禁访制度和夜间巡查制度。针对不法侵害案件多发生于夜间的特点，学校应当安排安保人员或值班教师加强对女生宿舍的夜间巡查，增加巡查次数，确保女生宿舍的安全。

最后，在安全教育上，学校应当对女生开展防范性侵害安全教育，提高女生的安全防范意识和自我保护能力。平时应教育女生晚上睡觉前要关好门窗（包括阳台的窗户和门），并检查门窗插销是否牢固；进出宿舍无论时间长短，均应随手关好门；夜间如外出上厕所，要结伴而行，并穿好外衣；一旦遭到不法侵害，要在保证安全的前提下勇于、善于反抗，及时获得外来帮助。

四、防范宿舍发生盗窃事件

据麒麟警方发布的消息，2018年6月22日早上7时许，曲靖市职教园区曲靖市高级技工学校的学生准时起床，到操场上晨练。男生公寓244、246号宿舍的6名男生晨练结束后回到宿舍，发现自己放在宿舍内的手机不翼而飞。6部手机价值共计7000余元。直至上午10时许，一部手机都未找到，并且都一直处于关机状态。几个同学商量后，决定报警。文华派出所民警迅速开展调查工作，民警通过调取宿舍走道监控录像，发现王某（男，17岁，马龙县人）有重大嫌疑。3小时后，民警在王某住处将其抓获，当场缴获学生被盗的6部手机。经审查，犯罪嫌疑人王某交代，6月22日早上7时许，其趁学生晨练时潜入男生宿舍楼，由于学生宿舍门都未上锁，于是推开门便轻松进入244、246号两间宿舍，盗走学生放在宿舍内的6部手机。

很多学校都发生过学生宿舍被盗事件，此类事件导致学生的财产遭受损失，给学生的生活、学习造成了不利影响，也破坏了学校的安全秩序。个别学生甚至迁怒于学校而要求校方赔偿损失，给学校的管理工作造成了一定的压力。

为了预防学生宿舍发生盗窃事件，学校应当建立健全以下各方面的管理制度。

一是防盗安全教育制度。学校平时应当教育学生，个人物品要放好、锁好，不要随意摆放；离开宿舍时要随手关门、锁门；对进入楼道或宿舍的陌生人要主动盘问，发现可疑人员要及时报告；夜间睡觉时一定要关好门窗；平时不要携带贵重物品或较大额的现金进校园、宿舍，确需携带的应当委托学校有关部门、教师保管；一旦发生宿舍被盗事件，首先要保护好现场，并积极协助有关部门进行查处；发现存折、银行卡被盗，要尽快到银行办理挂失等。

二是会客登记制度。在学生宿舍楼道入口处应尽可能设立值班室，值班室应当建立会客登记制度。对进入学生宿舍的校外来访人员、非寄宿人员，值班人员应进行询问、登记，核实其身份以及来访事由，并尽量安排在会客室内会见。禁止可疑人员、身份不明的人员进入学生宿舍。

三是日常巡逻、查房制度。学生宿舍楼应当建立日常巡逻、查房制度。上课时间，学生一律不得在宿舍逗留，因身体不适需在宿舍休息的，应当有医务室的证明或经过班主任批准的假条。学生上课时间和夜间休息时间，学校应当加强值班巡逻，定时或不定时查房。发现学生有逃课行为的，检查人员应给予批评教育，并做好记录；发现可疑人员或违法行为的，检查人员要采取有效措施予以控制、制止。

一旦发生学生宿舍被盗事件，学校应当正确处理，避免侵犯学生的合法权益。过去，个别学校发生失窃事件后，教师无原则地自行组织"破案"活动，要么对学生的物品、身体进行搜查，要么公开怀疑某些学生，对其进行重点"讯问"，甚至让其自证清白。这些行为是严重违法的，这样做侵犯了学生的人身自由权、人格尊严权等合法权益。须知，搜查权专属于公安、检察等司法机关及其工作人员，并且只能依法行使，学校和教师并不享有这一权力。正确的处理办法应当是，如果案件涉及金额较小，且线索清晰，证据指向明确，学校可通过对学生进行思想教育，引导犯错误的学生主动承认错误、改正错误，同时做好保密工作，维护学生的自尊。如果发生涉案金额较大的盗窃案件，学校应当及时报警，由公安部门介入调查。

五、关注寄宿生身心健康，及时向家长通报安全信息，预防发生意外事件

据《人民法院报》报道，小唐是某小学四年级的学生，平时寄宿在学校。2017年9月17日早上8时许，因发现小唐呕吐，与小唐同住的舍友小房将小唐呕吐一事告知正在巡查宿舍的生活老师唐某某。唐某某进入宿舍查看，发现地上有呕吐物，询问是谁呕吐，并没有人回答，便告知同学们谁有不舒服就去医务室检查，听到应答后即离开继续巡查其他楼层宿舍。2017年9月18日早上6时12分左右，因发现小唐在吐血，小唐的舍友向唐某某报告，唐某某立即到小唐的宿舍查看，见到小唐情况危急，立刻拨打120急救电话。由于急救车未到，唐某某和一起值班的老师将小唐送往连南县人民医院进行抢救。遗憾的是，小唐因病情严重经抢救无效于2017年9月21日死亡。事发后，小唐的父母将学校告上法庭。法院经审理认为，小唐的死亡是自身突发疾病导致多器官功能衰竭造成的，故其自身应承担主要责任，应承担60%的责任。学校在第一次发现小唐呕吐时，未能及时将其送至校医室或医院进行救治，且没有及时通知小唐的监护人，以致延误了最佳治疗时机，应认定学校没有尽到职责范围内的相关义务，存在过错，应承担40%的责任。

寄宿生离家在外，独立生活，无法随时享受父母的关爱和家庭的温暖，日常生活起居主要靠自己，有时十分不易。学校和教师应当切实担负起责任，对其给予更多关心和照顾。班主任、宿舍管理人员以及其他教师应当经常深入学生宿舍，了解学生的思想动态和生活状况，关注其身心健康，帮助其解决实际困难，及时化解学生之间的矛盾，预防发生学生欺凌事件。对突发疾病或遭受意外伤害的学生，学校应当及时将其送往医院救治，并在第一时间通知其家长，防止因延误治疗而导致病情或伤情恶化，最大限度地保护学生的身心健康和安全。

为了实现学校和家长在学生的安保职责上的顺利衔接，防止学生长时

间处于家校监管的盲区而发生意外事故，学校还应当建立学生离校信息通报家长制度。学校平时应当将正常放假、放学以及学生离校的时间向家长通报。临时调整学生放学、离校时间的，学校也应当提前通知学生的家长。对寄宿生擅自离校、晚归或夜不归宿的情况，学校应当立即与学生的家长取得联系，查明学生的去向以及事由。对擅自离校后去向不明的寄宿生，学校应当与其家长共同寻找，必要时应向公安部门求助。

律师的建议

做好学生宿舍安全管理工作：

- 学校应提供符合安全标准的住宿及相关生活设施，配备专门的宿舍管理人员，建立宿舍安全管理制度，及时消除安全隐患。

- 防范因宿舍设施存在安全隐患而引发意外事故。

- 防范宿舍发生火灾事故。

- 防范宿舍发生性侵害事件。

- 防范宿舍发生盗窃事件。

- 关注寄宿生身心健康，及时向家长通报安全信息，预防发生意外事件。

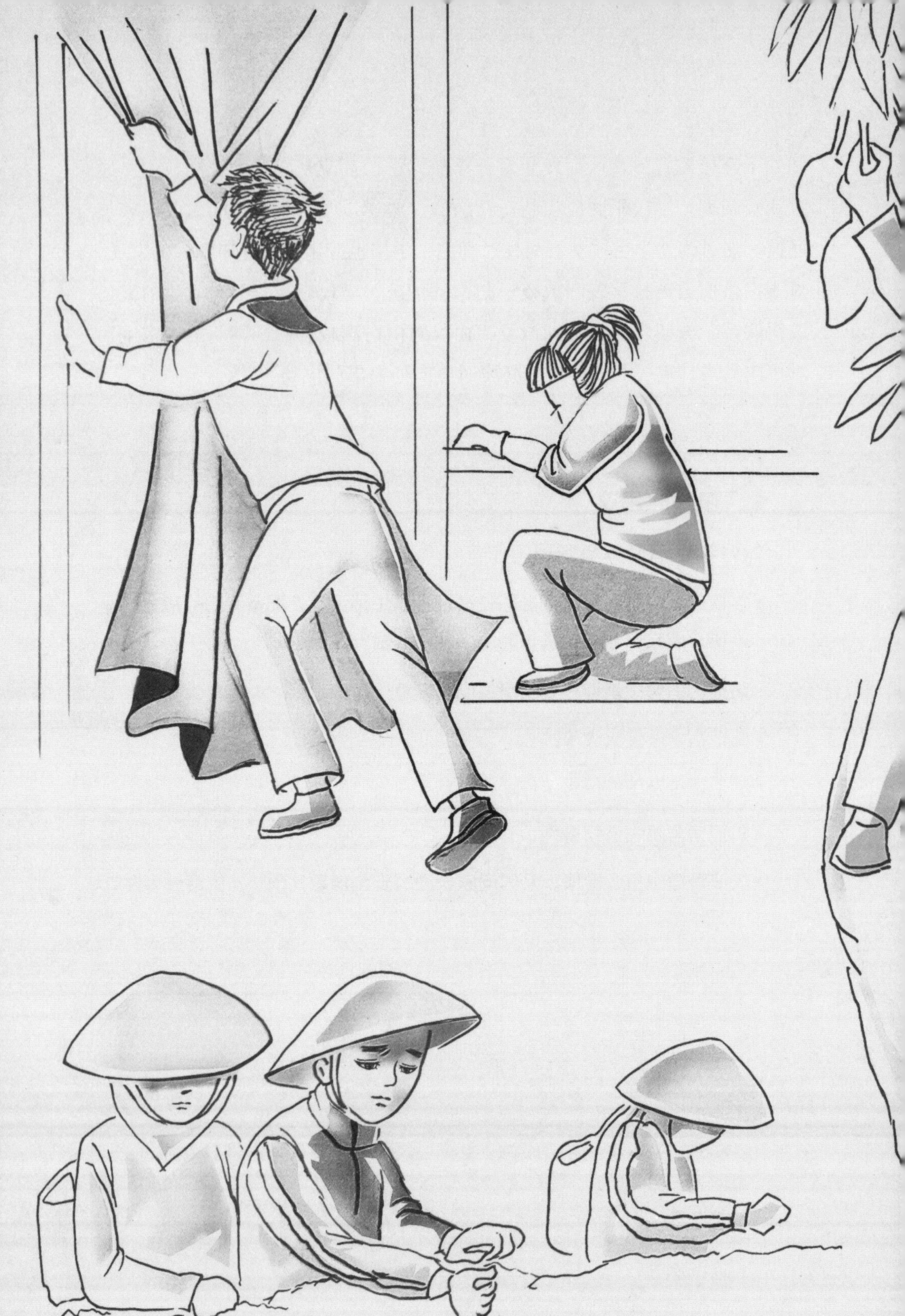

第 3 部分

活动安全与事故灾难防范

23. 组织学生参加劳动时，怎样保障学生的安全

中共中央、国务院印发的《关于全面加强新时代大中小学劳动教育的意见》强调，劳动教育是中国特色社会主义教育制度的重要内容，要把劳动教育纳入人才培养全过程，贯通大中小学各学段，要把劳动素养作为衡量学生全面发展的基本内容，注重评价结果在评优、升学就业中的使用。新修订的《中华人民共和国未成年人保护法》也规定，学校应当组织未成年学生参加与其年龄相适应的日常生活劳动、生产劳动和服务性劳动，帮助未成年学生掌握必要的劳动知识和技能，养成良好的劳动习惯。各所学校应当严格按照国家政策和法律规定，对学生开展相应的劳动教育。

需要注意的是，未成年学生对危险的识别能力不强，安全意识和自我保护能力较弱，因此在组织学生参加劳动的过程中，学校应当对学生的安全问题格外重视。劳动安全，重在预防。在组织学生参加劳动和勤工俭学活动的过程中，学校和教师要从分析可能引发安全事故的危险因素入手，有针对性地采取对策，以防发生安全事故。

> **关键词**
>
> 劳动教育
> 劳动安全
> 危险性劳动
> 安全检查
> 安全隐患
> 应急预案
> 安全教育
> 劳动技能教育
> 危险行为
> 抢险救灾
> 商业性活动
> 创收性劳动

一、慎重选择，不组织学生参加危险性劳动和力不能及的劳动

据"中国法院网"报道，学生任某系某中学初中三年级学生。一日，学校安排全校师生进行卫生大扫除。教师王某让任某等几位同学帮忙换玻璃，任某使用老师携带的螺丝刀清理窗户上的干玻璃泥。因用力过大，玻璃泥很滑，螺丝刀一下子戳到任某自己的右眼上，造成其右眼受伤并失明，后经法医鉴定为七级伤残。事后，任某将学校告上法庭，要求学校赔偿相关损失。法院经审理认为，学校未对任某进行安全以及技术方面的指导，在任某受伤的问题上存在过错，应承担主要责任（90%）；同时，任某在受伤时已满18周岁，其在清理玻璃泥时操作也有欠妥当之处，应适当承担部分责任（10%）。

某些劳动具有较大的危险性，例如，接触易燃、易爆、有毒和有害等危险品的劳动，在危险的地点（如在公路边、山野、河岸、果树上和窑洞内等）进行的劳动，超负荷的重体力劳动，使用带有一定危险性的劳动工具（如刀具）的劳动，以及明显超出学生身心承受能力的劳动（如让未成年学生擦洗室外玻璃窗，让低年级学生打开水、搬课桌等）。此类劳动如果勉强让未成年学生参与，很有可能引发安全事故。

学校和教师应当严格遵守国家的相关规定，不得以任何形式和名义组织学生从事接触易燃、易爆、有毒和有害等危险品的劳动或其他危险性劳动，不得让学生从事不安全工种的作业，不得让学生参加夜班劳动。在安排劳动时，学校和教师应当考虑到学生的年龄、性别和健康状况等因素，选择适合学生参加的劳动项目，让学生远离危险物品，远离危险的劳动工具、劳动环境和劳动方式。此外，组织学生参加劳动一定要量力而行，劳动强度要适中，劳动时间不宜太长，避免超出学生的身心承受能力。

二、事先进行安全检查，消除安全隐患，制定安全预案

据《西江都市报》报道，小莫系藤县某初中三年级的一名女生。2018年11月29日下午，学校组织小莫所在的班级于校内一处斜坡清理枯叶。小莫在劳动过程中因站立不稳，跌倒在斜坡上，并从上往下滚落，头部血流不止。随后，小莫被送往医院治疗，共住院41天。事发后，小莫将学校诉至法院，要求校方赔偿医疗费、住院伙食补助费等损失共35714.7元。法院经审理认为，本案中，被告学校在组织原告小莫于校园内斜坡清理杂物时，虽然在劳动前已对参加劳动的学生进行了安全教育，但并未在劳动中对学生在斜坡清理杂物可以预见到的风险采取必要的安全管理，并落实有效措施，导致原告受伤。因此，被告对原告在本次事故中受伤存在过错，应当承担相应的责任。根据当事人的过错程度，法院酌情判决被告承担60%的责任。

《关于全面加强新时代大中小学劳动教育的意见》明确要求，学校应当科学评估劳动实践活动的安全风险，认真排查、清除学生劳动实践中的各种隐患，特别是辐射、疾病传染等，并在场所设施选择、材料选用、工具设备和防护用品使用、活动流程等方面制定安全、科学的操作规范，强化对劳动过程每个岗位的管理，明确各方责任，防患于未然；还应制定劳动实践活动风险防控预案，完善应急与事故处理机制。

据此规定，在组织学生从事劳动和勤工俭学活动之前，学校应当安排教师对行进路线、交通方式、劳动工具、保护用品、劳动场所、周边环境和劳动内容等进行安全检查。发现存在安全隐患的，学校应当采取相应措施予以消除或有效克服。对不可控因素较多、风险较大、不能保证安全的劳动和勤工俭学活动，学校应当做出调整，必要时应果断放弃。对学生集体性劳动，学校应当提前制定安全工作预案，提高应急处置能力。

三、加强对学生的教育和指导，增强其安全意识，提高其劳动技能

一日，学校布置大扫除。五（2）班班主任孙老师到本班教室检查卫生时，发现窗帘脏了，便随口吩咐学生将其取下。孙老师走后，劳动委员小童便自己行动起来。由于个子较矮，小童便将窗户打开后爬上窗台。在踮脚取窗帘时，因用力过猛，小童猛然身子一晃摔出窗外，从三楼直接落到了一楼水泥地板上。随后，学校老师急忙将小童送往医院抢救。医院诊断为重型开放性颅脑损伤，多发颅骨骨折，颅底骨折。为此，小童住院治疗3个多月，花去医疗费等各种费用8万余元。经鉴定，小童的伤残等级为八级。因赔偿问题无法与学校达成一致意见，小童将学校告到法院。后在法庭调解下，学校一次性赔偿小童各项损失13万元。

在小童受伤事件中，对一名小学生而言，取下高处之窗帘的行为带有一定的危险性，让学生为之原本就不妥。而孙老师在布置完劳动任务后，既没有进行安全提醒和安全教育，也未采取任何保护措施，未妥善履行管理和保护之责，明显失职，学校对此应当承担相应的赔偿责任。

为了防范发生劳动安全事故，在劳动之前，学校和教师应当对学生进行两方面的教育。一是安全教育。教师要明确提醒、告诫学生劳动过程中可能存在的危险，教育其遵守纪律，不要做出可能危害自身和他人安全的行为。此外，教师还应教授学生自我保护的知识和技能，提高其自我保护能力。二是劳动知识和技能的教育。教师要通过教育，让学生掌握基本的劳动知识和技能，提高其动手能力，避免学生在劳动过程中因操作不规范而导致发生事故。

四、在劳动过程中对学生加强管理和监督，及时制止学生做出的危险行为

据《新快报》报道，一日下午，某小学组织师生参加勤工俭学活动，活动的内容是采摘校内的芒果。该校五年级二班的学生小林爬到芒果树上，一边往下扔芒果一边向同学炫耀。现场有12位老师负责看护学生，但都忙于组织别的学生用胶桶运芒果，没有及时对小林做出提醒。小林正欲往另一棵芒果树上爬的时候，失手从树顶坠落，重重地摔在地上。老师马上将他送到白云区中医医院，医院确诊为右大腿股骨、桡骨骨折。经鉴定，小林的伤情构成八级伤残。事后，小林一纸诉状将学校告上法庭，要求学校赔偿19万余元，其中包括10万元的精神损害抚慰金。法院经审理认为，学生在校学习和生活期间，学校应当对其履行管理和保护义务。事发前，学校明知学生多次攀爬树木存在危险，但没有加以劝阻，可见校方在教育和管理方面存在一定程度的疏漏。据此，法院判决学校承担70%的责任，赔款小林医疗费、残疾赔偿金、精神损害抚慰金等合计51503.1元。

在学生进行劳动和勤工俭学过程中，学校应当安排一定数量的教师跟队负责安全保障工作。跟队教师的主要职责为：对劳动操作进行示范、指导，监督学生按规操作，提醒学生注意安全、遵守纪律，维持现场的劳动秩序，及时、有效地制止学生做出的危险行为。跟队教师应当认真负责，时刻关注学生的一举一动，不对任何一名学生放任自流，以防发生安全事故。

五、不得组织学生参加抢险等应由专业人员或成人从事的活动

某日，某乡村小学校长罗某和教师李某正带领学生在操场上参加劳动。只见学校东边不远处的林地浓烟滚滚，看样子火势甚是凶猛。"我们救火

去！"十几名学生在征得校长的同意后，徒手向火灾现场跑去。罗某和李某在安排好其余学生回教室上课后，随即也赶往火灾现场。这期间，因刮起大风，火势愈加猛烈。虽有人喊撤退，但为时已晚，部分人员被围困其中而惨遭大火焚烧。在整个救火过程中，共有七名学生死亡，两名学生受重伤。当地有关部门将此事定性为重大安全事故，并对受害者家属进行了妥善安抚。随后不久，罗某和李某因涉嫌犯有失职罪而被依法逮捕。当地法院对此案进行了公开审理。罗某因失职罪被判处有期徒刑两年，缓刑三年；李某也因同一罪名被判处拘役六个月，缓刑一年。

未成年学生比较弱小，他们的力量大都不足以应付各种险情。抢险活动存在着不可预测的安全风险，盲目地让未成年学生"冲锋陷阵"，不但所起的作用有限，反而有可能使他们付出惨重的代价，从而造成更大的损失。生命无价，孩子的生命弥足珍贵，让孩子远离危险既是道义的呼唤，又是法律的要求。学校不应当组织学生参加抢险等应由专业人员或成人从事的活动。

六、不得组织学生参加商业性活动和创收性劳动

据"大河网"报道，自4月以来，一连几个星期，某乡初级中学、中心完小两所学校除了一年级、二年级和九年级（初三）的学生以外，其他学生都在老师的组织下，下午统一去茶园采茶。"老师给我们定任务，每名同学一下午要采3斤茶叶，采不够的同学会遭到老师的批评。"一名15岁的学生说，"因为要走好远的山路去采茶，回来以后累得要命。"一名家长向记者抱怨说："就算是勤工俭学，也不能利用上课时间去采茶啊！有学生家长向上级反映此事，结果被学校知道了，相关学生便遭到责问。怕孩子因此受到连累，我们敢怒不敢言。"该乡初级中学一名校长告诉记者，本乡是茶叶大乡，每到采茶的关键时期，茶园招聘不来采茶人员，便跟学校联系，希望能让学生帮忙采摘。学校让学生采茶，一方面是利用采摘费

弥补学校经费的不足，另一方面也是为了锻炼学生的动手能力。

《中华人民共和国未成年人保护法》第三十八条规定，学校、幼儿园不得安排未成年人参加商业性活动。《未成年人学校保护规定》第七条也规定，学校不得组织、安排学生从事抢险救灾、参与危险性工作，不得安排学生参加商业性活动及其他不宜学生参加的活动。

组织学生参加劳动和勤工俭学活动，只能是出于学校教育教学活动的需要，绝不能把学生当作学校创收的工具，或者当作商业性活动的廉价劳动力，否则就违背了活动的初衷，而影响学校正常的教育教学秩序，损害学生及其家庭的合法权益，造成不良的社会影响。为此，学校不得为了创收而组织学生参加劳动，更不得组织学生参加任何商业性活动。

律师的建议

组织学生参加劳动，应保障学生的安全：

- 要对劳动进行慎重选择，不组织学生参加危险性劳动和力不能及的劳动。
- 事先进行安全检查，消除安全隐患，制定安全预案。
- 加强对学生的教育和指导，增强其安全意识，提高其劳动技能。
- 在劳动过程中对学生加强管理和监督，及时制止学生做出的危险行为。
- 不得组织学生参加抢险等应由专业人员或成人从事的活动。
- 不得组织学生参加商业性活动和创收性劳动。

24. 学生集体外出活动时，学校应履行哪些安全管理职责

学校组织的学生集体外出活动，通常包括春游、秋游、参观纪念展会、观看演出、游学、远足、参加社会实践或社会调查活动等。此类活动有利于拓宽学生的视野，丰富学生的生活，提高学生的综合素质。然而，由于未成年学生生性活泼好动，加之参加人数众多，活动场地开放，途经环境复杂，此类活动往往存在较大的安全风险，稍有不慎，便有可能酿成意外事故。活动中常见的安全事故，既有摔伤、磕伤、碰伤等个体伤害事故，也有因火灾、拥挤踩踏、交通事故、食物中毒等引发的群死群伤事故。学校应当建立健全学生集体外出活动安全管理制度，从各个方面做好活动的安全保障工作，预防发生安全事故。

关键词

集体外出活动
活动报批
安全检查
风险评估
交通工具
安全宣传
安全教育
安全工作机构
安全工作预案
管理与保护
应急处置

一、活动的选择和报批

某日，山西省朔州市小峪煤矿第二子弟小学组织该校四年级195名学生上山春游，由10名教师带队随同前往。10时30分许，学生们在一条山沟里点火野炊时，引发大火。在场的老师惊慌失措，疏导不力，致使学生无法跑离大火现场，29人被大火烧死，4人被烧伤。案发后，省、市检察

机关和怀仁县检察院在有关部门的大力配合下，历时半个月查清案情，事故主要原因是该校未按有关规定报经审批，就擅自组织学生春游；在春游过程中，既没有对学生进行必要的安全教育，也没有采取必要的防范措施。据此，检察机关认为，该校校长张某和李某等三位教师负有主要责任，构成玩忽职守罪。

（摘编自"教育法在线"，http://edulawonline.com）

对学生集体外出活动，学校应当谨慎地进行选择。学校组织此类活动只能是出于教育的目的，且应当符合未成年学生的心理、生理特点和身体健康状况，有利于学生的健康成长。不得组织学生参加超出学生承受能力、有害于学生身心健康的活动，或者与实现教育、教学目的无关的各种活动（如各种商业性庆典和演出活动），亦不得在大风、大雾、雨雪等恶劣天气情况下组织学生参加集体外出活动。

在组织开展活动之前，学校应当按照规定向上级教育行政部门报批，并按照上级部门的要求采取相应的安全防范措施。开展大型体育活动以及其他大型学生活动，必须经过主要街道和交通要道的，还应当事先与公安机关交通管理部门共同研究并落实安全措施。未履行报批手续或报批未获得通过的，不得擅自组织学生集体外出活动。履行报批手续，相当于由当事者之外的第三方对活动的安全状况进行了初步预估，并提出了安全工作改进意见，从而为活动安全增加了一道保险。

二、活动前的安全检查与风险评估

据《金陵晚报》报道，小明是常州市某初中的一名学生。2013年9月，该学校组织学生到无锡市某景区游玩。景区内有一个叫作"荡越过河"的项目，该设施高5.5米左右、宽2米左右、长4米左右，下面是一个水塘，水塘四周铺设了一些木条。游玩规则为，游玩者抓住顶部的吊绳荡越过水塘，落在水塘对岸的木条上。谁知，小明到达对岸落地时，不小心摔了下来,被送进医院。

在组织学生集体外出活动之前,学校应当事先安排有经验的干部和教师考察活动场所,对活动场地、行进路线、器材设备等情况进行安全检查。其中,对活动场地,学校应当重点就场地对未成年学生的适宜性、建筑物的结构及建造和使用年限、出入口、安全通道、照明设施、供电系统、消防设施、应急广播等进行安全检查,检查其是否符合国家的相关安全标准和规定,场地的所有者或管理者是否成立有专门的安全管理机构并采取了相应的安全防范措施。对行进路线,学校应当考察沿途线路是否存在安全隐患,是否适合人数众多的未成年学生集体通行过往。对学生集体外出活动时可能接触的器材设备,学校应当检查其安全性能,查看是否存在质量缺陷、安全隐患。对存在质量缺陷、安全隐患的器材设备,应当要求其所有者或管理者维修或更换,以保证其合格、安全。

根据事前的安全检查情况,学校组织专门人员进行安全风险评估。经评估确认活动场地、设备、管理存在安全隐患的,学校应当对学生集体外出活动的方案进行调整,直至取消该项活动。

三、出行交通工具的选择

据《京华时报》报道,2014年4月10日,海南省澄迈县老城镇某学校按计划组织全校500多名师生前往文昌市铜壶岭景区郊游,当天从社会上租用了14辆旅游大巴,其中一辆大巴行经宝芳水库公路一处拐弯路段时,突然发生侧翻。事故造成8名学生当场死亡,32人受伤。事故原因初步查明,车队行驶道路不是能正常使用的道路,为正在施工的道路,同时雨天路滑,司机操作不当。该校此次组织春游未向教育局备案、报批。

组织学生集体外出活动,需要乘坐车辆的,学校应当租用公交公司或正规旅游公司的车辆,并与车辆的出租单位签订含有安全保障内容的正式合同和安全责任书，明确各自的安全责任。学校不得让学生乘坐无证、无照人员或无证、无照单位的车辆，不得借用、租用关系单位、共建单位和私人等无营运资质的车辆，否则师生的安全将得不到保障，一旦发生事故，校方亦须承担相应责任。出行中，在学生乘坐的车辆上，应当安排教师作为随车照管人员，负责维护学生的乘车秩序，保证其乘车安全。

四、安全宣传和安全教育

据《人民法院报》报道，9岁的小明是广东省东莞市某小学的一名学生。2011年5月10日，学校组织学生去东莞市松山湖游乐场"梦幻百花洲"游玩。上午11点许，小明在玩"海盗船"时，被"海盗船"的安全压杆压伤左手小指，送医院后，小指中节以上部分被切除。随后，小明将学校、票务公司以及游乐场告上法庭。法院经审理认为，游乐场作为经营管理者，应尽安全保障义务，而游乐场没有充分证据显示其在小明参与"海盗船"项目时履行了注意事项及风险的告知义务，操控人员也未在确保安全的情况下打开安全杆，存在过错。学校没有在"海盗船"项目中陪同和监督，也没有证据显示其对学生进行了出游前的安全教育，也存在过错。据此，法院一审判决游乐场赔偿小明各项损失19000余元。学校对游乐场的上述赔偿责任的30%承担补充责任。

在组织、举办活动前，学校应当向教师和学生的家长进行安全宣传和动员。通过向教师进行安全动员，让教师认识到学生安全的重大意义，强化其安全责任意识。通过事先告知学生的家长关于外出活动的计划安排，提请家长配合学校对孩子进行相应的安全教育，切实履行家长的监护职责。

对学生进行安全教育，是学校组织、举办大型活动和集体外出活动不可或缺的重要环节。在组织、举办活动前，学校应当对学生进行纪律和安全教育，教育学生在出行途中要排好队列，不得拥挤，遵守乘车秩序和交通规则，遵守活动场所的规章制度，听从管理人员和教师的指挥，不得打闹、推搡，不得脱离团队自行活动，发生紧急情况时要立即向教师报告。通过安全教育，增强学生的自我保护意识，提高其自我保护能力。

五、成立安全工作机构，制定安全工作预案

在组织学生集体外出活动前，学校应当按照规定成立临时性的安全工作机构，负责领导、组织此次活动的安全保障工作。在安全工作机构中，要安排足够的人手负责各个方面的安全工作，并明确各个部门、各个成员具体的安全职责分工，落实安全工作岗位责任制和事故责任追究制，以确保活动安全、有序进行。

学校还应事先制定此次活动的安全工作预案，预案应当重点涉及以下几个方面的内容：一是工作目标；二是安全工作机构、人员及职责分工；三是具体的安全措施，包括对活动场所、路线及相关设施设备的安全检查措施，安全出行的交通工具的落实，出行途中的安全防范措施，在目的地进行活动时的安全防范措施，安全教育的开展，安全工作的物质保障措施等；四是突发事件应急处理程序，预案应详细说明各种可能的突发事件发生后，安全工作机构、各安全责任人将如何开展工作，包括对伤员的救助、现场的处理、活动的调整、事故的报告、与家长的联络等各方面所要采取的处理方案都应当列明。

六、活动过程中的安全管理和保护

据"四川新闻网"报道，一日，某中学组织学生到大熊猫繁育研究基地参观。初一学生晓明不顾同学劝阻，跨过铁丝网。一只大熊猫发现晓明后，冲过去咬住他的裤脚往下拖。尽管几个同学死命拉着晓明，但终究斗不过大熊猫，晓明被大熊猫拖进两米深的沟里撕咬。等到老师和基地管理人员闻讯赶到时，晓明已被咬伤。事后，晓明的父母认为熊猫基地和学校没有履行相应的法定职责，存在明显过错，将二者告上法庭。法院经审

理认为，学校对学生疏于监管，应对此次事故承担主要责任；晓明虽为限制民事行为能力人，但应知道基本的安全常识，因此也须承担次要责任；熊猫基地不承担责任。

为了防范意外事故的发生，在学生集体外出活动过程中，负责安全工作的教师应当对学生加强教育、约束、管理和保护。跟队的教师应当关注每个学生的行踪，不让学生脱离团队自行活动，确保每名学生都处在教师的监管之下。对学生做出的危险行为，教师应当及时纠正、制止和批评教育。往返时上车前、下车后，离开目的地前，以及返校后，带队教师均应当及时清点人数，防止学生落下。

特别需要注意的是，在队伍的集合、解散过程中，在学生上下车、进出场馆、上下楼梯、爬坡的过程中，教师一定要在现场进行疏导，保证学生的通行舒缓、有序进行，切忌一味求快，以防发生拥挤踩踏事故。

七、突发事件应急处置

2019年7月22日晚，四川省内江市第二中学参加暑期研学旅行的368名学生和20名带队老师，在乘坐北京西开往重庆西Z95次列车返程途中，39名学生在列车上陆续出现拉肚子、呕吐、发烧症状，带队老师立即协调安排并陪伴出现身体不适的学生在途经的郑州、汉口、恩施当地医院就近诊治。经卫生部门初步诊断，患病学生为细菌性集体食物中毒。中国铁路的相关通报中介绍，研学团师生均为在外用完午餐后乘车，晚餐为旅行社准备的方便食品。

在学生集体外出活动中，一旦发生突发事件，包括学生受伤、中毒、休克，发生火灾、交通事故、泥石流、地震等紧急情况，学校应当立即启动应急处理程序。按照程序，现场的教师应当立即对受伤学生采取包扎伤口、人工呼吸等紧急救援措施，或者立即将伤者送往医院救治，必要时应当安排专人及时向医疗、公安、交通、消防、卫生等部门紧急求助。如情况危急、活动不宜继续进行的，教师应当立即有序疏散学生，将学生带到安全地带，并做好安抚工作。发生安全事故后，学校应当按照规定及时向上级教育行政部门和其他相关部门报告，并根据上级的部署采取进一步的处理措施。同时，学校应当将发生的事故及时告知受伤学生的家长，通知其到医院陪护。

此外，在确保受伤害学生得到及时救护的前提下，学校还应当维护好事故现场，保留相关证据，配合有关部门进行事故调查，并做好善后处理工作。对重大的安全事故，还必须坚持国家"四不放过"的原则（即事故原因未查清不放过，事故责任人未受到处理不放过，事故责任人和周围群众没有受到教育不放过，事故没有制定切实可行的整改措施不放过），妥善处理，全面改进学校的安全管理工作。

律师的建议

组织学生参加集体外出活动，应保障学生的安全：

- 慎重选择活动，并事先履行报批手续。

- 活动前要进行安全检查，开展风险评估。

- 租用有资质的运营单位的车辆，签订正式合同，明确安全职责。

- 活动前对师生开展安全宣传和安全教育活动。

- 成立安全工作机构，制定安全工作预案。

- 活动过程中要对学生加强管理和保护。

- 发生突发事件后要妥善进行应急处置。

25. 运动会上，怎样防范与处置安全事故

学校运动会，参赛队员和观赛学生人数众多，一些运动项目本身就带有一定的安全风险，加之赛场周遭环境较为开放、封闭管理不易，因而可能会发生各种各样的运动伤害及其他事故。为了保障师生的生命安全与健康，预防发生伤害事故，学校应当按照规定，成立运动会安全管理机构，制定安全工作预案，采取充分的安全防范措施，消除各种安全隐患。那么，在学校运动会上，容易发生哪些安全事故？学校该如何防范呢？

一、把好参赛报名关，防范身体状况不适宜参赛的学生参赛而引发事故

据《海峡都市报》报道，2017年11月30日，某小学组织召开运动会。13岁的女生小微报名参加了50米短跑项目。比赛中，小微第一个冲过终点线，随后刚走了几步便突然昏厥倒地。班主任立刻将她抱到校门口诊所急救，之后一名好心的私家车主将她送往县医院，医护人员全力抢救数小时，可惜最终仍未能救回小微的生命。记者了解到，小

关键词

学校运动会
安全预案
参赛报名
健康状况
比赛场地
器材设施
安全检查
比赛过程组织
赛场环境
比赛规则
安全教育
观赛秩序
安全告知书
看台秩序
赛场秩序
医疗保障
及时救助

微体质较一般，此前也出现过低血糖的情况。在这种情况下，为何学校还让其参加运动会？据学校工作人员介绍，学校让每位学生进行50米往返跑八次的测试，小微通过了，而且参加运动会都是自愿的，小微要报名，学校也不能打击她的积极性。诊所的刘医生告诉记者，跑步时猝死，多数原因为快速的心室颤动。在剧烈运动时，心脏比平时更容易出现问题，所以对这些"隐藏"的心律失常疾病，必须进行长时间的监测和排查。若平时体检时发现心律有问题，医生会提醒不要做剧烈运动。

为了保证参赛学生的安全，学校应当严格把好参赛报名关。一些比赛项目对学生的身体素质和专业技能有较高的要求。例如，特异体质、健康状况不佳的学生，不适宜参加跑步、球类等剧烈运动项目；未受过专门训练的学生则不宜参加标枪、垒球、双杠等对运动技巧要求较高的比赛项目。

在报名过程中，学校应当审查、了解参赛学生的身体健康及专业训练情况。一方面，学校应当通过召开专门的动员大会或班会，向学生及其家长发放参赛项目风险提示告知书等方式，将各个比赛项目对参赛学生身体、技能等方面的要求，以及比赛过程中可能发生的运动风险告知学生及其家长，要求学生量力选择参赛项目，防止发生意外事故。另一方面，学校还应当通过主动审查学生的健康档案信息，向体育教师了解报名学生的专业训练情况等方式，确保参赛学生符合要求，防范不适宜参赛的学生贸然参赛而酿成意外事故。

二、把好比赛场地、器材、设施安全关，防范因场地、器材、设施不合格而引发事故

13岁的小李是某中学初一年级学生。一日，小李在参加学校组织的运动会跳高比赛中，腾空跃起后落在铺设的防护垫边缘，继而从防护垫上摔下受伤。随后小李住院治疗，共花费医疗费17503.1元。小李的伤情经司法鉴定构成八级伤残。事发后不久，小李向法院提起诉讼，要求学校依法

承担赔偿责任。法院经审理认为，学校在组织运动会时使用了不符合规定的运动器械，且对小李受伤后继续参加比赛未及时阻止，这是造成小李受伤致残的主要原因，学校具有重大过错，应承担主要责任（80%的责任）。据此，法院判决学校赔偿小李各项损失42453.4元（总损失的80%）。

《中华人民共和国未成年人保护法》第三十五条规定，学校、幼儿园不得在危及未成年人人身安全、身心健康的校舍和其他设施、场所中进行教育教学活动；学校、幼儿园安排未成年人参加文化娱乐、社会实践等集体活动，应当保护未成年人的身心健康，防止发生人身伤害事故。根据《学生伤害事故处理办法》第九条的规定，因学校的校舍、场地、其他公共设施，以及学校提供给学生使用的学具、教育教学和生活设施、设备不符合国家规定的标准，或者有明显不安全因素，而造成的学生伤害事故，学校应当依法承担相应的责任。

学校组织召开运动会，应当保障运动场地、体育器材、设施符合安全标准，不存在安全隐患。例如，用于跑步比赛的场地必须是符合国家安全标准的跑道，不得在硬水泥地面上进行比赛，跑道上不得有坑洞或土石等障碍物；跳远、跳高比赛应当在专门场地上进行，沙坑、保护垫应符合安全要求；其他比赛器材、设施也都应当符合安全标准。在比赛之前，学校应当安排裁判员或其他工作人员对场地、器材、设施进行安全检查，发现存在安全隐患的，应当及时更换或维修，未经检查合格，不得用于比赛。

三、把好比赛过程合理组织关，防范因保护不周而引发参赛学生伤害事故

2011年10月20日，某中学组织运动会，学生龚某在参加1500米项目时，由于跑道内过于拥挤，大约跑出50米后，被参加比赛的其他人挤碰摔倒，自己爬起来后走到终点，随后被送往医院治疗。医院诊断结论为：右锁骨粉碎性骨折，右肩部软组织挫裂伤。后龚某将学校告上法庭。原告

龚某认为，被告未能对学校操场赛道等进行有效管理，未尽到安全保障义务，是导致本次伤害事故发生的主要原因，故要求被告承担赔偿责任。法院经审理认为，被告某中学在组织学校运动会的1500米比赛中，没有充分认识到可能因人多拥挤产生参赛人员碰撞受伤的后果，被告对此具有一定的过错，应承担相应的责任。而原告在摔倒后，未及时停止比赛，加重了伤情，故原告对其后果亦应承担相应的责任。据此，法院判决被告赔偿原告各项经济损失共计人民币23645元。

对各个运动项目的比赛过程进行合理组织，采取充分的安全防范措施，保护参赛学生免受伤害，是学校运动会安全管理工作的重点、难点。关键要做好以下几个方面的工作。

一是对赛场环境的安全管理。不同的运动项目在不同的赛场进行，赛场之间应当有合理的物理间隔，各个赛场的面积、地面材料及其他条件都应当符合比赛安全要求，遇到刮风下雨等恶劣天气导致赛场不再适宜比赛的，应当及时暂停或取消比赛。各个项目的裁判及工作人员应当切实担负起赛场安全管理的职责。

二是对比赛规则的合理制定和执行。裁判及体育教师应当合理制定各个比赛项目的竞技规则，既要注意科学性，保证比赛顺畅、公正地进行，也要注意安全性，防止因为规则不合理而人为地增加比赛的危险性。

三是对参赛学生的安全管理和教育。运动会前，应对学生开展专门的训练，让其掌握动作要领和基本技能；赛前，要向学生讲清比赛规则，对其进行必要的安全教育，并让其做好充分的热身和准备运动；比赛进行过程中，学生身体不适或遭受伤害的，要及时让其停止比赛，并妥善进行救治；完赛后，要让学生做好身体放松工作，及时补充水分，防止发生意外。

四、把好观赛秩序关，防范观赛学生受到意外伤害

据《邯郸日报》报道，某小学举办运动会，本校学生张某与同学一起观看铅球比赛。李某是此届运动会的铅球运动员。李某之前的运动员投掷铅球结束后，裁判去场内测量距离，张某跟着几个同学一同到场内查看测量结果。在老师与学生尚未离开场地时，李某便开始投掷铅球，投掷出的铅球不幸砸到场内张某的头部，致其头部急性重型颅脑损伤，右侧额部硬膜外出血。因治疗费用协商未果，张某诉至法院。法院经审理认为，当张某随裁判老师进入运动区时，在场老师无人加以劝止，进入后又未及时将其劝退，从而导致张某受到伤害。对此，学校应承担没有进行有效管理和采取防范措施的过错责任。李某在学校组织下参加运动会，参加投掷铅球比赛时未满13周岁，是限制行为能力人。作为未成年铅球运动员，他在裁判员未加制止的情况下投掷铅球，无法预料到投掷行为带来的后果，应由学校承担疏于组织管理的过错责任。因此，原告要求学校赔偿经济损失的请求应予支持。对学校提出的原告张某和被告李某也有过错，应承担相应责任的主张，法院不予支持。

维护观赛秩序，保护观赛师生的安全，是学校运动会安全管理工作的另一个重点。运动会观赛学生众多，赛场环境相对开放，管理难度较大。学校可从以下几个方面着手开展工作。

其一，会前发放安全告知书，开展安全教育。在运动会举办前夕，学校应当通过向全体学生及其家长发放运动会安全告知书、召开运动会安全主题班会等多种方式，对观赛学生进行安全教育，让学生了解可能存在的各种危险，增强其安全防范意识。

其二，运动会上，班主任负主责维持好各班看台秩序，强化对学生的安全管理。各个班应当有固定的观赛场所，未经班主任同意，观赛学生不得随意离开。因比赛工作需要而离开看台的学生，班主任应对其做好安全教育工作，随时了解其行踪。遇有紧急情况，班主任应及时处理并按规定

向学校领导报告。

其三，比赛中，裁判及工作人员做好赛场秩序维护工作。各个赛场应当采用物理隔离措施（例如用护栏围住，或者用醒目的标志线予以圈定），非参赛人员不得进入赛场，对违反规定者应对其当及时劝离。对风险较大的比赛项目，例如铅球、标枪等投掷项目，应当采取专门的防范措施，安排专门的安全管理人员，确保参赛学生和周围观赛学生的安全。

五、把好医疗保障关，防范事故发生后救助不力而加重损害后果

据《南方都市报》报道，2019年5月23日下午，某小学举行班级5人制足球比赛，小钱被选上参加比赛。在比赛过程中，小钱在无人触碰的情况下突然脚步放缓，摔倒在地。裁判发现情况后遂上前查看情况，并示意在场的体育老师和班主任过来帮忙。随后班主任安排围观的两名学生前去叫校医。校医赶到后对小钱实施了急救措施。随后120救护车赶到现场，立即开展现场急救，后小钱被送往医院继续进行抢救，经抢救无效，于2019年5月24日5时许宣布临床死亡，死亡原因为心脏骤停。事发后，小钱的家长质疑学校抢救不及时、不专业，起诉要求学校赔偿各项损失共计116.7万余元。法院经审理判决学校承担三成赔偿责任，赔偿小钱的家长304891.40元。

学校举办运动会，做好医疗保障工作是必不可少的一个环节。学校应当在赛场安排医疗工作人员负责紧急救治工作，并配备必要的急救药品。一旦有学生受伤或突发疾病，医疗人员应当立即对其采取紧急救援措施，并及时拨打120急救电话。班主任应当及时通知学生的家长。因学校救助不及时而导致患者延误治疗的，校方需要对加重的后果承担相应的责任。

律师的建议

学校举办运动会，应做好安全管理工作：

- 成立运动会安全管理机构，制定安全工作预案，采取充分的安全防范措施，消除各种安全隐患。

- 把好参赛报名关，防范身体状况不适宜参赛的学生参赛而引发事故。

- 把好比赛场地、器材、设施安全关，防范因场地、器材、设施不合格而引发事故。

- 把好比赛过程合理组织关，防范因保护不周而引发参赛学生伤害事故。

- 把好观赛秩序关，防范观赛学生受到意外伤害。

- 把好医疗保障关，防范事故发生后救助不力而加重损害后果。

26. 学校装修过程中，如何做好安全管理工作

未成年学生免疫力不强，自我保护能力较弱，待在室内的时间较长，很容易遭受有害物质的侵袭。为此，家长们对孩子学习与生活环境的卫生、安全问题非常关注。在校园装修过程中，学校在环保方面考虑不周、措施不当，有可能会严重损害在校师生的身心健康，引发家校之间激烈的矛盾。学校应当高度重视装修过程中可能存在的污染问题，采取有效措施，防患于未然，为学生创造安全、合格的学习与生活环境。

关键词

装修
装修的决策
安全措施
装修合同
安全责任书
隔离
封闭式管理
安全教育
装修污染
环保材料
污染源
空气质量检测
验收合格

一、学校装修的决策要依法进行

据新华社报道，有网友通过微博反映，南昌市某幼儿园发生集体甲醛中毒事件，两个孩子被诊断为败血症，其他孩子出现发烧、咳嗽、流鼻血、全身皮疹等症状。2014年4月30日，南昌市西湖区教体局接到家长举报后，立即对该幼儿园进行了现场调查，并根据现场情况成立了调查处理小组。调查处理小组随即要求，自5月1日起幼儿园全面停课，园长暂停职务等候处理。据调查，这家幼儿园于2013年12月开始，利用双休日对全园教室地板、墙裙、门进行了更换维修。维修过程中，

有幼儿陆续出现了咳嗽、头晕、皮肤过敏等症状。截至2014年4月30日，约有70余名幼儿出现了不同程度的过敏现象。经与家长协商，西湖区教体局委托南昌市环境监测站对该幼儿园的空气进行检测。5月5日，南昌市环境监测站公布了检测报告，结果显示，这家幼儿园有关室内空气甲醛、甲苯、二甲苯、氨超标。

学校装修是一件事关全体师生利益的大事，其决策要依法依规进行。学校应当将校舍装修、改扩建工程纳入本校的发展规划，动工前要进行充分的论证和规划，预留出充足的时间通风除味，避免盲目施工、频繁施工、仓促施工。在进行装修前，学校应按隶属关系报请上级教育行政主管部门同意，施工前要按照规定取得建设、环保等部门的批准许可。民办学校装修应当由理事会（董事会）做出决策，并报教育主管部门备案。在拟进行装修前，学校还应当通过适当的方式（例如与家委会协商、召开家长会、向家长发放告知书等），将装修的范围、施工日期、采取的安全措施、注意事项等信息向家长进行通报，满足家长及学生的知情权。

原则上，学校装修应当选择在假期进行，学生在校学习期间不得实施装修工程。在采暖地区，室内装修不宜在采暖期进行。暑假是相对较适宜的装修时机，可利用的施工时间相对较长，气温较高，有利于材料释放污染气体。但是，若所在地区赶上梅雨季节，则因湿度大、气压低不利于有毒气体的排放，并非装修的最佳时机。

二、装修过程中要采取充分的安全措施，预防发生事故

2010年10月，某幼儿园为了美化园内环境，决定将室外活动场地靠近角落的一部分改造成花坛，并聘请了一个施工队来园进行施工。在施工初期，工地和幼儿活动场地之间曾有挡板进行隔离，但在工程将近结束时，挡板被工人给撤走了。一日，中班幼儿在上室外活动课时，5岁的晓晓趁老师不注意溜进了施工现场，正在紧张作业的工人谁也没有留意到他的闯

入。好奇的晓晓不停地看着、摸着,结果脚底一滑不慎摔进了石灰池里,导致身上多处被烧伤。经司法鉴定,晓晓的伤残程度为八级。事发后,晓晓将施工方和幼儿园一并告上了法庭。

在装修过程中,施工现场可能存在各种各样的安全风险。学校应当高度重视并采取有效措施规避这些风险,避免发生安全事故。

首先,学校因建设、装修工程而需要聘请外单位进行施工的,应当选择有合法资质的施工单位,与其签订规范的施工合同,并签署施工安全责任书,约定其在施工过程中应当履行的安全职责。合同及责任书应当明确约定,施工方对施工范围内的场所安全负责,施工期间发生安全事故的责任由施工方承担,由此造成学校、施工方人员或者第三方损失的,施工方应当予以赔偿。

其次,学校应当责成施工单位在进行维修、施工作业时,务必对施工现场和学生的活动区域进行有效隔离,并安排专人监督施工安全。对一些危险性较大的施工项目,应当实行封闭式管理,采取临时隔离措施,防止学生误闯误入。

再次,对参与校园施工、维修工作的校外人员,学校应当加强管理和监督,防止其做出有损于在校师生安全的行为。

最后,在施工期间,学校还应当有针对性地对本校学生开展安全教育,告知存在的各种风险,增强学生的安全防范意识。

三、防范装修污染,避免因空气质量不合格而给师生造成伤害

据《新闻晨报》报道,2015年9月开学后不久,某小学新校区部分学生陆续出现恶心呕吐、呼吸道不适甚至鼻孔流血等症状,这些学生先后被送往医院就诊。9月27日,该县教育局副局长告诉记者,初步认定是教室里面装书包的橱柜导致教室内甲醛、氨超标,从而造成38名有各种轻微症状的小学生入院治疗。据当地疾控部门透露,9月26日17点30分,

他们对该小学的6个教室进行了检查，分别为一至五年级各一个班以及一间空教室。检测项目共5项，包括甲醛、氨、苯、甲苯、二甲苯。检测结果显示，除空教室外，其他5个教室甲醛和氨不同程度超标。据记者了解，教育局已暂停使用该小学新校区，所有学生被临时安置到老校区上课。

我国法律规定，学校不得在危及未成年人人身安全、健康的校舍和其他设施、场所中进行教育教学活动，因此，为在校学习和生活的学生提供合格的空气环境、防止空气污染是学校的法定义务。为了更换陈旧设施、改善办学环境而进行装修的时候，学校首先要考虑学生的健康与安全，高度重视装修污染和校园空气质量治理问题，不能以牺牲学生的身体健康为代价。

（一）施工前注意事项

施工前，学校应慎重选择施工单位，要尽量选择有资质的、较大的施工单位，并与其签订含有环保要求的正式合同。合同中可指定环保材料，并约定这些材料在使用前应当由学校（建设单位）进行验收。学校对材料不具有选择、验收能力的，可聘请有资质的第三方协助进行选择和验收。合同还应约定，工程完工后，应当委托权威的检测机构对室内空气质量进行检测。取得合格的空气质量检测证书成为工程交付的条件之一。为了更好地对施工过程、质量、安全进行监督，有条件的学校可引进独立的第三方监理，协助学校对工程进行监督管理。

（二）施工过程中注意事项

在装修过程中，学校应当监督施工单位严格遵循《民用建筑工程室内环境污染控制规范》等国标文件规定的施工要求和规范，严格控制各种污染源，并做好通风处理工作。

在装修中，胶、油漆、板材是造成室内环境污染的三个主要来源。这几种材料中往往含有大量的甲醇、苯、TVOC等有害气体。在学校装修过程中，应当严格按照《民用建筑工程室内环境污染控制规范》《室内空气质量标准》等国家标准文件，选用合格的环保材料，严格控制人造板、胶黏剂的使用量，并选择水性、木器漆涂料。特别需要注意的是，课桌椅也必须考虑环保性，对可能挥发有害物质的新桌椅，学校可以考虑提前一年购入，放在仓库里散味后再使用。

（三）施工结束后注意事项

装修工程完工后，学校应当委托国家权威的检测机构（经过国家计量行政部门计量认证、检测报告有 CMA 标志）对室内空气质量进行检测。检测不合格的，学校可以依据合同条款的约定拒绝接收工程，要求施工方进行翻修或者采取空气污染治理措施，直至再次检测合格为止。未进行室内空气质量检测或者检测不合格的，学校不得让学生使用。

校舍装修后，应当开窗通风，释放有害气体，还可以考虑辅以使用空气净化器，或者采取活性炭去味法、植物去味法等方式净化空气。

检测合格的新装修校舍，在投入使用后，如果有学生集体出现呼吸道不适、流鼻血、胸闷、头晕、恶心、皮疹等症状，学校应当高度重视，立即停止使用该校舍，并安排学生就医检查，做好与家长的沟通工作。学生集体性出现不适症状后，学校应当聘请权威的检测机构再次对室内空气质量进行检测，并对检测单位进行公示，接受家长和社会的监督，以确保检测的公正性。对检测不合格的项目，学校应当聘请有资质的空气污染治理公司进行治理，治理后应再次进行检测，直至检测合格为止。

律师的建议

学校装修过程中，要做好安全管理工作：

- 学校装修的决策要依法进行。

- 装修过程中要采取充分的安全措施，预防发生事故。

- 防范装修污染，避免因空气质量不合格而给师生造成伤害。

27. 怎样建立传染病防控与应急处理制度

未成年学生是多种传染病的易感染人群，而学校又是一个人员流动频繁的公共场所，因而很容易成为传染病的集散地。传染病一旦在学校暴发和流行，就有可能会迅速波及社会，造成严重的突发公共卫生事件，危害极大。做好学校的传染病预防和控制工作，对保护学生的身心健康和生命安全，维护学校的正常教育教学秩序，维护社会的和谐稳定都有重大意义。学校应当严格按照国家有关规定，建立健全传染病预防、控制与应急处理制度。

自2008年3月14日起，西北某中学某班学生陆续出现流感样症状病例，并逐步向其他班级扩散。3月17—20日，流感样病例急剧增多。至3月21日县疾控中心首次接到该村医生电话报告之时，学校累计发病人数已达到347人。截至3月27日结案调查时，学校累计发病449例（全校共有2756名学生，其中住校生2400名），全校35个班级均有病例报告。经调查，该校未按规定设立专（兼）职校医，疫情发生期间，学校未对发热病人采取隔离措施；学校的教室和宿舍都很拥挤，通风条件较差，从而助长了疫情快速传播；学校及村卫生室疫情报告迟缓，也影响了疫情的控制处理。

关键词

传染病
法定分类
医学分类
传播和流行
基本环节
平时预防
晨检制度
病因追查与登记
预防接种
控制传染源
切断传播途径
保护易感人群
应急预案

（摘编自教育部体育卫生与艺术教育司原副司长廖文科的讲座稿《校园突发公共卫生事件预防与应急处置》）

一、了解传染病的特征

传染病是指由病原体（如病菌、病毒、寄生虫等）引起的、能在人与人之间或者人与动物之间传播的疾病。与非传染病（如龋齿、心脏病、癌症等）相比，传染病的最大特征是，具有传染性、流行性。

（一）法定分类

《中华人民共和国传染病防治法》将全国发病率较高、流行面较大、危害严重的数十种急性和慢性传染病列为法定管理的传染病，并根据其传播方式、速度及其对人类危害程度的不同，分为甲、乙、丙三类，实行分类管理。

（二）医学分类

人类的传染病种类很多，按照传播途径的不同，可以分为四大类：呼吸道传染病、消化道传染病、血液传染病和体表传染病。

（三）传染病传播和流行的三个基本条件

传染病在人群中传播，必须同时具备三个基本条件：传染源、传播途径和易感人群。其中传染源是指病原体已在体内生长繁殖并能将其排出体外的人、动物；传播途径是指病原体由传染源传播给他人所经过的途径；易感人群是指对某种传染病缺乏免疫力而容易感染该病的人群。缺少其中任何一个基本条件，传染病都流行不起来。根据这一特点，传染病控制的基本原则应当包括三条：管理和控制传染源，切断传播途径，保护易感人群。学校在传染病的预防和控制、管理工作上，应当有针对性地采取措施。

二、平时注重预防传染病

学校要把传染病防治纳入校园安全管理工作之中，成立传染病防控领导小组，指派专人（如校医、保健教师）负责具体开展学校传染病防控工作，建立健全相关制度。传染病防控，重在预防，平时学校应该采取以下预防措施。

（一）积极开展爱国卫生运动

学校要保持校园环境的卫生、整洁，定期对校园环境、设施、设备进行消毒，消除传染病发生和流行的条件。要实行校园环境卫生划区管理，明确保洁职责，并做好检查、评比工作。对教室、宿舍、食堂、厕所、办公室、图书馆以及主要道路等校内场所要尽量做到每天一小扫、每周一大扫，以保持校园环境干净、整洁，拒绝任何卫生死角。特别是要做好校园厕所、垃圾的卫生管理工作，防止蚊、蝇、蛆的滋生，粪便要进行无害化处理，垃圾存放处应防渗漏，以防污染环境和水源。要定期对教室、宿舍、办公室、图书馆以及各种功能教室等人员密集的场所进行消毒，并加强通风换气，保持室内空气流通、温度适宜，保证室内"微小气候"符合卫生要求，预防呼吸道传染病的发生。

（二）做好校园食品和饮用水的卫生安全管理工作

学校应当严格遵守《中华人民共和国食品安全法》《学校食堂与学生集体用餐卫生管理规定》等法规的规定，建立健全校园食品卫生安全管理制度，保障在校学生的饮食安全。还应当按照《学校卫生工作条例》《国家学校体育卫生条件试行基本标准》的要求，为学生提供充足、取用方便、符合卫生标准的饮用水，加强对生活饮用水水源的管理，防止饮用水污染事故和水源性传染病的发生。

（三）严格落实学生晨检制度和因病缺勤病因追查与登记制度

学校教师每天要统计学生的缺勤情况，了解缺勤的原因，发现学生请病假的，要追查病因，并做好登记和上报工作。在传染病高发季节，学校要建立晨检制度，一旦发现传染病病人或疑似病人，应当立即向教育行政部门和卫生部门报告，组织学生及时就医，并做好隔离和消毒工作，防止疫情扩散。

（四）定期对学生开展传染病防治的宣传教育工作

学校要利用班会、队会、讲座、板报、广播、告家长书以及健康教育课等多种渠道，向学生宣传常见传染病的危害以及防治知识，提高学生的卫生防病意识和自我保护能力。平时，教师要注意培养学生良好的个人卫生习惯，让学生做到勤洗手、勤理发、勤剪指甲、勤换衣被、不随地吐痰、多饮开水、多吃清淡食物等。

（五）依法开展预防接种活动

疫苗接种是控制传染病暴发最有效的手段之一，学校要按照《中华人民共和国传染病防治法》《疫苗流通和预防接种管理条例》的规定，协助防疫部门做好学生的预防接种工作，严格查验学生计划免疫接种证，对无证或未完成国家规定疫苗接种的学生，要督促其到接种单位补证或完成接种。

（六）加强对入学儿童的预防接种证查验工作

学校应当按照《疫苗流通和预防接种管理条例》《关于做好入托、入学儿童预防接种证查验工作的通知》的要求，将查验预防接种证纳入儿童入学的报名程序，在"报名须知"中明确告知儿童的家长关于查验预防接种证的要求和国家免疫规划要求接种的疫苗种类，并要求没有预防接种证或未按国家免疫规划接种疫苗的儿童，在入学前应到居住地的接种单位补办或补种。

三、出现疫情时立即采取防疫措施

一旦校园出现传染病疫情，学校应当立即实施控制传染病的下列三种主要措施。

（一）控制传染源

发现师生中出现传染病病例或疑似病例后，学校要立即将患者隔离，按各种传染病的隔离期限责成患者住院或居家隔离治疗，同时在第一时间上报教育行政部门和卫生部门，做到早发现、早报告、早隔离、早治疗。学校还应对患者接触过的人员（包括学生、教师）进行随访，并配合当地政府和卫生行政部门采取必要的隔离观察措施。学生患传染病病愈后，须持医院出具的无传染性的证明以及有关化验单，经学校确认后方可复课。

（二）切断传播途径

疫情发生后，学校要组织专人对校园环境、相关设施以及空气进行消毒，并做好教室、宿舍、实验室、图书馆、食堂和厕所等人员密集场所的开窗通风工作，保持室内空气流通。此外，还应暂停组织室内场所的大型集体活动（主要针对呼吸道传染病），控制或切断可疑水源（主要针对肠道传染病）。

（三）保护易感人群

当疫情发生时，易感人群、密切接触者可在疾病预防控制机构的指导下服药或接种疫苗，以提高人群的免疫力。此外，学校应督促学生加强体育锻炼，保证充足的睡眠，以增强自身的抵抗力。

四、建立学校突发公共卫生事件应急处理机制

按照《突发公共卫生事件应急条例》的规定，突发公共卫生事件是指

突然发生，造成或者可能造成社会公众健康严重损害的重大传染病疫情、群体性不明原因疾病、重大食物和职业中毒以及其他严重影响公众健康的事件。实践中，学校常见的突发公共卫生事件主要包括：重大食物中毒、传染病暴发流行、群体性预防接种和集体服药异常反应、不明原因引起的群体性异常反应以及学生集体癔症等。为了有效预防、及时控制和妥善处理校园突发公共卫生事件，提高快速反应和应急处置能力，将各类突发公共卫生事件对学校师生员工造成的危害降到最低程度，各所学校应当按照规定制定本校的突发公共卫生事件应急预案，建立本校的突发公共卫生事件应急处理机制。

律师的建议

学校应建立传染病防控与应急处理制度：

- 了解传染病的特征及其传播和流行的三个基本条件。

- 采取各项措施，做好平时预防工作。

- 出现疫情时，要及时控制传染源，切断传播途径，保护易感人群。

- 制定应急预案，提高应急处置能力。

28. 学校消防安全管理工作该怎么做

火灾是威胁在校师生安全的一个重大危险源。学校的教学楼、图书馆、食堂和学生集体宿舍等，都属于人员密集场所，一旦此类场所发生火灾，很容易酿成群死群伤事件，给师生的生命和财产安全造成重大损失。隐患险于明火，防范胜于救火，责任重于泰山，各所学校应当居安思危，未雨绸缪，严格按照国家的有关规定，建立健全校园消防安全管理制度，预防校园火灾的发生，并通过普及消防知识提高师生的自救自护水平，最大限度地减少意外伤亡事故的发生。

关键词

消防安全
火灾
消防布局
消防设计
消防验收
消防设施
灭火器
疏散通道
安全出口
用火用电
易燃易爆危险品
"五知"
"三会"
消防安全制度
消防安全教育
疏散演练
应急预案

一、校园建筑物整体消防布局和内部消防设计应当符合安全标准

自2008年10月起，王某在北京市朝阳区东坝乡辛街无照开办、经营"阳光乐园"幼儿园，并自任园长。由于该幼儿园未达到消防安全标准，有关部门曾多次要求其整改，但王某未按要求进行整改。2010年1月17日13时50分左右，"阳光乐园"幼儿园保育员李某（该幼儿园仅有李某和园长王某

两位工作人员）将电暖器放置于床上，而后离开幼儿园去买菜。这期间，园内的两名幼儿玩电暖器开关，不慎把电暖器踢倒，引燃了被褥。火灾中，有9名幼儿逃生，一名2岁的女童在熟睡中被大火烧死。事后，园长王某和保育员李某被依法逮捕。公诉机关认为，园长王某违反消防管理法规，经消防监督机构通知采取改正措施而拒绝执行，造成一名儿童被烧死的严重后果，应当以消防责任事故罪追究其刑事责任；保育员李某安全意识淡薄，由于其疏忽大意的过失造成一名儿童被烧死的严重后果，应当以过失致人死亡罪追究其刑事责任。2010年9月2日，北京市朝阳区人民法院对此案做出一审判决，王某因犯有消防责任事故罪被判处有期徒刑2年，李某因犯有过失致人死亡罪被判处有期徒刑3年。

一些学校的建筑物在建设或者改建、扩建过程中，未严格遵守消防法规和消防技术规范标准，在消防安全布局上考虑较少，存在先天性的火灾隐患。例如，一些学校的建筑物耐火等级较低，建筑构件、建筑材料和室内装修、装饰材料的耐火性能较差，消防通道不畅，防火间距不足，防火分割设施欠缺等。又如，由于相关人员的法律意识和消防安全意识不强，一些学校的建筑物在施工前未将消防设计文件报送公安机关消防机构审核，在工程竣工后，未经公安机关消防机构验收或者在验收不合格的情况下就投入使用，从而留下较大的安全隐患。

学校的消防基础设施条件一旦定型，日后再进行整改往往有一定的难度，付出的代价也将更大。有鉴于此，在校园建筑物和场地的新建、改建、扩建过程中，一方面，建设、设计、施工、监理单位均应严格遵守《建筑设计防火规范》《高层民用建筑设计防火规范》的规定，使得学校的整体消防安全布局、学校建筑物内部消防安全设计符合前述两个国标文件的要求，保证建筑物耐火等级、疏散楼梯、安全出口、防火分区、防火间距、防火门、消防车道、消防给水以及灭火设施等各方面的消防设计都符合相关指标规定。另一方面，建设单位应当遵守《中华人民共和国消防法》关于消防设计审批以及工程竣工后消防验收的规定，建设工程的消防设计未经公安机关消防机构审核或审核不合格的，不得施工；建设工程竣工后未经公安机关消防机构消防验收或者消防验收不合格的，不得投入使用。把好消防安全的源头关，就等于为学校的消防安全工作打下一个良好的基础条件。

二、配备必要的消防设施、器材，加强维护保养

一些学校的领导消防安全意识不强，在消防投入上能省则省，导致学校基本的消防设施、器材配备不足，不能满足灭火以及安全疏散的要求。例如，在一些学校的教学楼、宿舍楼里经常可以看到下列现象：完全见不到灭火器，或者虽然配备灭火器，但数量不足或者型号不符合该场所的灭火要求（注：每种类型的灭火器只适用于某类火灾的扑救）；没有配备室内消火栓，或者虽有配备，但水压不足或者根本出不了水，一旦发生火灾，无法接上水龙带取水灭火；消火栓、灭火器等消防设备、器材由于缺乏维修保养，损害严重或过期失效，不能正常发挥作用；在楼道、楼梯处未设立醒目的安全疏散指示标志，未配备消防应急照明灯等。

当火灾发生时，在专业消防队员来临施救之前，消防设施、器材是人们灭火、自护和逃生的"武器"，对人们及时发现火情、初期灭火、预防中毒、安全疏散和紧急逃生起着至关重要的作用。学校应当根据本校消防安全的需要，配齐必要的消防设施、器材。更为重要的是，学校平时应当加强对消防设施、器材的管理、维护和保养工作，定期安排专门人员对其进行检查，发现损坏或过期的，应当及时维修或更换，保证其处于正常状态，并防止任何单位、个人损坏、挪用或者擅自拆除、停用消防设施、器材。

三、保障疏散通道、安全出口畅通

有些学校的高层教学楼、宿舍楼只有一个疏散楼梯，在通行高峰期很容易产生拥挤，也不利于紧急情况下人员快速、安全疏散。一些学校出于

防盗或学生人身安全方面的考虑，平时往往将建筑物的消防安全出口上锁或封堵，或者在教室、宿舍的门窗上安装防盗门、防护栏，一旦发生火灾，此类场所有可能成为"铁笼子"，不利于学生逃生。还有一些学校因条件所限，男女生同住一栋楼，学校将整栋楼人为地"一分为二"，男生、女生各住左、右半栋楼，为了防止男女生违规"串门"，学校在每一层的楼道上设墙或者铁栅栏进行分割，从而造成消防栓、楼梯、安全出口等消防设施也被"一分为二"，给火灾发生时的灭火工作以及人员疏散造成困难。

火灾发生时，疏散通道、安全出口如同被困人员的生命通道，其重要性不言而喻。一切可能影响发生火灾时人员疏散、逃生的障碍，都应当坚决予以排除。为此，学校或其举办者应当保证多层教学楼、多层宿舍楼至少有两部楼梯，楼道和楼梯不得被占道或堆放杂物，以免影响通行。教室以及居住人数较多的学生宿舍，应当有两个门，不得设置门槛或其他障碍物，并且在学生上课或者住宿休息期间，门应当处于可以开启的状态。楼房的安全出口不得封闭或上锁，应随时处于开启或可以开启的状态，并且出口处不得设置门槛、台阶。疏散通道上应当安装应急照明灯，当发生火灾时，在正常照明电源被切断的情况下，该应急照明灯应当能够自动切换到使用状态。在疏散门、疏散通道和安全出口的正上方，应当安装、悬挂安全疏散指示标志。此外，教室或宿舍的窗户上不应当安装可能阻碍发生火灾时逃生的防护栏、防护网。

四、加强对用火、用电行为的安全管理

据《楚天都市报》报道，2011年2月17日，适逢元宵节，武汉市某中学学生放假。该校女生小田没有回家，留宿寝室。因学校断水断电，小田只能点蜡烛在宿舍看书。其间，小田不小心碰倒了蜡烛，迅速引燃被褥。小田连忙去接水，却发现停水。等她返回宿舍时，火越烧越大，已将整个床铺引燃。经消防战士近半小时的扑救，火灾才被控制住。

火灾主要是由不安全的用火、用电行为引起的。一些学校在用火安全上存在以下问题。在具有火灾危险的场所进行装修、施工过程中，需要使用明火时，未按规定事先办理审批手续；进行电焊、气焊等具有火灾危险作业的施工人员不具备相应资质、无证上岗，或者在作业过程中未严格遵守消防安全操作规程；一些在校寄宿的学生违规在宿舍点蚊香、点蜡烛、抽烟、用酒精炉做饭、焚烧废弃物品等。在用电方面，一些学校存在的安全隐患则更为严重。例如，学校电气线路严重老化，长期缺乏维修和更新；一些学生违规在宿舍使用"热得快"、电吹风、电热毯、电暖器、电饭锅、电磁炉等大功率电器或者劣质电器，导致电路超负荷工作，或者在宿舍私接乱拉电线，损伤电路的绝缘层，或者在离开寝室时未及时关闭电器、切断电源等。上述危险用火、用电行为很容易引发火灾事故。

有鉴于此，学校应当加强对校园用火、用电行为的管理，建立相应的安全制度，从火灾诱因管理上杜绝安全隐患。在用火方面，学校应当严格遵守有关规定，加强对工程用火、食堂用火、实验室用火的安全管理，并制止学生携带火源、易燃易爆物品进校或在学校进行非教学用火，特别是要禁止学生在宿舍抽烟、点蜡烛、点蚊香、做饭以及焚烧物品等危险用火行为。在用电方面，学校应当定期对电源线路进行安全检查，对陈旧老化的线路要及时进行整改、更新和升级，保证其能够满足学校的正常教学、生活需要。更重要的是，学校应当通过向学生开展安全用电知识教育和加强对违规用电行为的查处力度，让学生学会合理、正确用电，杜绝私接乱拉电线、使用大功率电器和劣质电器、将台灯靠近可燃物、人走不关电等危险用电行为。

五、加强对易燃易爆危险品的安全管理

2018年12月26日，北京交通大学市政与环境工程实验室发生爆炸燃烧，事故造成3人死亡。事故发生后，北京市政府随即成立事故调查组。经查，这起事故的直接原因为：实验人员在使用搅拌机对镁粉和磷酸搅拌、

反应过程中，料斗内产生的氢气被搅拌机转轴处金属摩擦、碰撞产生的火花点燃爆炸，继而引发镁粉粉尘云爆炸，爆炸引起周边镁粉和其他可燃物燃烧。事故调查组同时认定，北京交通大学有关人员违规开展试验、冒险作业；违规购买、违法储存危险化学品；对实验室和科研项目安全管理不到位。

物理、化学和生物等学科涉及部分易燃易爆物品的使用，而一些学校并未建立实验课、实验室和危险化学品的安全管理制度，一旦师生违规操作，使用不当，很有可能导致爆炸或火灾事故的发生。为此，对教学用的易燃易爆危险品，学校应当按照规定建立严格的安全管理制度，对其购买、保管、使用、登记和销毁等环节实行严格的消防安全管理，防止因保管或使用不当而发生火灾或爆炸事故。

六、落实消防安全责任制，建立学校消防安全常规制度

根据《机关团体、企业、事业单位消防安全管理规定》，学校的法定代表人是本单位的消防安全责任人，对本单位的消防安全工作负全面责任。学校应当根据本单位的实际情况，落实逐级消防安全责任制和岗位消防安全责任制，明确逐级和岗位消防安全职责，确定各级、各岗位的消防安全责任人。各岗位的安全责任人要做到"五知"（知本岗位的火灾危险性、知本岗位的防火措施和制度、知本单位的防火责任人及消防专干或兼干、知火警电话"119"以及知灭火基本方法措施）"三会"（会报火警，会使用各种灭火器材以及会组织人员疏散）。为了增强消防工作的专业性和实效性，学校可以根据实际需要确定本单位的消防安全管理人，消防安全管理人对本校的消防安全责任人负责，实施和组织落实本校的各项消防安全管理工作。

预防火灾事故的发生，最重要的是学校应当按照国家有关规定并结合本校的特点，建立健全学校各项消防安全制度。这些制度包括：消防安全

教育、培训制度，防火巡查、检查制度，安全疏散设施管理制度，消防（控制室）值班制度，消防设施、器材维护管理制度，火灾隐患整改制度，用火、用电安全管理制度，易燃易爆危险物品和场所防火防爆制度，学校义务消防队的组织、管理制度，灭火和应急疏散预案演练制度，燃气和电气设备的检查和管理（包括防雷、防静电）制度，消防安全工作考评和奖惩制度等。

其中关于防火巡查、检查制度，学校每季度至少应当进行一次防火检查，还应当根据本校消防安全需要组织专人进行日常性的防火巡查，并做好检查、巡查记录。防火巡查的内容应当包括：（1）用火、用电有无违章情况；（2）安全出口、疏散通道是否畅通，安全疏散指示标志、应急照明是否完好；（3）消防设施、器材和消防安全标志是否在位、完整；（4）常闭式防火门是否处于关闭状态，防火卷帘下是否堆放物品影响使用；（5）消防安全重点部位的人员在岗情况等。学校作为消防重点单位，应当进行每日防火巡查，还应当加强夜间防火巡查。

七、对师生开展消防安全教育和演练

2004年11月16日晚，深圳一对夫妻在家中浴室洗澡时不幸双双煤气中毒晕倒在地。危急关头，他们年仅7岁的女儿袁媛不慌不乱，迅速关上液化气罐阀门，打开门窗，然后跑到室外用父亲的手机拨打110、120，从而赢得了宝贵的抢救时间，将父母从死亡线上拉了回来。小女孩因此入选2005年度中央电视台和公安部联合评选的"中国骄傲"人物。当记者问她小小年纪为什么能这么做时，她的回答是"在幼儿园、学校听老师讲过消防安全方面的知识"。

对师生进行消防安全教育，提高其防火安全意识和逃生自救的能力，是学校义不容辞的责任。对学生开展消防安全教育，还可以达到"教育一个学生，带动一个家庭，影响整个社会"的效果。学校消防安全教育的内容应当包括：有关消防法规、消防安全制度和保障消防安全的操作规程；本校及相关学习、生活场所的火灾危险性和防火措施；有关消防设施的性能、灭火器材的使用方法（针对教职工）；报火警、扑救初起火灾（针对教职工）以及自救逃生的知识和技能等。为了增强消防教育的实效性，防止纸上谈兵，学校应当按照规定定期组织师生进行灭火（针对教职工）及安全疏散方面的演习，让师生切实掌握灭火（针对教职工）及逃生自救的基本技能，从而最大限度地保护自己及他人的人身和财产安全。

八、制定火灾事故应急预案，完善应急机制

为了确保发生火灾时各项应急工作高效、有序进行，最大限度地减少人员伤亡和财产损失，学校还应当制定校园火灾事故应急预案，建立健全应急处置机制。预案的内容应当包括组织机构与职责、应急响应措施、善后处理等方面的内容。

律师的建议

做好学校消防安全管理工作：

- 校园建筑物整体消防布局和内部消防设计应当符合安全标准。

- 配备必要的消防设施、器材，加强维护保养。

- 保障疏散通道、安全出口畅通。

- 加强对用火、用电行为的安全管理。

- 加强对易燃易爆危险品的安全管理。

- 落实消防安全责任制，建立学校消防安全常规制度。

- 对师生开展消防安全教育和演练。

- 制定火灾事故应急预案，完善应急机制。

29. 学校该如何防范与应对自然灾害事故

我国是一个自然灾害多发之国，具有灾害种类多、发生频率高、分布范围广、地区差别大、造成的损失严重等特点。虽然自然灾害不可能完全消除和避免，但有效的防范和应对措施可以降低其给人们造成的损失。中小学生自救自护能力较弱，难以应付各种突发的险情，学校应当未雨绸缪，建立健全本校的自然灾害预防与应急处理制度，提高校园的防灾、避险和减灾水平，最大限度地保护师生的生命和财产安全。

关键词

自然灾害
防灾
抗灾
基础设施
国家标准
隐患排查
预警信息
预防措施
防灾减灾教育
紧急疏散演练
应急预案
应急处理机制

一、排查安全隐患，提高校舍等基础设施的防灾、抗灾性能

据《华西都市报》报道，2007年5月23日下午4点30分左右，雷暴袭击了位于重庆开县境内义和镇山坡上的兴业村小学。这次雷击事故造成7个学生死亡，轻、重伤共39人。据介绍，兴业村小学房子属于砖瓦结构，房盖是用木头做的横梁。是什么原因导致了此次雷击事故呢？有关专家分析后认为有以下几种可能：一是该小学位于一个山坡上，位置高，所以遭遇雷击；二是教室内部可能有容易导电的电线或者其他金属，引发雷击事故；三是教室比较陈

旧，房盖的横梁腐烂，容易产生白蚁，而白蚁是很容易引发雷击的。

学校预防自然灾害，首先要提高校舍等基础设施的防灾、抗灾性能。为此，学校及其举办者应当注意以下几个方面的问题。

其一，学校新建、改建、扩建校舍，要由专业部门进行灾害危险性评估，避免在灾害高危地区建校舍。

其二，在校舍等基础设施的建设过程中，应当严格执行关于防灾、抗灾的国家标准，特别是关于抗震、防雷的国家标准。其中，在抗震上，根据《建筑工程抗震设防分类标准》《中华人民共和国抗震减灾法》的规定，幼儿园、小学、中学的教学用房以及学生宿舍和食堂，其抗震设防类别应不低于重点设防类，且应当按照高于当地房屋建筑的抗震设防要求进行设计和施工，并采取有效措施，增强抗震设防能力。在防雷上，根据《建筑物防雷设计规范》的要求，校舍作为人员密集的公共建筑物，应当按照第二类防雷建筑物的标准建设，采取防直击雷和防雷电波侵入的措施。

其三，对已经建成的学校，应当开展安全隐患排查工作，重点检查校址自然地质环境、抗震性能、防雷设施以及校舍安全等方面的问题，发现安全隐患后要及时采取措施予以消除。其中，发现所在校址存在山体滑坡、泥石流、山洪、基础沉陷和地质断层等自然灾害隐患的，应当采取相应的防范措施，增强学校抵御自然灾害的能力；对存在较大的自然灾害隐患且无法消除的，应当将学校迁移或在灾害易发季节将学生转移到安全场所上课。发现学校的校舍未采取抗震设防措施或者抗震设防措施不符合要求的，应当按照国家有关规定进行抗震性能鉴定，并采取必要的抗震加固措施。发现学校的建筑物和教学设施设备未采取防雷措施或防雷措施不符合要求的，应当进行整改，直至其达到国家相关标准的要求。发现学校建筑物中存在危房的，对被鉴定为 D 级危房的校舍要立即关闭停用，并按照有关规定予以拆除；对一般危房要及时维修加固，防止"灾后灾"的发生。

二、建立地震及灾害性天气预警信息接收制度，提前采取防范措施

据《新京报》报道，2019年6月17日22时55分，四川省宜宾市长宁县发生6.0级地震。就在地震发生前，地震预警网提前10秒向宜宾预警，提前61秒向成都预警。四川一中学提前60秒收到预警，4000多名师生顺利疏散到室外。该校政教处主任称，在就寝时听到警报声，随后全校师生迅速撤离到安全地点，无人受伤。

当自然灾害即将来袭之时，及时、准确地预警成为避免和减小损失的关键。目前，我国地震、气象、水利、海洋以及防汛等部门都非常重视对相关自然灾害的检测、预报和预警工作，并建立了相关预警信息发布制度。在地震、台风、暴雨、大风和洪灾等自然灾害发生前，这些机构会根据灾害程度和各类应急预案的规定，向有关部门、专业技术人员以及社会公众发布不同等级的预警信息。教育行政部门、学校应当加强同地震、气象、水利、海洋等部门的沟通与联系，建立地震及灾害性天气预警信息接收制度和监控制度，建立健全联动和协同应对自然灾害机制。

学校平时应当认真关注地震预警、重大灾害性天气预测预报、火险气象等级预报、地质灾害气象等级预报和气候影响评价等信息，并安排专人负责信息的接收和监控。接收、监控到自然灾害预警信息后，一方面，学校应当及时将信息传达给教师、学生及其家长，提醒相关人员注意安全；另一方面，应当根据灾害的相关情况有针对性地采取预防措施，必要时学校应当根据上级要求或自行采取调整上课时间、停课、将学生转移到安全场所上课等形式调整学生的作息安排，落实各项安全措施，确保师生安全。

2004年8月，中国气象局公布了《突发气象灾害预警信号及防御指南》（以下简称《指南》），其中将灾害性天气分为台风、暴雨、高温、寒潮、大雾、雷雨大风、大风、沙尘暴、冰雹、雪灾和道路积冰等十一类；将预警信号从总体上分为四级，按照灾害的严重性和紧急程度，颜色依次为蓝

色、黄色、橙色和红色，同时配以中英文标识，分别代表一般、较重、严重和特别严重四个等级。《指南》还对每一类每一等级的灾害性天气规定了普遍性的防御指南。我国一些省份还根据本省气象灾害的实际情况制定了本省的《突发气象灾害预警信号及防御指南》。各所学校平时应当关注气象部门发布的本地突发气象灾害预警信号，根据有关规定并结合本校的实际情况采取相应的预防措施。

三、对学生开展自然灾害防灾、减灾教育与演习

据央视网、新华网报道，2008年5月12日下午，当汶川大地震发生时，桑枣中学绝大部分学生都在教学楼里上课。当感觉到大地的震动时，各个教室里的学生都立刻按照老师的要求钻进课桌底下，在第一阵地震波过后，大家又在老师的指挥下快速而有序地紧急疏散。在地震发生后短短1分36秒左右的时间里，桑枣中学的2200多名学生和上百名老师，就已经全部安全地转移到了学校开阔的操场上。桑枣中学创造的奇迹归功于该校每学期组织一次紧急疏散演习。

对学生开展自然灾害防灾、减灾教育，可以有效提高学生面对灾害时的自救自护能力。2006年6月15日，联合国教科文组织发起了"减灾始于学校"运动，目的是促进各国将减灾内容编入普通教育的教学大纲并改善学校安全。我国相关法规也规定了学校应当对在校未成年学生开展自然灾害安全教育和演习。例如，《中小学幼儿园安全管理办法》第四十二条规定："学校可根据当地实际情况，组织师生开展多种形式的事故预防演练。学校应当每学期至少开展一次针对洪水、地震、火灾等灾害事故的紧急疏散演练，使师生掌握避险、逃生、自救的方法。"在教育部印发的《中小学公共安全教育指导纲要》中，预防和应对自然灾害也是中小学公共安全教育的主要内容之一。

四、制定应急预案，完善突发自然灾害应急处理机制

据中新社等媒体报道，2005年6月10日12时50分，黑龙江省宁安市沙兰镇及沙兰河上游70平方公里的丘陵岗地突降特大暴雨，暴雨汇集成洪水，沿沙兰河迅速冲往下游，于14时15分到达沙兰镇。洪水暴涨出槽，夹杂着大量泥沙、树枝和杂物，首先冲入沙兰镇中心小学，仅几分钟时间教室水位就高达2.2米。当时正在上课的数百名师生全部被困水中，其中105名学生遇难。

为了建立健全学校应对自然灾害的应急处置体系和运行机制，规范应急处置行为，提高应急处置能力，迅速、有序、高效地实施应急处置，最大限度地减少自然灾害中师生员工的生命和财产损失，学校应当按照规定制定本校的突发自然灾害应急预案，建立本校的突发自然灾害应急处理机制。

根据教育部编制的《教育系统自然灾害类突发公共事件应急预案》的规定，学校突发自然灾害应急处理预案应当包含以下几个方面的内容：（1）应急处置工作领导机构及其职责；（2）预警预防；（3）灾情报告；（4）灾害发生后的应急响应；（5）灾后救助与恢复重建；（6）应急保障。应急预案制定后，学校应当组织师生进行演练，增强预案的针对性、有效性和可操作性，切实提高学校的应急处置能力。

律师的建议

有效防范与应对自然灾害事故：

- 平时要排查安全隐患，提高校舍等基础设施的防灾、抗灾性能。
- 建立地震及灾害性天气预警信息接收制度，提前采取防范措施。
- 对学生开展自然灾害防灾、减灾教育与演习。
- 制定应急预案，完善突发自然灾害应急处理机制。

30. 怎样完善学校设施设备安全管理制度

在学生伤害事故中，因学校的场地、建筑、设施、设备、教具、用品（以下统称为"学校设施设备"）存在安全隐患而引发的事故占了一定的比例。不符合安全标准的教育设施就是潜在的校园安全"杀手"，随时可能露出吃人的"獠牙"。一旦发生此类事故，学校往往要承担全部或主要责任，重大的设施事故还有可能导致相关责任人被追究刑事责任。因此，确保校园设施安全，预防发生事故，是学校安全工作的一项非常重要的内容。那么，学校应当怎样建立健全校园设施设备安全管理制度呢？

关键词

场地
建筑
设施设备
选址
建设程序
安全标准
工程质量
采购
产品质量
安全检查
安全隐患
警示标志
防护措施

一、学校的选址要符合国家相关安全规定

学校应选择地质和自然环境良好、远离污染源、避免交通干扰的安全区域作为校址，不得在危险区和污染区内设立学校。按照国家标准文件《中小学校设计规范》的规定，中小学校应建设在阳光充足、空气流动、场地干燥、排水通畅、地势较高的宜建地段，严禁建设在地震、地质塌裂、暗河、洪涝等自然灾害及人为风险高的地段和污染超标的地段。校园及校内建筑与污染源的距离应符合

对各类污染源实施控制的国家现行有关标准的规定。此外，中小学校建设应远离殡仪馆、医院的太平间、传染病院等建筑；与易燃易爆场所间的距离应符合国家标准文件《建筑设计防火规范》的规定；高压电线、长输天然气管道、输油管道严禁穿越或跨越校园，在学校周边敷设时，安全防护距离及防护措施应符合相关规定。

二、严格执行法定的建设程序和安全标准，确保校园工程的质量和安全

据"中国法院网"报道，1999年，丰山小学建设围墙和混凝土遮雨板，校长刘某未按规定聘请专业人员设计、施工、质检和验收。该围墙与校园内的古戏台、铁门紧靠，学生极易攀爬玩耍。对此，校长刘某没有采取积极有效的防范措施。2003年10月31日8点40分，该校十余名学生在攀爬围墙及遮雨板时，遮雨板突然倒塌，当场砸死三名学生，砸伤三名学生。事后，当地法院以教育设施重大安全事故罪，判处被告人丰山小学校长刘某有期徒刑三年，缓刑四年。

为了把学校建成牢固、安全、让人民群众放心的建筑，学校的主办者、管理者以及有关单位在校舍、场地、设施的建设、施工过程中，应当严格执行法定的建设程序和标准。特别是校舍的建设，必须坚持先报批后建设、先勘察后设计再施工的原则，严禁搞边勘察边设计边施工的"三边"工程，更不允许出现"三无"工程。参与校舍工程勘察、设计、施工、监理工作的单位及人员，应当具备国家规定的资质条件。在建设过程中，各个责任单位应当严格执行国家的相关规范和标准以及《全国中小学校舍安全工程技术指南》的相关规定和要求。工程完工后，建设单位要依法组织验收，未经验收或者验收不达标的，不得投入使用。

此外，学校场地、建筑及相关功能设施的内部结构、规格、功能，应当符合《中小学校设计规范》等国标文件规定的要求。例如，地面、

外廊、楼梯、扶手、平台、阳台、门窗等均应符合国家相关规定。

三、在学校设施设备的采购过程中要把好质量关，确保产品安全

据《每日商报》报道，某民办幼儿园9月开园，为了节省资金，一些结构游戏材料都是从批发市场买的。开学后，孩子们顺利入园，家长们也对幼儿园的新设备感到满意。谁知两天过后，一些孩子的身上起了很多红疙瘩，又痒又痛。一开始有些家长反馈到幼儿园，老师一看只是个别孩子，就没有在意。一位孩子的家长是医生，很快就判断这是过敏。于是他到幼儿园观察，发现活动室里新买的积木有很浓的油漆味，遂得出结论：劣质积木是导致孩子们过敏的罪魁祸首。得知这一情况后，幼儿园赶紧撤换了玩具，并诚恳地向家长道歉。投资方也感叹，省了小钱，坏了大事。

学校在采购、配备照明设施、课桌椅、体育器材、实验设备等设施设备时，应认真审查供应商的主体资格，从正规渠道进货，保证所购买的产品具有合格、安全证明，防止因产品存在安全瑕疵而给学生造成伤害。相关设施设备有国家或者行业标准的，学校应当在与供应商签订的合同中约定，相关产品的质量应当符合这些标准，并在验收时进行确认。另外，某些大型设施（如滑梯、攀登架、蹦蹦床等），学校在购买时还要索取保修凭证。此类设施要由专门的技术人员进行安装、调试，并需要定期检查和维护。

四、对学校设施设备定期进行安全检查，及时消除安全隐患

2002年9月19日，某中学校长樊某主持召开本校行政会议，决定每天下午放学后再补一节课。9月23日，教导处主任郭某让教导员于某通知各任课教师于当日开始补课。当时，学校教学楼楼道、楼梯处的照明灯早

已全部损坏，不能正常使用。在补课前，有老师向校长樊某反映灯泡照明问题，樊某以"管理灯泡人员不在"为由，未采取任何措施。当日晚自习下课后，1500多名学生从东西两个楼道口蜂拥下楼。由于楼道内没有照明灯，也没有教师在现场进行疏导，近百名学生挤在底楼楼梯口及楼梯内。随即楼梯护栏突然坍塌，前面的学生扑倒在地，后面的学生由于看不清，继续朝前拥挤，导致众多学生被挤倒在地，最终酿成特大事故，21名学生被挤窒息死亡，47名学生受伤。事故发生后，相关责任人被警方刑事拘留。2004年2月，当地法院依法对此案做出判决，以教育设施重大安全事故罪判处被告人樊某有期徒刑三年；以同一罪名判处被告人该中学总务处主任弋某有期徒刑三年，缓刑三年。

校舍、场地、设施、设备（以下简称"教育设施"）都有一定的使用期限，在使用过程中都会存在老化的问题，原本安全的教育设施可能突然变得不安全了。此外，学生的不当使用和破坏行为，以及突发恶劣天气，都有可能给教育设施带来安全隐患。为了及时发现并消除教育设施存在的不安全因素，防范意外事故的发生，学校应当建立教育设施的定期安全检查制度。

安全检查、检验的重点对象应当包括：学校房屋、围墙等校园建筑，操场、道路等校园场地，单杠、双杠、篮球架等体育设施，门、窗、护栏、楼梯等设施；水、电、气、暖设施，消防设施，实验器材、微机等教学设备。就检查时间来看，既要有定期的、常规的检查，如开学前、放假后的综合性检查，大型设施、设备的月检查，门、窗、护栏等易于损耗的设施的日检查，以及教学用具的课前检查等；还要有临时性的检查，如大型活动之前对相关场地、设施的安全检查，大风、大雨等恶劣天气过后对校舍、墙体、水、电、气、树木等的临时性安全检查等。

在检查、检验过程中，发现校舍、场地、设施、设备存在损坏、变形等现象，有可能威胁到在校师生人身、财产安全的，检查人员应当做好记录，并根据不同的隐患情况，分别采取停用、隔离、更换、维修、设立警示标志、安排专人值班等措施，防止发生安全事故。对自身无力解决的问题，学校应当及时上报主管部门或者其他部门寻求解决。其中，对现有的校园危房，有关部门和学校应当严格执行国家关于学校危房改造的相关规定。对 D 级危房（房屋承重结构承载力已不能满足正常使用要求，房屋整体已出现险情，构成整栋危房），必须立即封闭，停止使用，并按时予以拆除；对 C 级危房（部分承重结构承载力不能满足正常使用要求，局部出现险情，构成局部危房），经过维护加固后方可保留使用，局部险情一时排除不掉的，也应封闭不安全的部分校舍并停止使用。

五、在易发生危险的地方要设立警示标志，采取防护措施

据"四川新闻网"报道，2008 年 9 月 19 日，某中学学生小婷与同学唐某、贺某互相追逐，小婷在奔跑着上教学楼的过程中，不慎被教学楼的楼梯绊倒摔伤。随后，小婷被送往医院治疗，诊断结果为牙冠折、上唇挫伤。经司法鉴定，小婷的伤情构成十级伤残，需要后续治疗费14000—15000 元。事后，小婷以学校未尽到保护、管理义务为由将学校诉至法院。法院经审理认为，根据《中小学幼儿园安全管理办法》的规定，学校应当在校内高地、水池、楼梯等易发生危险的地方设置警示标志或者采取防护措施。被告没有在事发的楼梯处设置警示标志，没有对学生在楼梯处嬉戏、追逐等行为做出必要的警示是导致该起事故发生的原因之一，为此被告应当承担相应的责任。

在校内高地、水池、楼梯等易发生危险的地方，学校应当设立警示标志，并采取必要的防护措施。例如，在电线杆、电源插座旁边，可以标注、张贴警示语"有电，请勿靠近或触摸"；在山坡、校园围墙等高地上，可以标注"高处危险，请勿攀登"；在水池旁，可以标注"禁止下行"，并采取隔离措施；在楼梯的墙面上，可以标注"靠右慢行，不打闹，不拥挤，不推人、撞人，不并步，不跳步"，并在课间休息时安排教师在楼道、楼

梯处巡逻；对摆放在室外的双杠、单杠等体育设施，课间要专门安排教师进行看管等。这些做法可以强化学生的安全意识，防止学生进入危险区域、接触危险设施或做出危险行为，从而有效地保护学生的安全。

律师的建议

建立健全校园设施设备安全管理制度：

- 学校的选址要符合国家相关安全规定。

- 严格执行法定的建设程序和安全标准，确保校园工程的质量和安全。

- 在学校设施设备的采购过程中要把好质量关，确保产品安全。

- 对学校设施设备定期进行安全检查，及时消除安全隐患。

- 在易发生危险的地方要设立警示标志，采取防护措施。

中篇

事故处置篇

及时救助，通知家长，
向有关部门报告，
开展事故调查。

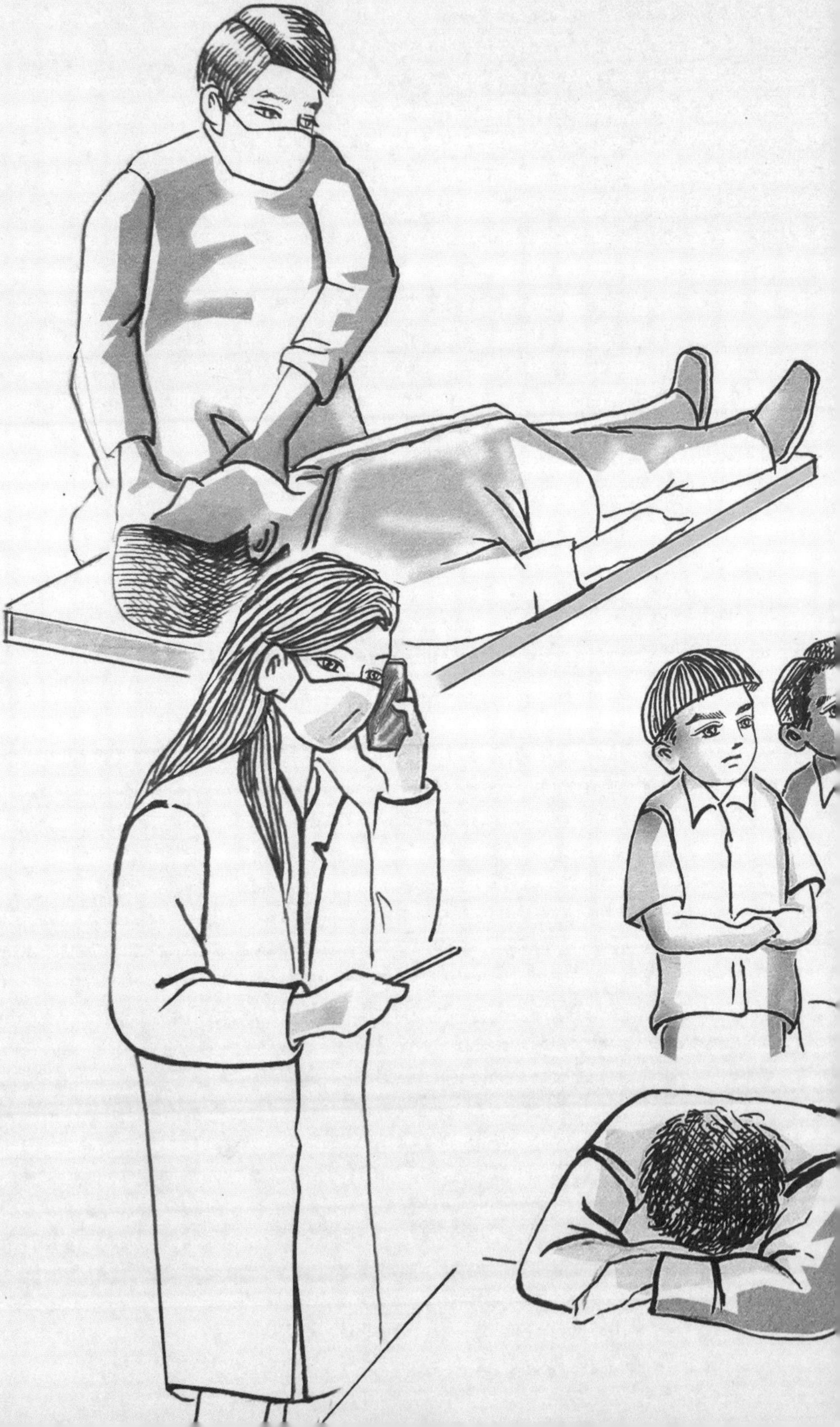

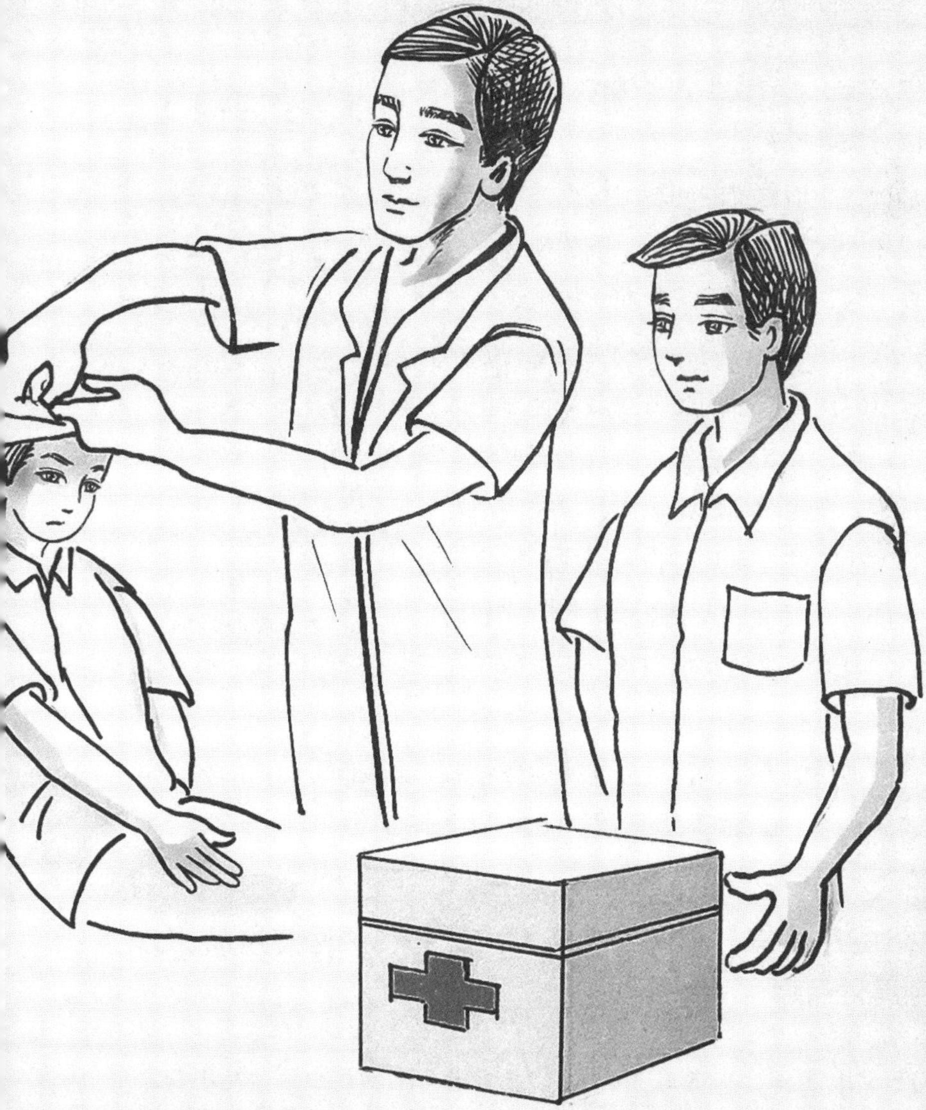

31. 安全事故发生后，学校如何履行救助义务

学生突发疾病或者发生人身伤害事故后，学校应当如何应对和处理？这是一个关乎道义、关乎法律，也关乎社会和谐稳定的问题。根据《中华人民共和国未成年人保护法》第三十七条的规定，未成年学生在校学习、生活期间或者在学校组织的校外活动中发生人身伤害事故的，学校应当立即救护，妥善处理，及时通知学生的父母或者其他监护人，并向有关部门报告。《学生伤害事故处理办法》第十五条也规定，发生学生伤害事故，学校应当及时救助受伤害学生，并应当及时告知未成年学生的监护人；有条件的，应当采取紧急救援等方式救助。由此可见，学校对学生的保护职责，不仅体现在尽职尽责预防事故发生方面，也体现在事故发生后第一时间妥善救助受伤害学生，尽可能将损害后果降至最低方面。那么，学校的这种救助义务，应当如何妥善履行呢？

> **关键词**
>
> 学生伤害事故
> 卫生室
> 卫生技术人员
> 医疗用品
> 救助
> 120 急救电话
> 及时
> 延误治疗
> 紧急救援
> 救护措施

一、设立卫生室，配备卫生技术人员和相关医疗用品，为救助学生提供保障

2016年6月20日上午6时30分左右，贵港市某初级中学学生小蔚在

教室内突然晕倒。校长接到小蔚的同班同学报告后，于6时44分到达教室，并打开风扇，按压小蔚的人中，同时拨打急救电话。6时55分，同学小柳将小蔚背到校门口处等救护车。这期间，没有医护人员对小蔚进行抢救。7时7分，救护车到达校门口，将小蔚送往医院救治。8时11分，小蔚经抢救无效死亡，死因为心跳呼吸骤停。事发后，小蔚的父母因与学校就赔偿事宜未能达成一致意见，遂将学校起诉至法院。一审法院经审理认为，本案中，小蔚死亡的直接原因是自身疾病，但学校未按照国家的相关规定配备专职的卫生技术人员或医护保健人员，没有必要的急救器材和药品，在小蔚发病时未能采取正确的急救方式进行有效救治，防止病情恶化，未尽到安全管理职责，依法应承担相应的责任。根据被告的过错，其承担30%的赔偿比例为宜。据此，一审法院判决被告学校赔偿原告小蔚的父母死亡赔偿金、丧葬费、误工费共计166911元。

学校虽然不是专门的医疗机构，但为了在发生伤害事故后，能够依法履行救助职责，妥善、合理地救助受伤害学生，平时应当加强相关人力、物力资源建设。为此，学校应当严格按照《学校卫生工作条例》等有关法律规定，设立卫生室，按学生人数六百比一的比例配备专职卫生技术人员，并配备可以处理一般伤病的医疗用品。学生人数较少的学校（现阶段指人数少于六百人），也应当按照规定配备专职或者兼职保健教师，开展学校卫生工作。若是缺乏这些人力、物力资源准备，在需要的时候，学校可能就无法有效履行救护职责，无法更好地保护学生。

随着经济的发展和科学技术的进步，学校的卫生资源建设标准也在不断提高，一些先进的急救技术和设备开始被引入学校。例如，过去在一些公共场所多有配备、被用于对心脏骤停的患者进行除颤和心肺复苏的AED（自动体外除颤器），现在也已被一些学校用于实施紧急救援。学校应当关注法律和政策的变化，按照要求不断完善相关卫生资源条件建设，提高紧急救助水平，以便有效履行对学生的保护职责。

二、救助要及时，不得拖延，防止因延迟救助而耽误学生的治疗

一日，在上体育课的时候，初一学生肖某将排球踢出学校围墙。为外出捡球，肖某建议，由同学范某、李某分别抱住其双腿，协助其爬围墙。在攀爬过程中，肖某不慎从围墙上摔下。范、李两人随即将肖某送往学校医务室。医务室老师为肖某实施头部冷敷后进行观察，同时与肖母联系。因联系不上，班主任即骑车去肖母单位寻找。下午肖母单位的同事来到学校，将肖某送往医院治疗。经诊断，肖某颅内出血，造成继发脑疝，致左上肢、左右下肢瘫痪。不久后肖某诉至法院，要求学校赔偿医疗费等经济损失共计94万余元，并承担日后继续治疗的费用等。同学范某、李某被肖某列为本案共同被告。因本案社会影响较大，且当事人情绪激动，为慎重起见，上海市高级人民法院特向最高人民法院做了专门请示。法院经审理认为，肖某在校学习期间，学校对其负有教育、管理和保护的职责。肖某受伤后，学校未及时将其送往医院进行抢救，以致延误了医疗时机，造成肖某终身残疾，校方应承担主要责任。肖某作为限制民事行为能力人，因违反学校纪律擅自爬墙摔伤，对损害后果应承担次要责任。范某、李某明知爬墙的危险性，仍然协助肖某爬墙，对损害后果亦应承担一定的责任。

学生突发疾病或者发生伤害事故后，在某些紧急情况下，其生命是在和时间赛跑，些许延误救治就有可能造成严重后果。此时，学校的救助一定要及时，事发后要让校医或掌握专门保健知识的教职工在第一时间赶到现场，并根据需要采取相应的紧急救援措施，对需要送医救治的学生，学校应当立即拨打120急救电话，或者将学生送往附近医院进行治疗。

特别要注意克服两种错误的思想。一是事故发生后个别教职工认为，事故不是学校和教师的原因造成的，要等家长来学校后，再由其决定是否送医。须知，及时救助学生是学校的法定义务，跟事故原因没有任何关系。二是个别教职工想当然地认为，学生的病情、伤势看起来应该不要紧，再

等等看，过一会儿再送也不迟。须知，疏忽大意有可能导致学生错过最佳救治时机。根据《学生伤害事故处理办法》第九条的规定，发生学生伤害事故后，学校未根据实际情况及时采取相应措施，导致不良后果加重的，校方应当对加重的后果承担法律责任。

为了做到及时救助，学校平时要建立健全相关制度，对学生和教职工开展相应的教育和培训。对学生，学校应教育其平时身体不舒服、生病或者发生伤害事故后，要及时告诉家长和老师，不要带病、带伤上课；其他人发现同学生病或者遭遇伤害事故，要及时向老师报告。对教师，学校应要求其一旦发现学生受到伤害或突发疾病，要马上采取相应措施。实践中，对学生的外部伤害，教师易于发现并采取措施，而对学生的一些不是外露于身体表面的伤害（如心脏、筋骨、脑部等方面的疾病），教师则不易发现，容易忽视。为此，当任课教师、班主任发现学生身体状况出现异常，或者听到学生反映身体不适时，绝不能掉以轻心，而应当让学生及时到卫生室检查或者将校医叫到现场进行检查，并由校医决定是否需送医救治，以免延误救治。

三、根据伤情需要及时采取紧急救护措施，防止因救护不当而造成二次伤害

据新华网2007年报道，有资料表明，我国每年有50多万人死于心源性猝死，一半以上的人死在家中或送往医院的途中，其中25%以上的人可以通过采取正确的急救措施避免死亡。此外，交通事故现场如有懂得现场救护的人，一半以上的意外伤害者能够挽回生命。医学研究表明，如果心跳和呼吸骤停，脑细胞在常温下对缺氧的耐受极限通常为4分钟；4—6分钟，脑部损伤不可逆转；超过8分钟抢救成功的可能性非常小；超过15分钟基本上就没救了。而在我国，从拨打急救电话到急救车到达现场，一般需要10—15分钟。医生到来前，第一目击者如能开展急救，可以最大限度地挽救病人的生命或减轻其伤残程度。

学生突发疾病或遭受外力伤害而导致出现流血不止、骨折、体表肿胀、头部或脏腑等器官剧烈疼痛、窒息、休克等症状后，在 120 救护车到达前，校医或者受过专门培训的保健教师应当根据现场情况，及时对患者采取相应的紧急救援措施（如采取止血、包扎伤口、固定受伤肢体、实施心肺复苏等急救措施），以防止患者的伤情迅速恶化，为随后专业医生的进一步施救争取时间或打下良好的基础。

需要注意的是，校医或者保健教师所采取的救护措施应当合理、妥当，不得违反医学常规，要防止因救护措施不当而给患者造成二次伤害。特别是要注意不要随意移动患者，以免给患者造成进一步损伤。因周围环境有害于患者或者因学校自行送医而不得不搬运患者的，要坚持"三先三后"原则，即对窒息或心跳、呼吸停止不久的伤员必须先复苏后搬运，对出血伤员必须先止血后搬运，对骨折伤员必须先固定后搬运。此外，对患者断离的肢体或器官，如断肢、牙齿等要予以妥善保留，为后续治疗奠定基础。

律师的建议

学生突发疾病或者发生人身伤害事故，学校应依法履行救助义务：

- 学校应按照国家规定设立卫生室，配备卫生技术人员和相关医疗用品，为救助学生提供保障。

- 发生学生伤害事故后，学校救助要及时，不得拖延，防止因延迟救助而耽误学生的治疗。

- 根据伤情需要及时采取紧急救护措施，防止因救护不当造成二次伤害。

32. 将伤害事故通知学生家长时，需要注意什么

发生学生伤害事故后，一些学校领导和教师或认为伤害轻微、事情不大，没有必要让家长知道；或担心家长责怪，长时间迟疑不决，怠于及时、主动联系家长；或忙于救助患者、处理其他工作，而将通知家长一事抛却脑后，由此导致家长未能及时知悉孩子的安危和健康状况，从而引起家长不满，引发家校纠纷，乃至在后续诉讼纠纷中使学校陷于被动。须知，按照法律规定，学生突发疾病或受到人身伤害后，学校除了需要及时履行救助义务外，还应当及时通知学生的监护人，履行告知义务。

关键词

学生伤害事故
通知
监护人
及时
知情权
透明度
告知的内容
病情、伤情现状
怎样告知
班主任
打电话

据《玉林晚报》报道，市民张女士反映，儿子参加幼儿园"六一"活动意外受伤摔断手臂，园方却没有及时通知家长且事后也未打电话慰问，"儿子早上受伤，下午才接到老师的电话"，对此她非常不满。2009年5月30日下午4时左右，张女士接到幼儿园老师的电话，称她的儿子小豪因早上参加幼儿园庆祝"六一"的活动摔伤了手臂，同时又被其他小朋友压到，但手臂并无大碍。因自己生意太忙，张女士便叫自己的妹妹前去接小豪回家。她的妹妹到幼儿园后却发现小豪的伤势并非像老师描述的那样"无大碍"，而是左手手臂都伸不直。她赶到幼儿园将小豪送到骨科医院检查。

医生检查发现，小豪左手手臂骨折。6月2日上午，该幼儿园的园长陈女士就此事称，5月30日早上小豪参加活动化妆时从桌子上摔下，当时他没有什么异常反应，直到下午午休起床后，老师才发现小豪的手臂伸不直，她们就马上通知了家长，并不是有意隐瞒家长。

一、发生伤害事故后，为什么要及时告知学生的家长

为什么要将事故及时告知学生的家长？

首先，这是保障家长知情权的需要。家长是未成年学生的监护人，对学生负有监护职责，应当依法为未成年人提供生活、健康、安全等方面的保障。而及时知悉、了解被监护人的健康信息，是监护人履行前述监护职责的前提条件。学校作为对学生负有教育、管理职责的教育机构，也应当保障家长的这种知情权，以便家长能够有效履行监护职责。

其次，这是保障学生及时获得良好救治的需要。一些事故发生后，疾病、伤情的症状并未马上显露，需要一定时间的观察，及时将事故告知家长，有利于家长进行进一步观察，以便在孩子的病情、伤情发生变化后能够及时采取相应措施。还有一些事故，患者需要马上施行手术，学校及时通知家长，让其尽快赶到孩子身边，有利于稳定孩子的情绪，也有利于家长尽快参与履行医疗方案选择、手术签字等手续，从而保证治疗活动的顺利进行。

再次，这是保障事故处理透明度的需要。事故发生后，学校若是迟迟不与家长联系、不通知家长，家长便可能怀疑学校、教师在隐瞒、掩盖什么，甚至怀疑学校、教师是否在利用拖延的时间来毁灭对校方不利的证据。为此，只有及时向家长告知事故的有关情况，保持事故处理的透明度，才能打消家长的疑虑，赢得其信任，从而为善后事宜的处理奠定良好的基础。

实践中，学校在事故发生后未及时向家长履行告知义务的，可能会被司法机关认定为对事故处置不当、履行保护职责存在欠缺，从而需要承担相应的法律责任。

二、向家长告知什么内容

发生事故后及时通知家长，主要目的是让家长及时知悉、了解孩子的病情、伤情，参与治疗方案的决策，避免耽误孩子的救治。

基于这一目的，学校在履行告知义务时应当做到重点突出，说该说的，不说不该说的。具体而言，一方面，学校在通知家长时可以告知家长下列事项：（1）学生的病情、伤情现状。如学生目前的症状大致是怎样的，主要发病、受伤部位在哪里。（2）目前学校正在采取的救助措施。如校医已为患者、伤者包扎伤口，学校已拨打急救电话，正在等待救护车的到来。（3）学生发病、事故发生的时间。不强求精确，说出大致时间即可，如"刚才""下课的时候"等。（4）学生致病、致伤的大致原因。如学生在奔跑过程中跟同学发生碰撞导致受伤，学生跟同学打架而伤到眼睛等。对致病、致伤原因的陈述，简略概括即可，不用详细描述，无须涉及细节问题。

另一方面，学校在通知家长时不宜谈及下列事项：（1）事故发生的详细原因、经过。此时学校尚未完成事故调查，相关情况尚不明朗，贸然谈及事故原因、经过，若与调查后的说法有出入，则容易让家长心生嫌隙，导致学校陷入被动。（2）事故的责任及赔偿问题。事故的责任归属及赔偿是一个严谨的法律问题，需要法律专业人士介入后才能进行分析和判断。此时谈及不是时候，也不可能做到严谨，不会给患者救治以及善后处理带来什么好处。

三、怎样告知家长

在履行告知义务的时候，学校具体应当怎么做呢？这里涉及以下几个问题。

一是谁来通知。鉴于平时班主任与学生的家长联系较多，关系熟稔，且在需要的时候能够迅速找到家长的联系方式，因此，对各种场合发生的学生伤害事故，原则上应当统一由班主任代表学校向家长履行告知义务。在班主任因故不在岗的情况下，也可由学校安排其他教职工代为通知。而在班主任自身是导致事故发生原因的情况下（如由班主任的体罚行为导致学生受伤，由班主任的过激行为导致学生自残、自杀等），则应当安排其他教职工代表学校履行告知义务。

二是以什么方式通知。在当下，电话是最快捷的通信工具，因此，学校在履行告知义务时应当优先选择打电话的联系方式。在学生所有监护人的电话均无法拨通、无人接听的情况下，学校可选择发送手机短信、微信等方式联系家长，简要告知学生发病、受伤的事实，并提醒家长及时回复电话。在通知家长的过程中，学校应注意保留联系过程的记录（如通话记录、通话录音等），留下相关证据，以备日后之需。

三是通知家长干什么。分两种情形：学生需要送医治疗和不需要送医治疗（注：应当由校医判断、决定是否需要送医）。

（1）不需要送医治疗的情形：学生病情、伤情轻微，经校医处理后不需要送医治疗的，学校可通知家长到校将孩子接回家中休息、观察。伤情无恙、不影响继续上课的，经家长提出申请，也可让学生继续在校学习，放学后再由家长接回家中照看、观察。

（2）需要送医治疗的情形：学生病情、伤情较重或者情况紧急、需要立即送医治疗的，学校应当通知家长立即前来陪护孩子。一般情况下，家长从接到学校通知至赶到孩子身边，需要一个过程。这期间，生病、受伤害的学生可能还在学校等候救护车，也可能已送至医院救治，学校应根据实际情况通知家长到校或直接去往孩子治疗的医院。

律师的建议

学校应将伤害事故通知学生家长：

- 发生学生伤害事故后，学校要及时通知家长，这是保障家长知情权的需要，也是保障学生及时获得良好救治的需要，更是保障事故处理透明度的需要。

- 向家长告知的内容主要包括学生的病情、伤情现状，学校正在采取的救助措施，学生发病或事故发生的时间等。

- 原则上统一由班主任代表学校向家长履行告知义务，且优先选择打电话的通知方式，通知家长及时前来陪护孩子（需要送医）或者将孩子接回家中休息、观察（不需要送医）。

33. 怎样履行事故报告义务

按照法律规定，发生学生伤害事故后，情形严重的，学校应当及时向主管教育行政部门及有关部门报告。学校安全事故及时报告与否，直接关系到上级部门能否及时、准确、全面地掌握事故的相关情况并指导事故的处置工作，关系到与事故对口的有关业务主管部门及其专业人员能否尽早参与事故的处理和防范，也关系到在事故中受到伤害或面临危险的师生能否及时获得最大限度的救助和支援。未按规定及时履行事故报告义务的，学校及其负责人和其他直接责任人员应承担相应的法律责任。那么，学校应当怎样履行事故报告义务呢？

关键词

学生伤害事故
报告
主管教育行政部门
有关部门
情形严重
特殊类型事故
报告内容
时限
报告形式
打电话

据某地教育局通报称，2004年4月9日下午2点45分，某幼儿园中二班男孩郭某午睡后出走，直到晚上8点45分左右才回到家。在这一过程中，幼儿园未按照"学校发生安全事故，应在2小时内向所在教育行政部门报告"的规定，及时向当地教育局报告情况，直到当天晚上7点才向区教育局教育科报告，致使该幼儿长达6小时失去监管，造成了不良的社会影响。4月13日，区教育局就这一事件向全区学校（幼儿园）进行了通报。通报指出，该幼儿园幼儿出走是一起严重的管理失职事故，幼儿园教师、门卫在执行管理职责上有严重的失职行为。同时，事故发生时，幼儿园未按有关规定及时上报，事后也未按局领导的要求及时递交幼儿走失事故报告和有关处理意见。对此，区教育局党委决定，对该幼儿园幼儿走失一事处理如下：（1）对幼儿园主任杨某给予通报批评，取消当年年终考核评优资格；（2）取消该幼儿园当年一切评优资格；（3）责令幼儿园进一步加强安全措施，落实安全责任，杜绝类似事件的再次发生。

一、什么样的事故需要报告

按照《学生伤害事故处理办法》第十六条的规定，事故"情形严重的"，学校应当履行报告义务。那么什么样的情况属于"情形严重"呢？法律并未详细规定。我们认为，在学校教育教学活动中或学校组织的校外活动中发生下列事故，学校均应当履行报告义务：（1）造成学生需要送医治疗的，以及可能或已经造成学生伤残（伤残等级分为十级）、死亡的事故；（2）群体性伤害事故；（3）食物中毒事件；（4）传染病疫情事故；（5）地震、雷击、洪灾等自然灾害事故；（6）火灾事故；（7）交通事故；（8）学生自残、自杀事件；（9）涉嫌治安违法、犯罪的案件；（10）其他学生非正常死亡事故。

上述事故，要么伤害后果严重，要么涉及学生人数较多、危害较大，要么因性质严重、影响重大而需要上级部门统一指挥、指导事故的处置工作，要么因救助难度大而需要有关部门及时组织专业力量投入救助工作，要么可能涉及治安违法和犯罪，需要查明违法犯罪事实、追究相关法律责任，因此都需要学校及时报告主管教育行政部门或有关部门。

二、向谁报告

首先，需要报告的各类学生伤害事故，都应当向主管教育行政部门报告。

其次，一些特殊类型的事故，除了向主管教育行政部门报告外，还应当向特定的部门报告和求援。

（1）食物中毒事件：向卫生行政部门、食品药品监管部门报告和求援，中毒事件可能涉及流行病的，还应当向疾病预防控制机构（疾控中心）报告和求援。

（2）传染病疫情事故：向疾病预防控制机构（疾控中心）报告和求援。

（3）地震、雷击、洪灾等自然灾害事故：向应急管理部门报告和求援。

（4）火灾事故：向消防部门报告和求援。

（5）交通事故：向公安机关交通管理部门报告和求援。

（6）学生自残、自杀事件，涉嫌治安违法、犯罪的案件，其他学生非正常死亡事故：向公安机关报告。

三、报告什么内容

根据事故及其处理阶段的不同，学校安全事故报告一般可分为初次报告、过程报告和结案报告。

初次报告一般应当包括以下内容：（1）事故发生单位概况；（2）事故发生的时间、地点以及事故现场情况；（3）事故的简要经过；（4）事故已经造成或者可能造成的伤亡人数（包括下落不明的人数）和初步估计的直接经济损失；（5）已经采取的措施；（6）其他应当报告的情况。

过程报告一般应当包括事故发展状态、控制情况、伤情变化、事故原因分析、已经采取和将要采取的处置措施等。

结案报告一般应当包括事故的详细原因和经过、事故的处理结果、责任追究情况以及整改情况等。

从发生到结案时间较短的安全事故，以及轻微的安全事故，上述三个阶段的事故报告可合并进行，但报告的内容应当完备、齐全。

四、怎样报告

（一）事故报告的时限

发生安全事故后，事故现场人员应当立即向学校负责人报告，学校应当在第一时间向主管教育行政部门及有关部门报告。那么，如何理解"第一时间"呢？

教育部办公厅于 2003 年 7 月 11 日发布的《教育部办公厅关于加强学校事故报告工作的通知》中规定："学校发生食物中毒、传染病流行、安全事故、师生非正常死亡事件后，应在 2 小时内向所在地教育行政部门及卫生、公安等相关部门报告。"一些省、市规定的报告时间为 1 小时，如四川省教育厅制定的《四川省学校安全事故报告规定》中规定："事故发生后，事故现场有关人员应当立即向学校负责人报告。学校负责人接到报告后，应当在 1 小时内向主管教育行政部门报告。"对特别重大安全事故及重大安全事故，以及情况急迫的刑事案件、自然灾害事故、火灾、食物中毒、群体性伤害事故，学校应当在事发后半小时内迅速上报，以便上级和有关主管部门尽早参与事故的处置工作。例如，教育部制定的《教育系统自然灾害类突发公共事件应急预案》中要求，"事发学校应急领导小组最迟不得超过事发后的 0.5 小时报告上级教育行政部门领导小组"。据 2006 年 7 月 20 日《辽宁日报》报道，辽宁省已建立学校安全事故报告制度，"学校发生师生伤亡、国家财产重大损失的重大、特大安全事故，群体性伤害事故，以及危及社会安定、影响青少年身心健康的重要事件，在半小时内通过电话或传真等方式，将简要情况报告教育行政主管部门，并在两小时内报告事故详细情况"。

可见，发生安全事故后，各所学校应当严格按照国家以及地方的有关规定，在第一时间迅速上报事故信息，情况紧急的可先进行口头报告，事后及时补交书面报告。

（二）事故报告的形式

发生学生伤害事故后，学校可以采取下列形式进行报告。

（1）紧急电话报告。发生安全事故后，学校可先通过电话、传真等快速通信方式在第一时间向上级部门报告，有条件的应当使用保密电话或加密传真。

（2）书面文件报告。通过紧急电话报告后，学校应当及时利用书面文件形式正式报告上级部门。

（3）其他可利用的信息报送方式。当电话和书面文件报送渠道因灾害受到破坏时，学校应通过所有可能的安全、稳定的通信方式使事故信息及时、完整、准确地报送到上级部门。

五、不履行报告义务的法律责任

学校不履行安全事故报告职责，主要表现为瞒报、缓报、谎报和漏报安全事故等行为。这些行为将直接导致上级部门无法及时、准确、全面地了解事故信息，从而影响其及时、科学地指导、指挥事故的处置工作，不利于事故的妥善处理，也影响到上级部门对学校的安全工作进行指导、监督和正确评价，不利于学校安全工作的改进。

根据《生产安全事故报告和调查处理条例》《中小学幼儿园安全管理办法》《学校食物中毒事故行政责任追究暂行规定》等法规、规章的规定，学校违反安全事故报告职责的，追究学校负责人和其他直接责任人员的行政责任，情节严重构成犯罪的，依法追究其刑事责任。其中，根据《中华人民共和国刑法》第一百三十九条之一的规定，在安全事故发生后，负有报告职责的人员不报或者谎报事故情况，贻误事故抢救，情节严重的，处三年以下有期徒刑或者拘役；情节特别严重的，处三年以上七年以下有期徒刑。

律师的建议

发生学生伤害事故后，学校应履行事故报告义务：

- 学生伤害事故情形严重的，学校应当及时向主管教育行政部门及有关部门报告。

- 事故报告一般应当包括以下内容：事故发生的时间、地点以及事故现场情况；事故的简要经过；事故已经造成或者可能造成的伤亡人数（包括下落不明的人数）和初步估计的直接经济损失；已经采取的措施等。

- 事故发生后，学校应当严格按照国家以及地方的有关规定，在第一时间上报事故信息，情况紧急的可先通过电话、传真等通信方式进行口头报告，事后及时补交书面报告。

34. 如何开展事故调查取证工作

发生学生伤害事故后,学校在做好救助伤(患)者、通知家长、事故报告等工作的基础上,还应及时组织开展事故调查取证工作。此时,事故刚发生不久,开展调查、搜集证据较为容易。若是时间长了,事故现场可能会被破坏、无法还原,一些物证、书证、电子数据信息等证据可能会丢失或被毁弃,相关当事人、目击者及其家属也可能心生利益盘算、有所戒备,从而导致调查取证工作面临更多困难。为此,学校应当在事发后尽快启动事故调查取证工作,以免错失时机,影响后续相关工作的开展。

据《都市晨报》报道,2014年9月29日下午,7岁的女生张某,课间行至教室所在二楼走廊楼梯口处,被同学碰撞后倒地,致头部受伤,医院确诊为"左侧枕部硬膜外血肿、枕骨骨折",构成十级伤残。法院经审理认为,学校未能在事发当天及时有效组织调查事故发生原因,并固定相关证据,虽在事故发生后进行了相关调查、报警,但没能查清事故原因,学校的安全管理制度有疏漏,对学生在课间活动时人身安全问题未能尽到职责范围内的教育、管理和保护义务,致使未成年学生遭受人身损害,应承担全部赔

> **关键词**
>
> 学生伤害事故
> 事故调查
> 取证
> 证据
> 情形严重
> 调查组
> 调查内容
> 调查方式
> 监控录像
> 电子数据
> 物证
> 书证
> 当事人
> 目击证人

偿责任。据此，法院判决学校赔偿张某各项费用共计95179.47元。

一、为什么要开展事故调查取证工作

首先，这是查明事故原因、吸取经验教训、改进安全工作的需要。只要发生了学生伤害事故，无论最终学校是否承担法律责任，都意味着学校的安全工作仍然有改进的空间。引发事故的原因是什么？学校、教职工、学生应当从中吸取哪些教训？怎样才能避免类似事故的再次发生？这样的问题都需要通过扎实的事故调查才能找到答案。决不能因为害怕承担责任，就逃避或者敷衍事故调查，而要坚持国家关于"四不放过"的原则，通过开展事故调查，全面检查、反思和改进学校的安全工作。

其次，为善后事宜的处理奠定基础。谁应当对事故承担责任？事故所造成的损失应当由谁来赔偿？责任归结和损害赔偿是事故善后处理环节中的核心问题。而这两个问题的妥善解决，都需要客观、公正的事故调查结论作为依据。只有查明了事故的原因、经过及损害后果，才能分清责任，确定赔偿义务主体、责任比例及赔偿金额。

再次，为可能发生的赔偿诉讼做好证据方面的准备工作。发生学生伤害事故后，如果各方当事人无法通过协商、调解方式解决赔偿问题，学校就有可能被学生及其家长告上法庭。而在诉讼中，"打官司就是打证据"，当事人有义务举出证据来证明自己的诉讼主张，否则就有可能承担不利的法律后果。如果在事故发生后学校未能及时搜集证据，导致后来因各种原因无法获取相关证据，在法庭上学校就有可能陷入被动乃至输掉官司。

二、由谁来开展事故调查取证工作

（一）由学校组织的事故调查

无论事故大小，学校都应当尽快组织事故调查。为此，学校应当成立专门的事故调查组，调查组的成员构成应当具有一定的代表性，实践中一般可由主管副校长、德育干部、工会干部、年级组长、教师代表等人员组成。必要时，学校应当吸收法律顾问、法治副校长、法治辅导员等专业人士参与调查组，以保证调查取证工作的专业性、合法性。调查组成立后，应当制定调查工作方案，明确分工与职责，尽快开展调查工作。

（二）由上级部门组织的事故调查

对伤害后果较为严重的安全事故，或者社会影响较大的安全事故，学校所在地的政府有可能会成立由当地公安、教育、宣传等多部门参与的联合调查组，对事故展开调查。也有可能由教育行政部门组织专门的事故调查组，开展调查工作。学校应当无条件予以配合，并提供一切便利，保障调查工作顺利进行。上级部门调查后所做出的事故调查结论，往往具有较高的权威性，可信度高，在诉讼中容易被法院采纳，学校应当积极主动获取相关调查报告文件。

三、怎样开展调查取证工作

（一）调查什么内容

开展调查取证工作的目的，是查清楚事故发生的全貌，包括事故为什么会发生，是怎样发生的，造成了什么样的后果等。为此，调查工作的内容应当重点围绕以下几个方面展开：（1）事故发生的原因；（2）当事各方的主观过错情况；（3）事故发生的经过；（4）事故发生后学校的救助、通知、报告义务的履行情况；（5）事故所造成的损害后果（包括学生的伤情、医疗费支出等经济损失情况）。

（二）通过哪些方式进行调查

事故调查工作，无非是通过搜集各种各样的证据来尽可能还原事故发生的全貌。因而搜集各种证据是开展事故调查的主要方式。证据包括当事人陈述、书证、物证、视听资料、电子数据、证人证言、鉴定意见、勘验笔录等。那么，学校在调查过程中应当如何搜集相关证据呢？

1. **查阅并复制监控录像等视听资料**

未被篡改、剪辑的原始监控录像，往往能够比较客观地记录事件的发生经过，因而证明力强，容易被人们接受。如果事故发生现场安装了监控探头，那么学校应当尽快查看监控录像，并将记录事发经过的录像内容完整地拷贝下来，作为重要证据予以妥善保管。除监控录像外，电话录音等其他视听资料也应根据需要进行搜集。

2. **提取电子数据**

电子数据，是指以计算机、手机、光盘等电子设备作为载体而记录的数据信息，具体包括博客、微客、电子邮件、手机短信、微信等。在一些因欺凌而引发的学生伤害事故中，有些欺凌行为就是通过这些电子数据的形式组织策划、发出指令、实施威胁、散布关于受伤害学生的隐私或谣言等的。因此，事故调查组要注意搜集、提取这方面的证据。这些证据往往掌握在被欺凌者、欺凌者或者旁观者手中。调查组要做通他们的思想工作，从他们手中复制或者记录相关的电子数据信息，同时让当事人签字确认。

3. **提取书证、物证**

书证是指以书面的文字、符号或图画所记录的内容来反映案件事实的证据，例如证件、文书、遗书、文章、信件、漫画等。物证则是指以物体的外部特征或者物质属性来反映案件事实的证据，例如作案凶器、引发事故的器物、被毁坏的物品、现场遗留的痕迹（脚印、指纹）等。学校在调查取证过程中，要将与事故有关的书证、物证，用拍照、复印等方式提取并妥善保存。必须由学校保存的书证、物证原件，学校也应妥善保管。

4. **询问当事人**

当事人（包括事故的受害者、事故的引发者）是事故的亲身经历者，对事故的发生过程最为清楚。不过，由于事故的后续处理直接影响到他们的切身利益，所以，这一利害关系的存在，有可能导致他们对事故有意做出虚假、片面的陈述。为了尽可能排除干扰，学校应当在事发后尽快对当事人展开询问。询问过程应当做好记录，并且让当事人签字确认。有条件的学校，还可以对询问过程进行录音录像。也可以让当事人自己写下事情发生的原因和过程，调查组再视情况进行补充询问。

5. 询问目击证人

目击证人是事故的旁观者，了解事故发生的片段或整个过程。由于与事故处理不具有利害关系，他们往往能够比较客观地陈述自己耳闻目睹的事故相关情况。考虑到未成人的记忆随着时间流逝容易遗忘，以及学生的家长可能会担心得罪他人，因此学校应当尽早询问旁观事故过程的学生，并做好记录。

除了以上方式外，学校还可以通过查阅学生的诊断证明和病历、申请做专门鉴定等方式开展调查工作，以便全面查清事故的相关情况。

律师的建议

发生学生伤害事故后，学校应开展事故调查取证工作：

- 要认识到开展事故调查取证工作，是查明事故原因、吸取经验教训、改进安全工作的需要，也为善后事宜的处理奠定基础，为可能发生的赔偿诉讼做好证据方面的准备工作。

- 事故发生后学校应当尽快成立调查组，制定调查工作方案，开展调查取证工作。后果较为严重或者社会影响较大的事故，当地政府成立专门的调查组或者由教育行政部门成立调查组开展事故调查的，学校应当提供便利，积极配合。

- 调查取证的重点内容包括事故发生的原因，当事各方的主观过错情况，事故发生的经过，事故发生后学校的救助、通知、报告义务的履行情况，事故所造成的损害后果等。

- 调查取证的方式包括查阅并复制监控录像等视听资料，提取电子数据，提取书证、物证，询问当事人，询问目击证人等。

下篇

纠纷处理篇

通过协商、调解、
诉讼等方式，
妥善解决事故纠纷。

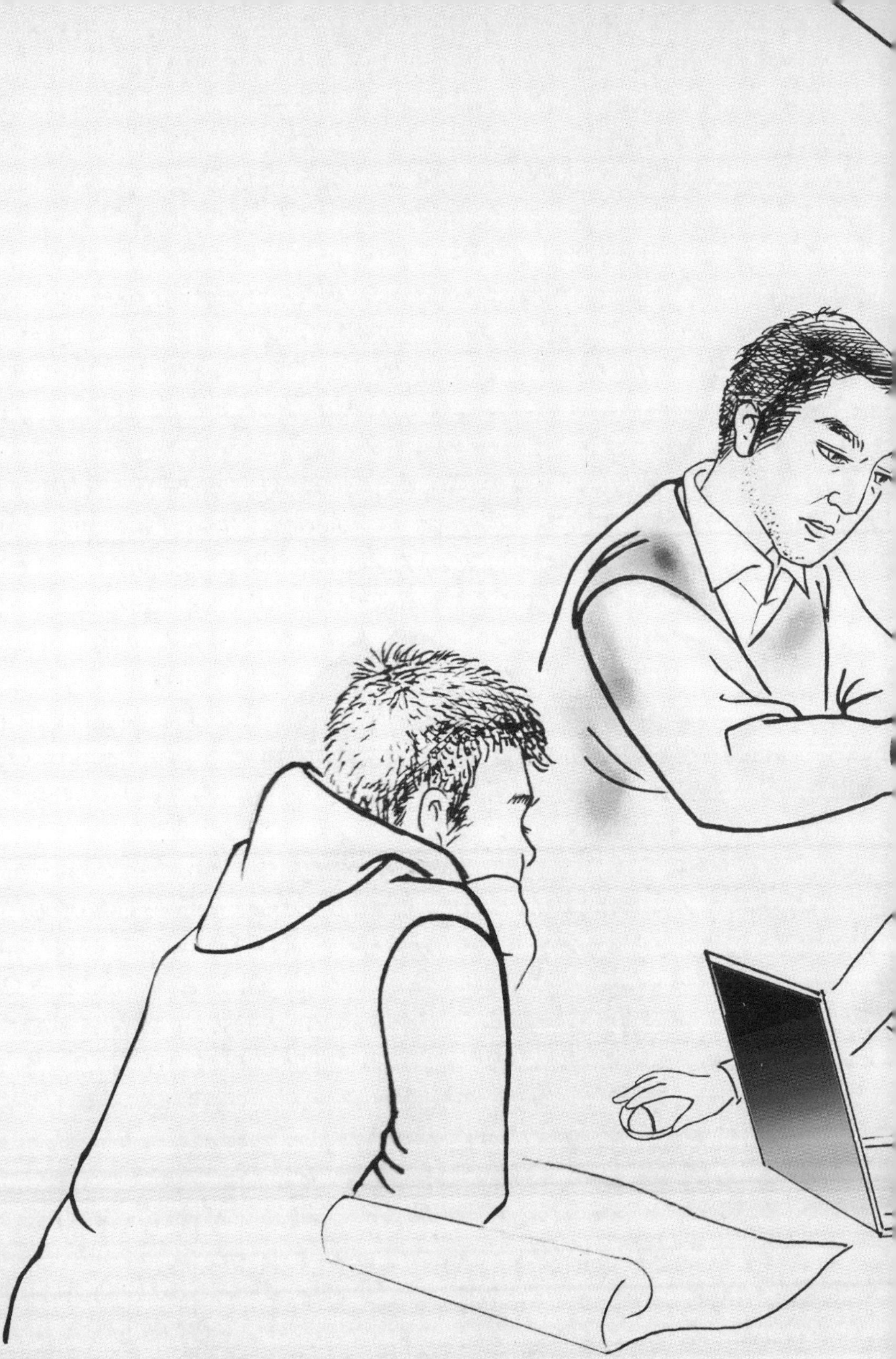

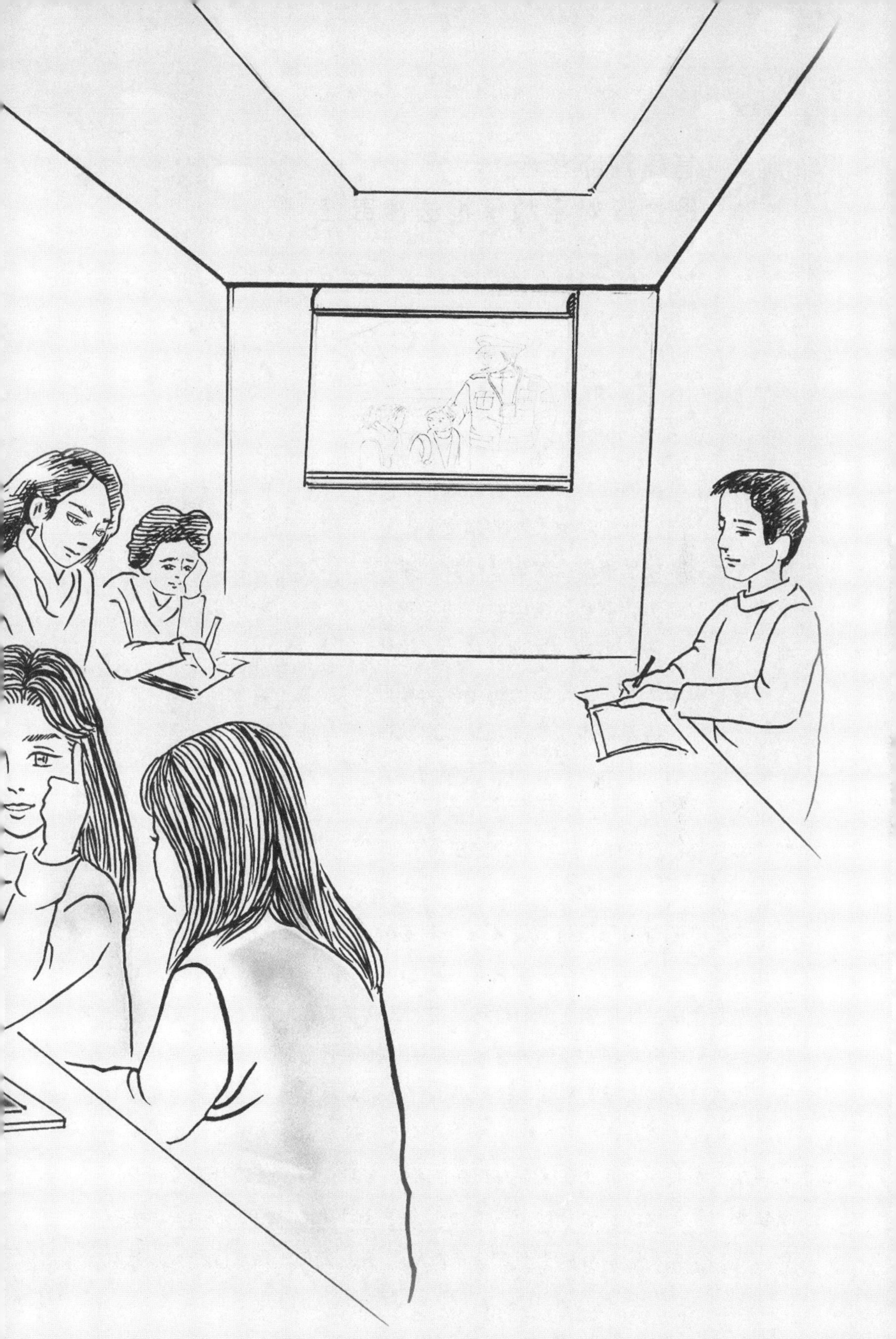

35. 怎样判断学校是否应对事故承担法律责任

对学生伤害事故，学校是否应承担法律责任？这个问题学校和家长都非常关心。它直接关系到学校是否应当对事故受害者进行赔偿，关系到善后事宜、赔偿纠纷的妥善处理。关于学生伤害事故的法律责任，《中华人民共和国民法典》《学生伤害事故处理办法》等法律、法规都做了相关规定。学校应当根据所查明的事故情况，结合法律的相关条款规定，判断学校是否应对事故承担责任，并据此妥善处理事故赔偿问题。

关键词

学生伤害事故
法律责任
过错责任原则
推定过错
无民事行为能力人
限制民事行为能力人
教育、管理职责
第三人侵权
补充责任

据"澎湃新闻"报道，夏某柱与被告郑某佳系贵溪市某初级中学同班同学。2020年4月24日晚6点左右，夏某柱与郑某佳在学校宿舍走廊上嬉戏打闹，致使夏某柱跌倒受伤。夏某柱受伤后，同学曾向其班主任说明情况，班主任随即打电话通知了夏某柱的家长，这期间学校未带夏某柱去诊所查看，也未采取其他救治措施。夏某柱第二天被赶来的母亲送到医院住院治疗。夏某柱经司法鉴定中心鉴定为十级伤残。夏某柱起诉至贵溪市人民法院要求郑某佳和学校赔付其医药费、护理费、营养费、伙食补助、残疾赔偿金等合计148634.02元。法院经审理认为，原告夏某柱与被告郑某佳系同班同学、室友，放学后两人在嬉戏打闹中导致夏某柱不慎跌倒受伤,属于意外事件。但被告郑某佳作为初三学生,对自身的行为具有一定的认知,其在与夏某柱嬉闹中未能把握"玩闹"分寸,导致夏某柱意外受伤,应当承担部分责任。郑某佳为限制民事行为能力人,其法定代理人应当为其民事行为承担赔偿责任,法院酌定责任比例为30%。本案中,夏某柱在学校内发生意外事件,学校在事故发生后并没有人员及时赶到现场采取合适的措施;在其他学生通知原告夏某柱的班主任后,学校亦未采取合理、适当的措施及时救助受伤害的学生,仅是通知了原告的家长,明显处置不当。被告贵溪市某初级中学在原告发生伤害事故后处理不当,属于管理不到位,应当承担相应的责任,法院酌定责任比例为40%,其余责任由原告自担。

一、根据过错责任原则来判断学校是否应承担责任

如何判断学校是否应对事故承担责任?我国现行法律确立了过错责任原则,即对事故的发生,学校有过错的,应承担民事责任,且承担与其过错大小相适应的责任(学校的过错是损害后果发生的主要原因的,校方应承担主要责任;是次要原因的,校方应承担次要责任);学校没有过错的,则不承担民事责任。过去,一些家长错误地认为,只要学生在学校出了事故,校方就应当承担责任。过错责任原则的确立,明确了学校承担的是"有限责任",即只有在有过错的情况下才对事故承担责任,从而排除了学校承担"无限责任"的可能性,这对维护学校和师生的合法权益,对保障学校的正常教育教学秩序具有重大意义。

二、《中华人民共和国民法典》规定的三种情形下学校法律责任的判断

过错责任原则确定的是学生伤害事故的一般归责原则,那么在具体的学生伤害事故个案中,如何判断学校的法律责任呢?《中华人民共和国民

法典》第一千一百九十九条、第一千二百条、第一千二百零一条对此做了明确规定。

（一）无民事行为能力人受到人身伤害后的法律责任

《中华人民共和国民法典》第一千一百九十九条规定："无民事行为能力人在幼儿园、学校或者其他教育机构学习、生活期间受到人身损害的，幼儿园、学校或者其他教育机构应当承担侵权责任；但是，能够证明尽到教育、管理职责的，不承担侵权责任。"

这里的"无民事行为能力人"，是指不满八周岁的未成年人，主要包括幼儿园的幼儿以及中低年级小学生。根据该条文的规定，不满八周岁的未成年人在幼儿园或学校学习、生活期间发生伤害事故，首先推定幼儿园、学校有过错，需要承担责任。但是，如果幼儿园、学校能够拿出证据证明自己已经尽了教育、管理职责，则不承担责任；拿不出证据的，就要承担责任。在这种情况下，承担举证责任的是幼儿园、学校，受伤害的幼儿、学生不承担举证责任。

（二）限制民事行为能力人受到人身伤害后的法律责任

《中华人民共和国民法典》第一千二百条规定："限制民事行为能力人在学校或者其他教育机构学习、生活期间受到人身损害，学校或者其他教育机构未尽到教育、管理职责的，应当承担侵权责任。"

这里的"限制民事行为能力人"，是指八周岁以上的未成年人，主要包括中高年级小学生和中学生。根据这一条文的规定，八周岁以上的未成年人在校学习、生活期间发生伤害事故，能够证明学校未尽到教育、管理职责，有过错的，则学校应承担责任；无法证明学校未尽到教育、管理职责的，则学校不承担责任。这一条文和前面的《中华人民共和国民法典》第一千一百九十九条的主要区别在于，后者针对无民事行为能力人，采用的是"推定过错"，出事后首先推定学校有过错、需要担责，学校若想免责，则需要举证证明自身已尽教育、管理职责；而本条文针对限制民事行为能力人，采用的是一般过错责任原则——"谁主张，谁举证"，由受伤害学生一方举证证明学校有过错，未尽教育、管理职责，证明不了的，将承担不利的法律后果。

（三）第三人侵权的法律责任

据媒体报道，2005年6月5日，刘某因与林某发生感情纠纷，于是将一把管制刀具藏在随身携带的背包内，随后以给孩子送文具为名，经门卫允许进入林某之子赵某就读的学校，将赵某叫到无人处后朝其身上猛扎数刀，致使赵某当场死亡。

《中华人民共和国民法典》第一千二百零一条规定："无民事行为能力人或者限制民事行为能力人在幼儿园、学校或者其他教育机构学习、生活期间，受到幼儿园、学校或者其他教育机构以外的第三人人身损害的，由第三人承担侵权责任；幼儿园、学校或者其他教育机构未尽到管理职责的，承担相应的补充责任。幼儿园、学校或者其他教育机构承担补充责任后，可以向第三人追偿。"

这一条文规定的是因校外第三人侵权而引发的学生伤害事故的法律责任。根据这一规定，未成年人在幼儿园、学校学习、生活期间发生伤害事故，如果伤害是由幼儿园、学校之外的第三人造成的，则由该第三人承担责任，但如果在事故发生过程中幼儿园、学校也存在未尽到管理职责的情形，则幼儿园、学校需要承担补充责任。例如，幼儿园、学校门卫制度不健全，导致外人轻易混入校园后对学生实施伤害的，则对受伤害学生所遭受的损失，学校应当"承担相应的补充责任"，即在第三人的财产不足以承担其应负的民事责任时，由学校承担与其过错相应的补充赔偿责任。学校在向学生做了补充赔偿后，可以向侵权的第三人追偿。

三、怎样判断学校是否尽了"教育、管理职责"

未成年人在幼儿园、学校学习、生活期间发生伤害事故后，幼儿园、学校承担责任的前提是"未尽到教育、管理职责"，存在"过错"。那么，在实践中，幼儿园、学校该如何判断自身是否尽了"教育、管理职责"呢？目前，幼儿园、学校的"教育、管理职责"主要规定于《中华人民共和国教育法》《中华人民共和国教师法》《中华人民共和国未成年人保护法》《中小学幼儿园安全管理办法》《学生伤害事故处理办法》《学校卫生工作条例》《学校体育工作条例》《未成年人学校保护规定》《幼儿园管理条例》《幼儿园工作规程》等法律、法规和规章之中，其中尤以《中小学幼儿园安全管理办法》的规定最为全面。这些"教育、管理职责"可以归纳为以下几个方面。

（1）保证校园建筑、场地、设施、设备、器材和药品等符合安全标准。

（2）建立健全各个方面的校园安全管理制度。

（3）及时消除校园环境中存在的安全隐患。

（4）经常性地对在校幼儿、学生进行安全教育。

（5）对在校幼儿、学生的行为加强管理，及时、有效地制止幼儿、学生做出的危险行为，及时制止侵犯幼儿合法权益的行为。

（6）在幼儿、学生发生意外的情况下及时采取合理措施予以救助，等等。

幼儿园、学校未尽到这些"教育、管理职责"，导致在校幼儿、学生受到意外伤害或导致其损害后果加重的，即表明幼儿园、学校存在过错，需要承担与其过错相应的法律责任。

律师的建议

发生学生伤害事故后，准确判断学校是否应对事故承担法律责任：

• 根据过错责任原则来判断学校是否应承担责任，学校有过错则担责，无过错则不担责。

- 要了解无民事行为能力人在幼儿园、学校或者其他教育机构学习、生活期间受到人身损害的，幼儿园、学校或者其他教育机构应当承担侵权责任；但是，能够证明尽到教育、管理职责的，不承担侵权责任。

- 要了解限制民事行为能力人在学校或者其他教育机构学习、生活期间受到人身损害，学校或者其他教育机构未尽到教育、管理职责的，应当承担侵权责任。

- 了解第三人侵权的法律责任，知道无民事行为能力人或者限制民事行为能力人在幼儿园、学校或者其他教育机构学习、生活期间，受到幼儿园、学校或者其他教育机构以外的第三人人身损害的，由第三人承担侵权责任；幼儿园、学校或者其他教育机构未尽到管理职责的，承担相应的补充责任。幼儿园、学校或者其他教育机构承担补充责任后，可以向第三人追偿。

- 判断学校是否尽了"教育、管理职责"。"教育、管理职责"可以归纳为：设施要安全，制度要健全，管理要到位，教育要经常，救助要及时。

36. 怎样通过协商的方式解决事故赔偿纠纷

学生伤害事故的发生往往会造成一定的经济损失，包括医疗费、营养费、护理费、交通费、误工费、残疾赔偿金等各种费用支出和损失。这些经济损失该由谁来承担呢？学生的家庭和学校之间往往会因此而产生赔偿纠纷。解决赔偿纠纷的途径包括协商解决、第三方居中调解、向人民法院提起诉讼等。其中，协商解决应当是一个优先选择的方案。与其他途径相比，通过协商的途径解决纠纷，双方所耗费的时间、经济成本较少，避免诉累之苦，防止矛盾激化，利于快速化解矛盾、平息纠纷。故而在事发后，对赔偿金额不大的，或者双方对费用分担问题分歧不大的，以及其他有可能通过协商途径解决的事故纠纷，学校和学生的家庭应当尽可能通过友好协商的方式妥善解决。

一日，某幼儿园在上户外活动课的时候，5岁的雯雯在跑步过程中突然摔倒，额头上破了一个小口子。幼儿园的老师立即将雯雯送到当地一家三甲医院治疗，并给家长打了电话。家长赶到医院后，认为这家医院没有美容科，担心在这里缝合伤口可能会留下疤痕，影响孩子日后的形象，因而要求将孩子转到另一家具有美容资

关键词

学生伤害事故
赔偿损失
事故纠纷
协商
自愿
平等
合法
沟通渠道
慰问学生
事故责任
协商场所
参与人员
协商步骤
和解协议

质的医院治疗。随后，家长和教师一起将雯雯送往另一家医院缝合伤口。手术后第二周，雯雯的家长找到幼儿园，要求园方承担事故的全部责任，赔偿营养费、误工费、后续治疗费、精神损失费等各项损失共计十万元。幼儿园查清了事故的有关情况，了解了《学生伤害事故处理办法》等相关法律规定，并咨询了法律顾问，随后经过与雯雯家长的多番协商，达成了和解，一次性向雯雯的家长支付一万元的赔偿金，雯雯的家长表示不再追究园方的责任。

一、协商的原则

通过协商的途径解决学生伤害事故赔偿纠纷，应当遵循以下原则。

（一）自愿原则

协商解决纠纷，应当尊重双方的真实意愿，不能强迫。一是对不愿意参与协商、不愿意通过协商方式解决纠纷的当事人，另一方当事人或其他组织和个人不得强迫其参与协商。二是在协商解决纠纷过程中，任何一方不得强迫另一方接受自己的解决方案。

（二）平等原则

参与协商的各方当事人地位平等，享有同等的权利，应互相尊重，任何一方不得歧视、侮辱、胁迫另一方当事人。

（三）合法原则

协商解决的方案内容，不得违反法律和国家有关规定，不得损害国家利益、公共利益和第三人的合法权益，不得违背公序良俗。

二、协商前的准备

为了提高协商的效率，促使协商尽可能达到预期目的，在协商前学校应当做好各方面的准备工作，为协商的顺利进行打下良好的基础。

（一）建立顺畅的沟通渠道

发生学生伤害事故后，由于信息不对称等原因，家长的心里难免会有很多疑问：引发事故的原因是什么？学校在事故发生后都做了哪些救助工作？事故的责任如何承担？学校打算如何处理善后事宜？这些疑问如果得不到及时答复，沟通渠道不畅，家长就有可能会心生不满、怨恨甚至愤怒，从而不利于事故纠纷的妥善解决。为此，学校应当按照《教育部等五部门关于完善安全事故处理机制维护学校教育教学秩序的意见》的要求，建立便捷的沟通渠道，及时将事故的有关情况通知受伤害者的监护人或者近亲属，告知其事故处理途径、程序和相关规定，保障受伤害者及其监护人、近亲属的知情权和依法合理表达诉求的权利。

实践中，对轻微的事故，学校可以指定德育处的老师或者班主任作为事故处理联络人，负责与家长的沟通联络工作。而对严重的事故，学校应当成立专门的事故处理小组，成员由校长、主管副校长、德育处负责人、总务处负责人、年级组长、班主任等人员构成，并应当吸收法律顾问、法治副校长等专业人员加入小组。联络人或者事故处理小组应当向家长公布联系电话，及时解答家长的疑问，听取、了解家长的诉求，做好沟通、解释工作。

（二）关心、慰问受伤害学生，建立互信关系

发生安全事故，对受伤害学生的家庭而言，是悲剧，学生本人要承受肉体的痛苦、精神的伤害，家长也会陷于悲痛、焦虑之中。此等遭遇，无论由何种原因引发，学校教职工都应当感同身受，关心、慰藉自己的学生，帮助其渡过难关。

一方面，事故发生后，学校要及时救助学生；在学生住院或在家休养期间，要安排教职工去探望、慰问学生，给予其精神上的支持，鼓励其早日战胜病魔。

另一方面，在经济上尽可能提供帮助。在学生紧急送医治疗期间，学校尽可能垫付相关医疗费用，并保留好票据。在后续治疗中，学校可根据事故责任的相关情况、学校的财力状况、学生家庭的经济条件等因素，先行支付部分或全部治疗费用，提供力所能及的帮助。

（三）查明事故详情，判断事故责任，拟定协商方案

在与学生的家长正式协商解决纠纷前，学校应当开展事故调查，查清事故发生的原因、经过及造成的损害后果，全面了解事故的有关状况。此外，学校还应通过查询法律相关规定、咨询法律专业人士等方式，初步判断事故的责任情况，了解可能涉及的赔偿项目及其大致金额。在此基础上，学校可拟定初步的协商方案，并随时根据情况变化进行调整。

三、协商过程中的注意事项

未成年人在幼儿园、学校学习、生活期间发生伤害事故后，幼儿园、学校在与学生的家长协商过程中应注意以下事项。

（一）协商的场所

按照《教育部等五部门关于完善安全事故处理机制维护学校教育教学秩序的意见》的规定，协商一般应在配置录音、录像、安保等条件的场所进行。据此，学校可选择校内配备有录音、录像设备的场所作为协商地点，并安排一两名安保人员在场或在门口待命，以便发生冲突时可以及时控制局面。协商地点一般应当远离教室和学生活动场所，以免干扰学生的正常学习和生活。必要时，学校应当提前申请驻地派出所，于协商谈判当日安排警力到校维持治安秩序，以免发生不测。

（二）协商的参与人员

参与协商的人员，每方一般为3—5人。学生的家长一方由学生的监

护人、近亲属、委托代理人等人员组成。学校一方一般可由主管副校长、安保主任、法律顾问等人员组成。在协商前，学校应当做好参与人员的职责分工，可指定一人作为主要发言人，并由法律顾问负责法律方面的分析、解释工作。

（三）协商的步骤、进程

在协商过程中，可遵循以下步骤：（1）校方代表简要陈述事故的发生过程；（2）学生的家长一方提出诉求（注：学校可要求家长对诉求中涉及的金额、依据做出解释）；（3）学校法律顾问解释法律相关规定，分析事故所涉及的法律责任；（4）双方进行进一步的协商、谈判；（5）经协商达成一致意见的，及时签订事故处理协议。

需要强调的是，对协商过程中所涉及的事故发生细节和法律责任判断问题，学校在陈述基本事实与主要观点后，不宜与家长进行过多辩论，否则容易激起家长的对抗情绪，导致谈判陷入僵局。协商、谈判是为了求同存异，取得最大公约数，顺利解决纠纷，不要在细节、枝节上纠缠不休，结果最重要。

四、和解协议的签订

经过协商、谈判，双方对纠纷处理达成一致意见的，学校应当及时与家长签订事故处理协议。如果双方达成的是一次性了结的约定，双方应当签订一份一次性事故处理协议。为了保证协议的规范性和有效性，学校应当委托专业律师起草一次性事故处理协议书。在协议内容中应当约定，由学校支付给学生或其家长一定的赔偿金或者补偿金，家长收到款项后放弃其他诉求，不再因本起事故而追究学校任何法律责任，双方的债权债务关系就此结清。必要时，学校可提请公证机构对双方达成的协议进行公证。

经过协商、谈判，双方分歧较大、无法达成一致意见的，学校应当引导家长通过申请调解、向法院提起诉讼等方式解决纠纷。

律师的建议

发生学生伤害事故后，争取通过协商的方式解决事故赔偿纠纷：

- 对赔偿金额不大的，或者双方对费用分担问题分歧不大的，以及其他有可能通过协商途径解决的事故纠纷，学校和学生的家庭应当尽可能通过友好协商的方式妥善解决。

- 协商要遵循自愿、平等、合法的原则。

- 协商前，学校应当做好相关准备工作，包括建立与学生家长顺畅沟通的渠道；关心、慰问受伤害学生，建立互信关系；查明事故详情，判断事故责任，拟定协商方案等。

- 协商时，一般应选择在配置录音、录像、安保等条件的场所进行；每方参与人员为3—5人，学校应当让法律顾问全程参与协商工作；在协商过程中可遵循以下步骤：学校陈述事故状况——家长提出诉求——校方法律顾问解释法律相关规定——双方进一步协商、谈判——签订和解协议或终止协商。

- 经过协商达成一致意见的，双方应及时签订和解协议。

37. 怎样通过调解的方式解决事故纠纷

对学生伤害事故纠纷，当事双方经过协商、谈判无法达成一致意见的，或者当事人之间因关系对立、积怨较深而根本无法协商的，可以考虑通过第三方居中调解的方式来解决纠纷。第三方由于与当事双方之间均不具有利害关系，地位中立，如果本着客观、公正的立场居中对当事双方进行斡旋、说服和调解，就有可能促成矛盾纠纷的顺利化解。实践中常见的第三方调解，包括人民调解委员会组织的人民调解，行政机关组织的行政调解，以及人民法院在诉讼过程中组织的司法调解。学校要善于利用第三方调解的方式，来解决因学生伤害事故而引发的赔偿纠纷。

> **关键词**
>
> 学生伤害事故
> 调解
> 学校调解
> 人民调解
> 调解协议
> 司法确认
> 行政调解
> 司法调解
> 民事调解书
> 强制执行

2011年某日，幼儿陈某某在上洗手间时与同学发生推搡，摔倒在地。幼儿园老师发现情况后立即将陈某某送往医院治疗，陈某某被缝合8针，经鉴定为轻微伤，幼儿园支付了全部医疗费用，并通知了家长。随后派出所介入调查，认定此事为意外伤害事故。事发后，陈某某的家属向园方提出了较高的经济赔偿，由于双方分歧较大，无法达成一致意见，陈某某的父母甚至两次跑到幼儿园哭闹，拦住其他接送小孩的家长评理，一度影响幼儿园正常的办学秩序，后经警察到场维持秩序才平息。后来，司法所组织双方当事人进行调解。在司法所工作人员的耐心解释和调解下，双方最终达成了一致意见，由园方一次性支付给陈某某的家属1.5万元作为医疗费、营养费及家长务工费、交通费等，家长不再追究园方的任何责任。

一、学校组织家长开展纠纷调解

因学生之间嬉戏、打闹、矛盾冲突而引发的人身伤害事故，给一方学生造成损失的，学校可以充当调解人，及时组织当事学生的家长开展调解工作，以便尽快化解纠纷。在调解之前，学校应当开展事故调查，查清事故发生的原因、经过以及所造成的结果，分析各方的责任，了解事故给受伤害学生造成的经济损失状况，并据此初步拟定调解方案。

调解时，学校可以召集当事学生的家长共同到校进行当面调解，也可以分别联系受伤害学生的家长和肇事学生的家长进行"背靠背"调解。在调解过程中，可以先由学校介绍事故的相关情况，而后由受伤害学生的家长陈述本方的诉求及理由，再由肇事学生的家长陈述自身的主张及理由。双方的要求差距较大的，学校可以提供校方事先准备的调解方案供双方参考，并说明理由和依据，努力说服、促成双方达成一致意见。为保证调解工作的专业性，学校可以邀请法律顾问等专业人员协助校方开展调解工作。

经过学校居中调解，双方家长就事故损害赔偿问题达成一致意见的，可根据需要签订书面的和解协议。经过调解双方无法达成一致意见的，学校应当终止调解，并建议、引导当事学生的家长通过法律途径解决事故纠纷。

二、申请人民调解委员会开展人民调解

人民调解，是指由人民调解委员会通过说服、疏导等方法，促使当事人在平等协商基础上自愿达成调解协议，解决民间纠纷的一种调解制度。根据《中华人民共和国人民调解法》的规定，人民调解委员会是依法设立

的调解民间纠纷的群众性组织，村民委员会、居民委员会设立人民调解委员会，企业事业单位根据需要设立人民调解委员会。近年来，一些地方的教育行政部门会同其他有关部门设立了教育纠纷人民调解委员会、学校安全事故人民调解委员会等涉校人民调解机构，专门调解涉校纠纷，这一行业性的调解机构所开展的调解活动也属于人民调解的范畴。

（一）人民调解的开展

学生和学校之间发生事故赔偿纠纷，无法通过协商途径解决的，学校和学生的家长可以共同向所在地的人民调解委员会（含涉校调解机构）申请人民调解。在人民调解委员会组织调解时，学校可以介绍事故的有关情况（包括事故发生的原因、经过、结果以及学校履行救助义务的情况），陈述校方对事故责任的分析，并提出校方的调解意见。对人民调解委员会综合各方意见后提出的调解方案，学校认为其内容公平、合法，且校方有能力履行的，可予以接受。

（二）调解协议的签署

经人民调解委员会调解达成调解协议的，学校应当要求调解机构制作调解协议书。调解协议书可以载明下列事项：（1）当事人的基本情况；（2）关于纠纷的主要事实、争议事项以及各方当事人的责任；（3）当事人达成调解协议的内容，履行的方式、期限。调解协议书自各方当事人签名、盖章或者按指印，人民调解员签名并加盖人民调解委员会印章之日起生效。调解协议书由当事人各执一份，人民调解委员会留存一份。

（三）调解协议的效力

依法签署的调解协议，具有法律约束力，当事人应当按照约定履行。当事人就调解协议的履行或者调解协议的内容发生争议的，可以向人民法院提起诉讼。为了避免诉累、确保调解协议能够尽快执行，学校也可在调解协议书签订后30日内，向主持调解的人民调解委员会所在地的基层人民法院申请司法确认，请求法院依法确认该调解协议书的效力。法院依法做出确认决定后，一方当事人拒绝履行或者未全部履行调解协议内容的，另一方当事人可以直接向做出确认决定的人民法院申请强制执行。

三、申请行政机关开展行政调解

行政调解，是指由行政机关主持，通过说服教育的方式，促使民事纠纷或轻微刑事案件的当事人自愿达成协议，化解纠纷的一种调解制度。对学生和学校之间发生的伤害事故赔偿纠纷，当事双方都可以申请上级教育行政部门组织行政调解。对重大的安全事故，教育行政部门也可以主动组织双方开展行政调解。

为了及时、妥善解决事故纠纷，学校应当积极配合教育行政部门开展行政调解工作。在调解过程中，学校可以提出校方的调解意见，并说明理由和依据。对教育行政部门提出的调解方案，校方有能力履行并且该方案不违反法律法规和政策规定的，学校应当予以接受。经过行政调解双方达成一致意见的，双方应当在调解人员的见证下签订调解协议。调解协议书具有民事合同的性质，一方当事人不履行或者反悔的，双方可以依法提起诉讼。

四、申请人民法院在诉讼中开展司法调解

司法调解，亦称诉讼调解、法院调解，是指在民事诉讼过程中，双方当事人在人民法院审判庭的主持下经过平等协商达成协议，并由人民法院确认其效力的一种调解制度。

事故纠纷未能通过协商、调解途径解决，当事学生的家长选择到法院起诉的，仍然存在调解的可能性。按照规定，在诉讼过程中，对有可能通过调解解决的民事案件，人民法院应当依法进行调解。在审判员询问当事双方是否愿意接受法庭调解时，若学校和学生的家长有意通过调解解决纠

纷，则可以同意审判员进行调解。经调解双方达成一致意见的，应当由人民法院制作民事调解书。民事调解书经双方当事人签收后，即具有法律效力。任何一方不履行该调解书所确定的义务，另一方可向人民法院申请强制执行。

律师的建议

发生学生伤害事故后，可以考虑通过调解的方式解决事故赔偿纠纷：

- 因学生之间嬉戏、打闹、矛盾冲突而引发的事故纠纷，学校可以充当调解人，组织当事双方学生的家长进行调解。
- 学生和学校之间发生事故赔偿纠纷，无法通过协商途径解决的，双方可以共同向所在地的人民调解委员会（含涉校调解机构）申请人民调解。
- 事故纠纷当事人还可以申请教育行政部门组织双方进行行政调解。
- 在诉讼过程中，还可以由审判员组织双方进行司法调解。

38. 怎样通过民事诉讼解决事故纠纷

民事诉讼是指国家审判机关依照法律规定，在当事人和其他诉讼参与人的参加下，依法解决民事纠纷的专门活动。发生学生伤害事故后，一些学生及其家长可能会选择向法院提起民事诉讼的方式来解决事故纠纷。学校应当了解民事诉讼的基本常识，以便顺利地参与民事诉讼活动，维护自身的合法权益，促进纠纷的公平解决。对无法通过协商、调解途径解决的事故纠纷，学校也应当劝说、引导学生的家长通过诉讼的方式来主张权益，以免其采取"校闹"等极端方式来实现目的。对因经济困难而无法支付相关诉讼费用的学生家庭，学校应当告知其可依法向当地法律援助机构申请法律援助，获得免费的法律服务。

据《哈尔滨日报》报道，一日，在某小学上一年级的果果上课间操的时候，在操场上被一个高年级同学推倒，果果的头部重重地磕在了地上。果果被送到医院后，被诊断为开放性颅骨损伤、急性硬膜外血肿、枕骨骨折。看着躺在病床上的儿子，刘先生又心疼又气愤，他找到学校讨要说法。可学校表示，果果是被高年级的学生推倒摔伤的，刘先生应该找那名学生算

关键词

学生伤害事故
民事诉讼
理性面对
聘请律师
起诉状
索赔项目
搜集证据
答辩状
庭审
法庭调查
法庭辩论
法庭调解
判决
履行生效判决

账，学校不应该承担赔偿责任。可当刘先生问是谁推倒果果的时，学校又说无法确定推倒果果的人是谁。在多次交涉无果的情况下，愤怒的刘先生将学校告上法庭。法院经审理认为，学校作为学生在校期间的教育管理者，应履行教育、管理职责，对学生在校期间负有保护其人身安全的法定义务。本案中，没有证据表明学校已尽到了管理职责，相反，直至现在学校也无法确定肇事者。在不能确定直接侵权的第三人，无法由其承担赔偿责任时，学校有义务承担赔偿责任。被告承担赔偿责任后，可向第三人行使追偿权。据此，法院判决学校赔偿果果1.2万余元。

一、理性面对诉讼

收到法院寄来的传票，得知被自己的学生起诉了，学校应当如何面对呢？实践中，有两种错误的态度实不可取。

一种态度是认为被他人起诉、成为被告是一件丢脸的事情，是学校的耻辱。殊不知，人们选择诉讼的方式解决纠纷，而不是通过闹事等极端方式来表达诉求，这是法治社会的巨大进步。起诉是人们的一项权利，任何人只要认为自己的合法权益受到了他人侵害（无论事实是否真的如此），且这样的事情又属于法院的受理范围，就都有权诉诸法律。被他人起诉并不意味着自己一定犯了错误、干了坏事，它只是表明双方对纠纷的解决存在分歧，需要司法机关进行公正裁判，从而平息争端。

另一种态度是对学生及其家长提起的诉讼予以轻视和怠慢，以为不用搭理它就可以置身事外。发生学生伤害事故后，一些学校认为自身并无过错，不应承担责任，学生及其家长是无理取闹，不可能打赢官司，于是对诉讼采取消极应对的方式，不积极参与应诉，甚至故意缺席庭审活动。须知，这一做法等于放弃了为自己说话、辩护的诉讼权利和机会，为对方送上了一记"乌龙"助攻，很可能给自身带来不利的诉讼后果。

正确的态度，应当是理性看待学生及其家长的起诉，积极参与诉讼活动，配合法院查明案件事实，促进纠纷的公平、公正解决。

二、做好开庭前的各项准备工作

收到法院送达的传票后,学校应当成立临时性的应诉工作组,专门负责案件的应诉工作。工作组由校长或副校长担任组长,成员可以包括校长、副校长、德育部门负责人、工会负责人、年级组长、班主任等人员。应诉工作组成立后,应当及时做好开庭审理前的各项准备工作。

(一)决定是否聘请律师

被起诉后,学校应当尽快决定是否聘请律师来帮助学校打官司。如果案件事实比较清楚,法律关系简单,涉案金额也不大,而且本校教职工可以胜任诉讼代理工作,那么学校也可以不用聘请律师,而是指派一至两名具有较高法律素养的教职工担任校方的诉讼代理人。如果涉案金额很大(即学生及其家长的索赔金额很高),或者案件涉及的法律关系比较复杂,或者校方自身没有能力自行搜集证据,那么学校最好聘请律师作为代理人来参加诉讼活动。诉讼毕竟是一种专业性很强的活动,非专业人士未受过专门训练,不具备娴熟的诉讼技能,不一定能够充分维护学校的合法权益。

(二)了解原告诉求,查阅相关法律规定,分析法律责任

学生及其家长为什么要告学校?其诉求、依据和理由是什么?这些问题都可以在原告的起诉状中找到初步的答案。学校在收到法院送达的起诉状后,应当特别关注以下三个方面的内容:其一,原告的诉讼请求是什么(要求被告学校承担哪些法律责任);其二,原告陈述的、用以支持其诉讼请求的"案件事实"是什么样的(原告认为事故发生的原因、经过、结果是什么样的),是否符合客观实际情况;其三,原告提出的、用以支持其诉讼请求的法律依据和理由是什么,该依据和理由是否合法、合理。

在了解了原告的诉求后,学校及其代理人应当检索、查阅与案件有关的法律规定,分析原告与被告之间的法律权利与义务关系,分析案件所涉及的法律责任,为后续应诉工作奠定基础。

（三）分析原告的索赔项目、金额及依据

在学生伤害事故纠纷中，学生及其家长起诉学校，基本诉求是要求校方承担赔偿责任。那么，学生可以要求学校赔偿哪些费用？各种费用是如何计算的呢？根据《中华人民共和国民法典》的规定，侵害他人造成人身损害的，应当赔偿医疗费、护理费、交通费、营养费、住院伙食补助费等为治疗和康复支出的合理费用，以及因误工减少的收入。造成残疾的，还应当赔偿辅助器具费和残疾赔偿金；造成死亡的，还应当赔偿丧葬费和死亡赔偿金。此外，侵害自然人人身权益造成严重精神损害的，被侵权人有权请求精神损害赔偿。相关赔偿项目的费用标准按相关法律、法规确定。

（四）搜集、准备好诉讼相关证据

"谁主张，谁举证""打官司就是打证据"，证据在诉讼过程中起着举足轻重的作用。应诉后，学校应当着手搜集、准备与案件相关的各方面的证据。

1. 证据的种类

证据包括当事人陈述、书证、物证、视听资料、电子数据、证人证言、鉴定意见、勘验笔录等。学校应当根据案件的需要，搜集各类证据。

2. 证据的内容

证据是用来证明案件事实的，而案件事实又服务于诉讼主张，学校应当围绕自身的诉讼主张，搜集、准备可以证明下列案件事实的各种证据：（1）事故发生的原因；（2）事故发生的过程；（3）事故所造成的后果及损失情况；（4）事故发生前学校是否对学生开展过相关安全教育；（5）学校的相关安全制度文件及管理措施；（6）事故发生后学校对受伤害学生所采取的救助措施；（7）学校已经为受伤害学生垫付的费用支出；（8）可以证明学校已履行教育、管理职责的其他证据；（9）受伤害学生、施害学生或者其他第三人是否存在过错的证据；（10）与案件有关的其他证据。

（五）撰写并按时提交答辩状

在仔细分析案情的基础上，学校及其诉讼代理人应当认真撰写答辩状。答辩状应当对原告的各项诉讼请求做出回应，明确表达认可或者不认可，并详细说明理由和依据。答辩状应当在答辩期限届满前（收到起诉状后15日内）及时向法庭提交。

三、依法参加庭审活动，维护自身的合法权益

庭审是诉讼的核心环节。在庭审中，审判人员组织各方当事人进行法庭调查、法庭辩论等活动，全面查清案件事实，依法做出公正裁判。学校应当按照传票中载明的开庭日期和地点，按时到法院参加庭审活动。

为了更好地参加庭审活动，依法维护自身的合法权益，学校应当了解庭审的基本程序。一般而言，庭审活动包括以下环节。

（一）庭审准备

在这一阶段，审判员和书记员将会开展以下准备工作：查明当事人及其他诉讼参与人是否到庭，核实原告、被告的身份，查明代理人的代理资格和代理权限，宣布审判人员、书记员名单，告知当事人有关的诉讼权利、义务，宣布法庭纪律，询问当事人是否提出回避申请等。

（二）法庭调查

这是庭审活动的核心环节之一，在这一环节，法庭将先后开展以下工作。

1. 当事人陈述

首先由原告口头陈述其诉讼请求及其所依据的事实、理由，然后由被告进行答辩、发表意见。

2. 出示证据和质证

首先由原告进行举证，被告进行质证。然后再由被告进行举证，原告

进行质证。

出示证据一般按照下列顺序进行：（1）当事人陈述；（2）证人出庭作证，宣读未到庭的证人证言；（3）出示书证、物证、视听资料和电子数据；（4）宣读鉴定意见；（5）宣读勘验笔录。

（三）法庭辩论

这是庭审活动的另一个核心环节，在这一环节，原告、被告将分别围绕案件的争议焦点，从事实和法律两个方面进一步陈述本方的诉讼主张，反驳对方的诉讼主张，双方展开辩论。

法庭辩论一般按照下列顺序进行：1.原告及其诉讼代理人发言；2.被告及其诉讼代理人答辩；3.第三人及其诉讼代理人发言或者答辩（注：如诉讼中不存在第三人，则该环节不存在）；4.互相辩论。

（四）最后陈述

在这一环节，原告、被告将分别陈述本方最终诉讼意见。

（五）法庭调解

判决前，审判员将征询原告、被告的调解意愿，若双方均同意调解，则由双方分别提出调解方案，也可以由审判员根据当事人的请求提出调解方案，供当事人参考。经过法庭调解，双方当事人达成一致意见的，法庭可做出民事调解书，该调解书经双方签收后即具有法律效力。若当事人不愿意调解，或者经调解不能达成一致意见的，法庭则终止调解。

（六）做出判决

法庭辩论终结后，调解不成的，审判员应当及时做出判决。审判员可当庭做出判决，也可择期做出判决（实践中后者更为常见）。

熟悉了庭审活动的基本程序后，学校在庭审过程中应当充分行使本方的诉讼权利，清楚、完整地表达本方的诉讼主张和意见，协助法官查明案件事实，依法维护自身的合法权益。

我国现行的审判制度实行的是两审终审制。对一审判决结果，如果原告、被告都表示服从，在法定上诉期限内都未提起上诉，则上诉期限届满后该判决即发生法律效力，双方应当予以执行。如果原告、被告中有一方或者双方均不服从一审判决，则可以在上诉期限内提起上诉，案件由此进入二审程序。二审的庭审程序与一审类似。二审判决一经做出即生效。

四、履行生效判决

人民法院做出生效判决后，当事人应当履行判决书所确定的各项义务。负有履行义务的一方不履行的，另一方可申请法院强制执行。在学生伤害事故案件中，法院判决学校承担给付赔偿款等义务的，学校应当在判决书指定的期限内及时履行，以维护法律的尊严。

律师的建议

发生学生伤害事故后，学校可以通过民事诉讼解决事故赔偿纠纷：

- 理性看待学生及其家长的起诉，积极参与诉讼活动，配合法院查明案件事实，促进纠纷的公平、公正解决。

- 做好开庭前的各项准备工作，包括决定是否聘请律师，了解原告诉求，查阅相关法律规定，分析法律责任，分析原告的索赔项目、金额及依据，搜集、准备好诉讼相关证据，撰写并按时提交答辩状等。

- 了解庭审活动的基本程序，按时参加庭审活动，充分行使本方的诉讼权利，清楚、完整地表达本方的诉讼主张和意见，协助法官查明案件事实，依法维护学校的合法权益。

- 法院判决学校承担给付赔偿款等义务的，学校应当在判决书指定的期限内及时履行。

39. 如何处理"校闹"事件

"校闹"是指学校安全事故处置过程中，学生家属及其他校外人员实施围堵学校、在校园内非法聚集、聚众闹事等扰乱学校教育教学和管理秩序，侵犯学校和师生合法权益的行为。发生学生伤害事故后，个别家长把实施"校闹"当作向学校施加压力、达成法外目的的手段。这一行为会妨碍学校的正常教育教学活动，危及校园安全，侵害学校、教师的合法权益，破坏法治底线，影响社会稳定，应当坚决予以遏制。

2019年6月，教育部、最高人民法院、最高人民检察院、公安部、司法部等五部门联合印发了《教育部等五部门关于完善安全事故处理机制维护学校教育教学秩序的意见》，强调要依法治理"校闹"，构建从压实安全责任预防发生事故，健全处置机制妥善化解纠纷，到严格执法，依法惩治"校闹"行为，再到多部门合作，形成共治格局的完整治理体系。各所学校应当按照法律和国家有关规定，依法妥善处理发生在本校的"校闹"事件。

关键词

"校闹"
"校闹"行为表现
博弈
法外目的
法律责任
寻衅滋事
扰乱公共场所秩序
预防发生事故
救助义务
第三方调解
应急处置

据生命与安全教育网消息，2019年3月4日13时，某中学的体育课上，学生周某在参加学校组织的跑步活动中突发抽搐，学校发现此情况后第一时间拨打120对学生进行救助，经120医护人员确认，学生死亡。事故发生后，涉事学生方组织亲属围堵学校，将两车丧葬用品拉至校门口扬言要进行焚烧，逼迫学校进行巨额赔偿，并到教育局找到相关领导讨要说法。最终在多方协调下，学校通过投保的校方责任险向学生的家长一次性支付40万元赔偿款。

一、"校闹"行为有哪些

"校闹"主要表现为各种扰乱学校教育教学和管理秩序、侵犯学校和师生合法权益的非法行为。按照《教育部等五部门关于完善安全事故处理机制维护学校教育教学秩序的意见》的规定，在学校安全事故处置过程中，学生家属及其他校外人员实施的下列行为均属于"校闹"。

（1）殴打他人、故意伤害他人或者故意损毁公私财物的。

（2）侵占、毁损学校房屋、设施设备的。

（3）在学校设置障碍、贴报喷字、拉挂横幅、燃放鞭炮、播放哀乐、摆放花圈、泼洒污物、断水断电、堵塞大门、围堵办公场所和道路的。

（4）在学校等公共场所停放尸体的。

（5）以不准离开工作场所等方式非法限制学校教职工、学生人身自由的。

（6）跟踪、纠缠学校相关负责人，侮辱、恐吓教职工、学生的。

（7）携带易燃易爆危险品和管制器具进入学校的。

（8）其他扰乱学校教育教学秩序或侵害他人人身财产权益的行为。

二、"校闹"产生的原因是什么

"校闹"的形成和产生有多方面的原因，既有宏观的法治、外部保障环境方面的原因，也有学校、教师方面的原因，还有学生的家长个人方面的原因。

法治与外部保障环境方面的原因：当前，学校安全管理职责方面的法律规范尚在逐步完善中，对事故发生后学校、学生及其监护人、第三方等各主体之间的责任划分的规定还存在不够明晰的地方，导致学校与家长对事故责任的认识容易产生分歧，由此埋下了家校冲突的隐患。此外，在外部保障上，目前尚未形成完善的学校安全事故损害赔偿分担机制，现有的校方责任险难以覆盖各类安全事故，且赔偿额度较低，对重大的伤亡事故，一旦认定学校无责任，学生的家庭一方将承受极大的经济压力，由此导致其想方设法让校方承担责任。

学校、教师方面的原因：一些学校、教师对事故的处置和纠纷的处理不够专业，激发或加剧了学生家长的对立情绪。在事故应急处置阶段，事故发生后，一些学校、教师没有在第一时间及时救助受伤害学生，延误了送医治疗，或者没有及时通知家长，由此引发家长的不满情绪，给善后事宜的处理增加了难度。在纠纷处理阶段，面对家长提出的经济赔偿等诉求，一些学校在认定自身无责或者责任较轻的情况下，回应不够及时或者回应方式过于简单、粗暴，缺乏耐心和处理技巧，从而激化了家校矛盾，导致一些不理智的家长转而寻求极端的方式来达成目的。

学生的家长个人方面的原因：一些家长法律知识欠缺、法治观念淡薄，错误地认为只要孩子在学校出事，校方就得承担责任。一旦学校依据法律规定向其表示校方无责，其便认为校方是在推卸、逃避责任。还有一些家长，受"大闹大赔，小闹小赔，不闹不赔"的不良风气和错误观念影响，试图选择以"闹"作为与学校博弈、争取最大限度赔偿的手段，逼迫学校就范，达成法外目的。

三、"校闹"要承担哪些法律责任

"校闹"是一种非法行为，它违反了《中华人民共和国治安管理处罚法》《中华人民共和国刑法》《中华人民共和国民法典》等法律的有关规定，应承担相应的法律责任。

（一）行政责任

按照规定，实施"校闹"行为，构成违反治安管理行为的，由公安机关依照《中华人民共和国治安管理处罚法》的相关规定，给予警告、罚款、行政拘留等治安管理处罚。

其中，实施殴打他人、故意伤害他人或者故意损毁公私财物行为的，可能涉嫌违反《中华人民共和国治安管理处罚法》第二十六条、第四十三条、第四十九条的规定，构成寻衅滋事、故意伤害他人身体、故意毁坏公私财物等治安违法行为。

实施侵占、毁损学校房屋、设施设备行为的，可能涉嫌违反《中华人民共和国治安管理处罚法》第四十九条的规定，构成盗窃、抢夺、故意毁坏公私财物等治安违法行为。

实施在学校设置障碍、贴报喷字、拉挂横幅、燃放鞭炮、播放哀乐、摆放花圈、泼洒污物、断水断电、堵塞大门、围堵办公场所和道路行为的，以及实施在学校等公共场所停放尸体行为的，可能涉嫌违反《中华人民共和国治安管理处罚法》第二十三条的规定，构成扰乱机关、团体、企业、事业单位秩序，扰乱公共场所秩序的治安违法行为。

实施以不准离开工作场所等方式非法限制学校教职工、学生人身自由行为的，可能涉嫌违反《中华人民共和国治安管理处罚法》第四十条的规定，构成非法限制他人人身自由、侵害他人人身权利的治安违法行为。

实施跟踪、纠缠学校相关负责人，侮辱、恐吓教职工、学生行为的，可能涉嫌违反《中华人民共和国治安管理处罚法》第二十六条、第四十二条的规定，构成寻衅滋事、公然侮辱他人、恐吓他人的治安违法行为。

实施携带易燃易爆危险品和管制器具进入学校行为的，可能涉嫌违反《中华人民共和国治安管理处罚法》第三十二条的规定，构成非法携带枪支、弹药或者弩、匕首等国家规定的管制器具，妨害公共安全的治安违法行为。

（二）刑事责任

实施"校闹"行为，危害严重的，可能构成犯罪，应承担相应的刑事责任。根据行为种类的不同，"校闹"可能分别涉嫌构成寻衅滋事罪，聚众扰乱社会秩序罪，故意毁坏财物罪，非法拘禁罪，故意伤害罪，聚众扰乱公共场所秩序、交通秩序罪等犯罪。对实施"校闹"行为的人，需要追究刑事责任的，公安机关要依法及时立案侦查，全面客观地收集、调取证据，确保侦查质量；人民检察院应当及时依法批捕、起诉；人民法院应当加快审理进度，在全面查明案件事实的基础上依法准确定罪量刑。对故意扩大事态，教唆他人实施针对学校和教职工、学生的违法犯罪行为，或者以受他人委托处理纠纷为名实施敲诈勒索、寻衅滋事等行为，要依法从严惩处。

（三）民事责任

实施"校闹"行为，侵犯学校的财产权、名誉权，或者侵犯教师、学生的人身权、财产权，给学校、师生造成损害的，被侵权人可以依法提起民事诉讼，要求侵权人承担赔偿损失、恢复原状、停止侵害、排除妨碍、消除危险、赔礼道歉等民事责任。

四、学校如何预防"校闹"行为的发生

治理"校闹"，重在预防。学校应当从多方面着手，预防"校闹"行为的发生。

首先，要压实安全责任，预防发生事故。"校闹"的主要诱因是学校安全事故纠纷，为了从源头上杜绝"校闹"行为的产生，学校要完善安全管理组织机构和责任体系，落实安全标准，健全安全管理制度，完善安全风险排查和防范机制，压实安全责任，加强学生的安全教育、法治教育、生命教育和心理健康教育，预防安全事故（特别是责任事故）的发生。

其次，要规范安全事故的应急处置程序，提高应急处置工作的规范化、

科学化、专业化水平。发生学生伤害事故后,学校要按照规定在第一时间履行救助义务,必要时应及时、妥当地对受伤害学生采取紧急救援措施,防止损害后果加重,并及时通知学生的家长,保障家长的知情权,维护学生及其家长的合法权益。

再次,要通过多种途径解决事故赔偿纠纷,妥善化解家校矛盾。事故发生后,学校应当与家长建立顺畅的沟通途径,及时了解、听取家长的诉求。对事故赔偿纠纷,学校应当尝试通过多种途径寻求解决。其中,对校方确有责任的事故,学校要及时、主动与家长协商解决,按照规定的标准给予损害赔偿,同时对责任人要依法依规及时处理,严肃问责。对校方无责任的事故,学校可以在力所能及的范围内予以人道主义帮助。要坚守法治底线,杜绝"花钱买平安"的无原则、无底线的错误做法。对后果严重、赔偿金额较大、双方分歧严重的事故纠纷,学校应及时申请人民调解委员会开展人民调解,或者申请行政部门开展行政调解,借助第三方的调解,避免当事双方直接对立、矛盾激化,提高纠纷处理的成效。对无法通过协商、调解途径解决的纠纷,学校应当耐心地做好解释工作,引导家长走诉讼程序,通过法律途径解决纠纷,避免家长实施"校闹"行为。

五、发生"校闹"事件后,学校如何进行应急处置

学校平时应当制定和完善学生伤害事故应急预案,预案应当涵盖伤员(患者)的紧急救助、后续赔偿纠纷处理、"校闹"事件应急处置等各个阶段、各个方面的内容,并定期组织师生进行演练。一旦发生"校闹"事件,要及时启动相关预案进行处置。

根据《教育部等五部门关于完善安全事故处理机制维护学校教育教学秩序的意见》的规定,学校安全事故处置过程中,如发生"校闹"行为,学校应当立即向所在地公安机关报案,提供当事方人数、具体行为、有无人员受伤等现场情况,并保护好现场,配合公安机关做好调查取证等工作。公安机关到达前,学校保卫部门可依法采取必要的措施,阻止相关人员进

入教育教学区域，防止其干扰教育教学活动。公安机关接到报案后应当立即组织警力赶赴现场，维持现场秩序，控制事态，协助有关部门进行疏导劝阻，防止事态扩大。对现场发生的违法犯罪行为，要坚决果断制止，对涉嫌违法犯罪人员依法查处。

律师的建议

妥善处理"校闹"事件：

- 要了解"校闹"是扰乱学校教育教学和管理秩序、侵犯学校和师生合法权益的非法行为，有 8 种表现方式。

- 了解"校闹"产生的原因，明白治理"校闹"，重在预防，学校应从多方面着手预防"校闹"行为的发生。首先，要压实安全责任，预防发生事故。其次，发生事故后要及时救助受伤害学生，并通知家长，规范事故的应急处置程序。再次，要采取多种途径解决事故赔偿纠纷，特别是要善于借助第三方调解来解决纠纷、化解矛盾。

- 了解"校闹"可能要承担的行政责任、刑事责任和民事责任。

- 一旦发生"校闹"事件，学校应当按照《教育部等五部门关于完善安全事故处理机制维护学校教育教学秩序的意见》的规定，立即向公安机关报案，妥善进行应急处置。

40. 怎样应对校园安全事故引发的舆情危机

在校学生的安全，关系到千家万户的切身利益，也牵动着整个社会的神经。校园里发生的安全事故，很容易引发社会公众的关注。特别是在学生的家长认定学校在履行管理和保护职责方面存在过失，或者对事故的应急处置存在不当之处的情况下，一旦和学校沟通不顺，不再信任学校，就有可能转而向外界"曝光"学校的"失职行为"或向社会公众寻求"围观"和帮助，从而引发大众关注、民意聚焦，导致学校陷入舆情危机，给校方带来巨大的压力。那么，面对此类舆情危机，学校应当如何处置呢？

2021年5月9日18时40分左右，某中学发生一起学生坠楼身亡的安全事故。5月10日早晨6点35分，死者的家长发微博称，其儿子在学校坠亡，学校将家长拒之门外，不给家长看监控录像。5月10日下午14时30分，涉事学校在其微博上发布官方回应称，5月9日18时40分左右，该校一名学生从知行楼高空坠落，学校立即拨打120并报警，经120现场诊断，该同学已无生命体征，目前公安机关正在开展调查，学校将全力做好善后事宜。5月10日下午14点33分，死者的家长发微博称，5月10日早上去看监控，唯独事发那一段

关键词

舆情
舆情危机意识
舆情监测
回应
首因效应
"黄金24小时"
"黄金4小时"
安抚公众情绪
澄清事实
计划
载体
发声
求助

没有监控。5月11日凌晨3点54分,当地教育局在其官方微博上发布了情况通报,通报称事发后当地立即成立了联合调查组开展调查;经公安机关现场勘验、法医检验、调阅监控、全面调查,排除刑事案件;联合调查组对该生返校当天及近期情况进行了多方调查,未发现学校存在体罚、辱骂学生等师德失范问题,未发现该生在学校受到校园欺凌情况,基本判断该生是因个人问题轻生。通报末尾署名为"××区联合调查组"。5月11日上午8点28分,死者的家属再次发微博称,对联合调查组的情况通报不认同,"发布内容存在很多疑问",要求看到全部的视频。5月11日19点43分,当地公安机关发布通报,认定学生系高坠死亡,排除刑事案件;通报中称,5月11日下午,公安机关已依法将调查结论告知家属,家属对调查结论无异议。然而,上述通报并未平息网络上汹涌的舆情。5月13日凌晨2时12分,新华社发表《还原××中学生坠亡事件:关键监控有无缺失?坠楼是如何发生的?孩子为何走到这一步?》一文,对家属和网民关注的疑问一一进行解答。同时,相关监控视频公开还原了学生走出教室后到坠亡之间的活动轨迹,事件全貌得到呈现。随后,舆情风波逐渐平息。

一、树立舆情危机意识,加强舆情监测和研判工作

所谓"舆情",也可称舆论情况、民意情况,是指公众对社会生活中发生的各种热点、焦点问题,所表现出的看法、意见、态度和情绪,它是民意的一种综合反映。未成年人安全问题具有高敏感性、高关注度,很容易进入舆情风暴中心。学校在处置安全事故过程中,一定要有舆情危机意识,千万不要认为学生及其家长个人翻不起"风浪",学校可以关起门来不受干扰地处置事故,而要意识到,学校的一举一动、一言一行随时有可能引发社会关注,要保证自身的言行经得起公众的审视和检验,要尽可能防范舆情事件的发生。

为此,学校在事故处置过程中,应当加强舆情监测工作。舆情的产生

一般会经历萌芽期、发展期、爆发期和衰退期四个阶段。为了及早发现尚在萌芽期的舆情，学校在处置事故的同时，应当安排专人或者发动广大教职工关注、监测互联网和移动媒体上与本校有关的舆论动向，并及时向学校领导汇报。对与安全事故有关的初期舆情，学校应当认真研判，分析舆情关切焦点所在，及时改进自身的处置工作，加强与家长的沟通，并采取有效对策，力争将舆情危机化解于萌芽阶段。

二、出现舆情后第一时间做出回应，抢占舆论高地

围绕学校安全事故的处置，一旦产生舆情，学校应当高度重视，千万不能漠视舆情的存在，以为只要不理它，风波很快就能过去。学校的不作为很可能会导致舆情不断地发酵、传播、裂变，进而演化为公共事件，导致学校全面陷入被动。

信息传播学上的首因效应告诉我们，人们根据最初获得的信息所形成的印象不容易改变，它甚至会左右对后来获得的新信息的解释。这种先入为主的第一印象是鲜明、强烈、难忘的，它对人们形成对事件的总体印象有非常大的作用。当媒体（包括传统媒体、新媒体、自媒体）上出现校园安全事件的舆情时，如果涉事学校保持沉默，不接招，不回应，那么人们就会根据已有的信息来判断事情的是非曲直。这些信息可能鱼龙混杂，真假难辨，如果没有及时得到澄清，那么就算后来学校意识到情况不妙，想回应、想澄清的时候，可能已经很难再扭转人们最初的刻板印象了。

第一时间对舆情做出回应，是为了在舆情发展尚不明朗的时候及时抢占舆论高地，获得引导舆情走向的主动权，及时澄清事实，为安全事故的处置创造良好的环境。一般而言，舆情的有效处置，遵循"黄金24小时"法则。对一个发生了舆情的机构而言，24小时是个极限，因为舆情会在24小时内扩散到全国乃至全球各个角落。因此，舆情发生后，涉事机构应当在24小时内进行回应并公布事故处理情况。否则，就会造成信息真空，让各种误会和猜测得以产生。在网络媒体、移动媒体盛行的新媒体时代，

各种网站论坛、微博、微信、QQ群、移动客户端、短视频平台等新型社交媒体，把信息传播的时间大大地缩短了，一条消息发出后，有可能在几分钟、几小时之内达到几万甚至几十万的浏览、阅读数量，从而把一起突发事件迅速地传播、发酵成为有着重大舆论影响的公共事件。有鉴于此，学术界又提出了舆情处置"黄金4小时"原则，认为为了控制舆情的蔓延趋势，把控舆论的话语权，危机处理部门应当在4小时之内做出回应，否则将错失最佳回应时机。

三、回应舆情关切的内容，表明态度，澄清事实，说明计划

在舆情传播过程中，公众最关心的当然是事件的真相，此外也关心涉事主体处理问题的态度、方式和责任担当。面对舆情，敢于及时回应，这只是学校应当迈出的第一步。更重要的问题是回应什么内容，怎样回应。一旦回应不当，很可能会引发次生舆情危机。一些单位在回应舆情的时候极力掩饰，避重就轻，推卸责任，或者抱着强硬、傲慢的态度指责外界的干涉，站在媒体与大众的对立面。这样只会激起更大的反抗，引发更激烈的舆情，酿成更大的危机。

那么，对因校园安全事故而引发的舆情，学校应当怎样回应？回应的通稿应当怎么写呢？

（一）安抚公众情绪，阐明立场和态度

校园安全事件在网络上、媒体上曝光后，引发的大多是负面情绪。特别是当舆情进入发展期、爆发期的时候，公众可谓"满腔怒火""义愤填膺"。在这种情况下，学校在回应的时候首先要解决公众的情绪问题。怎么解决呢？首先，要安抚公众的情绪，表达歉意。要向公众表示歉意：因为自身的工作没做到位，让大家对事故的发生感到失望，对事故的处理感到担心，有负社会的期待，深感内疚。其次，要阐明学校对事故处置的立场和态度。要告诉公众，学校对事故的处置工作非常重视，一定会依法

依规、公平公正、妥善处理，决不掩盖问题，决不推卸责任，保证给受伤害者、给公众一个交代。

（二）澄清事实，回应公众关切的问题

舆情中传播的各种消息真假难辨，可能还会掺杂各种谣言。学校应当组织教职工对舆情展开分析和研判，找出公众的关切点。这些关切点可能包括：事故的发生过程是怎样的，学校是否及时履行了救助义务，是否及时通知了家长，在后续处理过程中是否与家长见面沟通过，是否让家长查看了监控录像，是否为家长提供了其他便利等。学校应当在详尽调查和精心准备的基础上澄清事实，向公众还原事故及其处置的有关情况，正本清源，以正视听。对公众关切的问题，要根据已经掌握的情况，实事求是地做出回应，消除公众的疑问，避免出现以讹传讹的状况。需要注意的是，学校在回应过程中应当注意慎谈事故细节、事故原因以及事故责任，以免引发当事学生及其家长的不满，给后续纠纷处理带来不便。

（三）说明学校已经采取和将要采取的措施

澄清事实很重要，但还远远不够，毕竟事故发生后，最重要的还是要看学校怎么处理，怎么解决问题。因此，学校还应向公众陈述解决问题的方案和计划，包括安全事故发生后，学校已经采取了哪些措施，达到了什么样的效果，接下来学校计划还要采取哪些措施等。这些问题都是公众关注的，也是衡量学校是否真正负责、是否勇于承担责任的重要标准。在对舆情做出回应之后，学校应当在现实中兑现承诺，踏踏实实地解决实际问题，化解矛盾纠纷，从源头上解决舆情的产生问题。

四、充分利用各种平台发声，必要时及时求助

在校园安全事故处置过程中，出现舆情后，学校应当及时向上级教育行政部门报告，并在上级的指导下妥善应对，利用各种平台发声。对萌

芽期、发展期的舆情，学校可以选择在自己的网站、微博、微信公众号等平台上及时回应。面对主动前来采访的媒体，学校也应当积极发声，澄清事实，借助媒体实现与公众的有效沟通，树立正面形象。当舆情处于爆发期时，鉴于舆情已经在社会上广泛传播，学校的声誉已受到严重损害，公信力已经受损，此时，学校应当向有影响力的媒体寻求合作，主动接受媒体的采访，通过媒体来阐明真相，传递学校的声音，借助媒体的公信力获得公众的信任和好感。对重大的、超出学校处置能力范围的舆情危机，学校应当及时向上级部门求助，由上级主导舆情事件的处置，学校密切配合。

律师的建议

妥善应对校园安全事故引发的舆情危机：

- 学校在处置校园安全事故的过程中，要树立舆情危机意识，加强舆情监测和研判工作。

- 出现舆情后第一时间做出回应，抢占舆论高地。

- 在对舆情进行回应的时候，首先，要安抚公众的情绪，阐明立场和态度；其次，要澄清事实，回应公众关切的问题；再次，要说明学校已经采取和将要采取的措施。

- 充分利用各种平台发声，必要时应及时向上级部门求助。

附：

建 议 清 单

① 做好开学前安全准备工作（P6-12）
- 对新学期安全工作进行总体部署。
- 做好开学前后传染病疫情防控工作。
- 开展设施设备安全隐患排查、整改工作。
- 强化食品安全管理，预防食物中毒事件发生。
- 采取措施，防范学生因心理问题引发个体极端事件。
- 防范针对师生的违法犯罪案件，维护师生的合法权益。
- 向学生发放安全教育材料。

② 关注学生上下学出行方式，保障学生出行安全（P13-17）
- 每学期开学后要开展学生上下学乘车情况安全排查。
- 使用校车的学校，应当建立健全校车安全管理制度。
- 多方协作，维护校门口及学校周边的交通安全秩序。
- 要对学生加强交通安全教育。

③ 上下学时，与家长配合做好学生的交接工作（P19-24）
- 建立低幼学生接送的交接制度，并严格执行。
- 不得将晚离校的低幼学生交与无关人员，或者让其自行离校。
- 对提前到校的学生，学校应及时让其进入校园并妥善管理。
- 学生到校后，勿以任何理由不让其入校，不得允许其擅自离校。

④ 建立健全学生考勤制度，防范安全风险（P25-28）
- 任课教师每节课前要进行考勤。
- 发现学生未到校或擅自离校，班主任应立即通知家长。
- 学生请假，班主任应当向家长核实。
- 对违反考勤与请假制度的学生，学校应给予批评和教育惩戒。

⑤ 任课教师应防范课堂上的安全风险（P29-33）
- 课前考勤，上课期间不得将违纪学生赶回家。
- 按时上课，中途不要随意离开课堂。
- 管理课堂纪律，制止学生做出的危险行为。
- 发现学生身体不适，应当及时予以救助。
- 不得提前让学生下课。

⑥ 防范实验课上的安全事故（P35-39）
- 实验课教师备课时须备安全防范。
- 实验课的课堂上安全教育先行。
- 实验操作规则要讲解、演示透彻。
- 维护良好的课堂秩序。
- 实验中加强对学生的指导和监督，及时制止学生做出的危险行为。
- 建立健全实验室安全管理制度。
- 加强对危险化学品的购买、保管、领用和销毁等各个环节的安全管理。

⑦ 防范体育课上的安全事故（P41-46）
- 对特异体质学生给予特别保护。
- 课前要对运动设施、器材进行安全检查。
- 根据天气情况调整教学内容。
- 重视学生穿戴的运动适宜性和安全性。
- 课堂准备活动要充分。
- 动作规范要讲解、演示透彻。
- 保护、帮助要到位。

- 教学内容不超纲。
- 加强安全教育，及时制止学生做出的危险行为。
- 发生意外伤害后要及时救助伤者。

8 防范课间休息时发生安全事故（P47-52）
- 识别、了解课间活动中的各种"高危行为"。
- 制定课间行为准则，加强课间安全教育，杜绝"高危行为"。
- 识别、了解课间活动中的各个"高危区域"。
- 建立"高危区域"课间巡查制度，及时制止学生做出的危险行为，并对违纪者予以批评教育。
- 向学生推荐、传授健康、安全、有益的课间游戏活动，引导其通过适当的方式来放松减压。

9 防范学生集体就餐期间发生安全事故（P53-56）
- 放学后学生急于离开教室、下楼梯，易引发摔伤、踩踏等事故，学校应当安排教职工在楼道、楼梯处维持秩序。
- 食堂门口人员拥挤，可能发生危险，学校应当采取多种方式疏导通行。
- 汤桶摆放不当、地面湿滑、秩序混乱，可能酿成事故，学校应当对器物摆放、就餐环境、学生行为加强管理。
- 学生就餐过程中嬉戏打闹，容易造成伤害，学校应当制定学生就餐管理制度，安排专人维持就餐秩序，培养学生文明就餐的行为习惯。

10 做好午休时间学生安全管理（P57-61）
- 对不在校午休的学生应加强安全教育，督促监护人履行保护职责。
- 对统一在校午休的学生，应提供安全的午休场所和设施。
- 安排教师值班，维持午休纪律，及时处理突发事件。
- 对学生的自由活动应进行适当约束，加强教育和管理。
- 做好门卫工作，限制在校午休学生随意离校外出。

11 学校提前放学需要履行相关法律义务（P62-65）
- 学校调整放学时间提前放学，务必事先通知家长。
- 要将提前放学的信息以恰当的方式通知家长，确保家长收到信息。
- 提前放学后不得让无人接送的低幼学生自行离校。
- 放学前对学生进行安全教育，提醒学生路上注意安全。

12 放学后学校需要防范安全风险（P66-70）
- 学生下楼、出校门途中玩耍打闹易出事故，应安排教师维持秩序。
- 留下学生补课或开展活动等于延长学校的安全责任期间，安全管理需跟进。
- 学生自行滞留在校园内玩耍游戏，学校须防范安全事故发生。
- 使用校车的学校应当将学生送至指定地点，与家长做好交接工作。

13 做好晚自习学生安全管理工作（P71-74）
- 晚自习课上应安排教师值班，负责考勤、维持纪律、处理突发事件。
- 晚自习课间属于事故高发时段，应对学生的行为加强引导和管理。
- 晚自习下课后重点防范踩踏、摔伤事故，要安排教师疏导通行。
- 夜间应加强门卫管理和重点场所的巡逻，确保学生下自习后按时就寝。

14 抓好放假前学校安全管理工作（P75-79）
- 假前要组织开展安全隐患排查工作。
- 关注假前学生心理健康，防止发生极端事件。
- 提前将放假时间告知家长，做好家校之间的沟通和衔接工作。
- 对学生开展假期安全教育，提高学生的安全防范意识和自我保护能力。

15 做好校门口的安全防范工作（P82-86）
- 防范暴力伤害案件，加强人防、物防和技防。
- 防范交通事故，做好通行疏导。
- 防范学生在校门口打闹受伤，加强对学生的教育和管理。
- 防范设施伤人，保障校门、围墙安全。

16 做好学校操场的安全防护工作（P87-91）
- 防范"毒操场""毒跑道"事件，确保操场质量符合国家安全标准。
- 防范运动设施存在安全隐患而引发意外受伤，加强对操场的定期检查、用前检查。
- 防范学生因为地面湿滑而摔伤，雨雪天加强对操场的安全管理。
- 防范学生在操场上实施危险行为而引发事故，健全安全教育和操场巡逻制度。

17 做好教学楼楼梯的安全防护工作（P93-97）
- 重点防范学生上下楼梯时发生拥挤踩踏事故。
- 确保教学楼楼梯设施设备符合安全标准，定期进行安全检查，及时消除安全隐患。
- 合理安排班级教室，建立错峰通行制度。
- 在楼梯醒目位置张贴安全通行提示语，建立楼梯值班巡逻制度。
- 对学生开展预防拥挤踩踏事故的安全教育。
- 制定应急预案，开展疏散演练。
- 平时还应防范学生因滑溜扶手、推人、奔跑等原因而引发意外事故。

18 做好教学楼楼道的安全管理工作（P98-102）
- 保障楼道设施安全，加强对学生的安全教育，建立课间楼道值班巡逻制度，及时制止学生做出的危险行为。
- 防范楼道护栏处发生坠楼事故。
- 防范学生在楼道里奔跑时相撞。
- 防范学生在楼道拐角处发生碰撞。
- 防范学生在楼道里做危险游戏和动作而受伤。

19 做好学生厕所安全管理工作（P103-106）
- 确保学生厕所设施设备符合安全标准和要求。
- 防范因厕所地面湿滑而导致学生摔倒受伤。
- 防范学生在厕所里发生碰撞而受伤。

- 防范学生在厕所里嬉戏打闹而受伤。
- 防范厕所里发生学生欺凌事件。

20 做好学生教室的安全管理工作（P108-114）
- 确保教室空气质量合格，防范教室环境污染事故。
- 确保教室设施符合国家安全标准，防范因设施安全隐患而引发事故。
- 防范学生从教室窗户坠楼事故。
- 防范绊倒摔伤事故。
- 防范碰撞受伤事故。
- 防范投掷硬物致人伤害事故。

21 做好食品安全管理工作（P115-122）
- 严格遵守食品安全法规的各项规定，建立健全食品安全管理制度。
- 防范自办自营的食堂发生食品安全事件。
- 防范承包或委托经营的食堂发生食品安全事件。
- 防范校外供餐发生食品安全事件。
- 防范食品投毒事件。
- 防范食堂就餐期间发生意外伤害事故。
- 制定安全预案，发生食品安全事故后妥善进行应急处理。

22 做好学生宿舍安全管理工作（P123-131）
- 学校应提供符合安全标准的住宿及相关生活设施，配备专门的宿舍管理人员，建立宿舍安全管理制度，及时消除安全隐患。
- 防范因宿舍设施存在安全隐患而引发意外事故。
- 防范宿舍发生火灾事故。
- 防范宿舍发生性侵害事件。
- 防范宿舍发生盗窃事件。
- 关注寄宿生身心健康，及时向家长通报安全信息，预防发生意外事件。

(23) 组织学生参加劳动，应保障学生的安全（P134-140）
- 要对劳动进行慎重选择，不组织学生参加危险性劳动和力不能及的劳动。
- 事先进行安全检查，消除安全隐患，制定安全预案。
- 加强对学生的教育和指导，增强其安全意识，提高其劳动技能。
- 在劳动过程中对学生加强管理和监督，及时制止学生做出的危险行为。
- 不得组织学生参加抢险等应由专业人员或成人从事的活动。
- 不得组织学生参加商业性活动和创收性劳动。

(24) 组织学生参加集体外出活动，应保障学生的安全（P141-147）
- 慎重选择活动，并事先履行报批手续。
- 活动前要进行安全检查，开展风险评估。
- 租用有资质的运营单位的车辆，签订正式合同，明确安全职责。
- 活动前对师生开展安全宣传和安全教育活动。
- 成立安全工作机构，制定安全工作预案。
- 活动过程中要对学生加强管理和保护。
- 发生突发事件后要妥善进行应急处置。

(25) 学校举办运动会，应做好安全管理工作（P148-153）
- 成立运动会安全管理机构，制定安全工作预案，采取充分的安全防范措施，消除各种安全隐患。
- 把好参赛报名关，防范身体状况不适宜参赛的学生参赛而引发事故。
- 把好比赛场地、器材、设施安全关，防范因场地、器材、设施不合格而引发事故。
- 把好比赛过程合理组织关，防范因保护不周而引发参赛学生伤害事故。
- 把好观赛秩序关，防范观赛学生受到意外伤害。
- 把好医疗保障关，防范事故发生后救助不力而加重损害后果。

(26) 学校装修过程中，要做好安全管理工作（P155-159）
- 学校装修的决策要依法进行。
- 装修过程中要采取充分的安全措施，预防发生事故。

- 防范装修污染，避免因空气质量不合格而给师生造成伤害。

27 学校应建立传染病防控与应急处理制度（P160-165）
- 了解传染病的特征及其传播和流行的三个基本条件。
- 采取各项措施，做好平时预防工作。
- 出现疫情时，要及时控制传染源，切断传播途径，保护易感人群。
- 制定应急预案，提高应急处置能力。

28 做好学校消防安全管理工作（P166-173）
- 校园建筑物整体消防布局和内部消防设计应当符合安全标准。
- 配备必要的消防设施、器材，加强维护保养。
- 保障疏散通道、安全出口畅通。
- 加强对用火、用电行为的安全管理。
- 加强对易燃易爆危险品的安全管理。
- 落实消防安全责任制，建立学校消防安全常规制度。
- 对师生开展消防安全教育和演练。
- 制定火灾事故应急预案，完善应急机制。

29 有效防范与应对自然灾害事故（P174-178）
- 平时要排查安全隐患，提高校舍等基础设施的防灾、抗灾性能。
- 建立地震及灾害性天气预警信息接收制度，提前采取防范措施。
- 对学生开展自然灾害防灾、减灾教育与演习。
- 制定应急预案，完善突发自然灾害应急处理机制。

30 建立健全校园设施设备安全管理制度（P179-184）
- 学校的选址要符合国家相关安全规定。
- 严格执行法定的建设程序和安全标准，确保校园工程的质量和安全。
- 在学校设施设备的采购过程中要把好质量关，确保产品安全。
- 对学校设施设备定期进行安全检查，及时消除安全隐患。
- 在易发生危险的地方要设立警示标志，采取防护措施。

31 学生突发疾病或者发生人身伤害事故，学校应依法履行救助义务（P188-192）

- 学校应按照国家规定设立卫生室，配备卫生技术人员和相关医疗用品，为救助学生提供保障。
- 发生学生伤害事故后，学校救助要及时，不得拖延，防止因迟延救助而耽误学生的治疗。
- 根据伤情需要及时采取紧急救护措施，防止因救护不当造成二次伤害。

32 学校应将伤害事故通知学生家长（P193-196）

- 发生学生伤害事故后，学校要及时通知家长，这是保障家长知情权的需要，也是保障学生及时获得良好救治的需要，更是保障事故处理透明度的需要。
- 向家长告知的内容主要包括学生的病情、伤情现状，学校正在采取的救助措施，学生发病或事故发生的时间等。
- 原则上统一由班主任代表学校向家长履行告知义务，且优先选择打电话的通知方式，通知家长及时前来陪护孩子（需要送医）或者将孩子接回家中休息、观察（不需要送医）。

33 发生学生伤害事故后，学校应履行事故报告义务（P198-202）

- 学生伤害事故情形严重的，学校应当及时向主管教育行政部门及有关部门报告。
- 事故报告一般应当包括以下内容：事故发生的时间、地点以及事故现场情况；事故的简要经过；事故已经造成或者可能造成的伤亡人数（包括下落不明的人数）和初步估计的直接经济损失；已经采取的措施等。
- 事故发生后，学校应当严格按照国家以及地方的有关规定，在第一时间上报事故信息，情况紧急的可先通过电话、传真等通信方式进行口头报告，事后及时补交书面报告。

34 发生学生伤害事故后，学校应开展事故调查取证工作（P204-208）

- 要认识到开展事故调查取证工作，是查明事故原因、吸取经验教训、改进安全工作的需要，也为善后事宜的处理奠定基础，为可能发生的赔偿诉讼做好证据方面的准备工作。
- 事故发生后学校应当尽快成立调查组，制定调查工作方案，开展调查取证工作。后果较为严重或者社会影响较大的事故，当地政府成立专门的调查组或者由教育行政部门成立调查组开展事故调查的，学校应当提供便利，积极配合。
- 调查取证的重点内容包括事故发生的原因，当事各方的主观过错情况，事故发生的经过，事故发生后学校的救助、通知、报告义务的履行情况，事故所造成的损害后果等。
- 调查取证的方式包括查阅并复制监控录像等视听资料，提取电子数据，提取书证、物证，询问当事人，询问目击证人等。

35 发生学生伤害事故后，准确判断学校是否应对事故承担法律责任（P212-216）

- 根据过错责任原则来判断学校是否应承担责任，学校有过错则担责，无过错则不担责。
- 要了解无民事行为能力人在幼儿园、学校或者其他教育机构学习、生活期间受到人身损害的，幼儿园、学校或者其他教育机构应当承担侵权责任；但是，能够证明尽到教育、管理职责的，不承担侵权责任。
- 要了解限制民事行为能力人在学校或者其他教育机构学习、生活期间受到人身损害，学校或者其他教育机构未尽到教育、管理职责的，应当承担侵权责任。
- 了解第三人侵权的法律责任，知道无民事行为能力人或者限制民事行为能力人在幼儿园、学校或者其他教育机构学习、生活期间，受到幼儿园、学校或者其他教育机构以外的第三人人身损害的，由第三人承担侵权责任；幼儿园、学校或者其他教育机构未尽到管理职责的，承担相应的补充责任。幼儿园、学校或者其他教育机构承担补充责任后，可以向第三人追偿。
- 判断学校是否尽了"教育、管理职责"。"教育、管理职责"可以归纳为：设施要安全，制度要健全，管理要到位，教育要经常，救助要及时。

36 发生学生伤害事故后，争取通过协商的方式解决事故赔偿纠纷（P218-222）

- 对赔偿金额不大的，或者双方对费用分担问题分歧不大的，以及其他有可能通过协商途径解决的事故纠纷，学校和学生的家庭应当尽可能通过友好协商的方式妥善解决。
- 协商要遵循自愿、平等、合法的原则。
- 协商前，学校应当做好相关准备工作，包括建立与学生家长顺畅沟通的渠道；关心、慰问受伤害学生，建立互信关系；查明事故详情，判断事故责任，拟定协商方案等。
- 协商时，一般应选择在配置录音、录像、安保等条件的场所进行；每方参与人员为3—5人，学校应当让法律顾问全程参与协商工作；在协商过程中可遵循以下步骤：学校陈述事故状况——家长提出诉求——校方法律顾问解释法律相关规定——双方进一步协商、谈判——签订和解协议或终止协商。
- 经过协商达成一致意见的，双方应及时签订和解协议。

37 发生学生伤害事故后，可以考虑通过调解的方式解决事故赔偿纠纷（P224-228）

- 因学生之间嬉戏、打闹、矛盾冲突而引发的事故纠纷，学校可以充当调解人，组织当事双方学生的家长进行调解。
- 学生和学校之间发生事故赔偿纠纷，无法通过协商途径解决的，双方可以共同向所在地的人民调解委员会（含涉校调解机构）申请人民调解。
- 事故纠纷当事人还可以申请教育行政部门组织双方进行行政调解。
- 在诉讼过程中，还可以由审判员组织双方进行司法调解。

38 发生学生伤害事故后，学校可以通过民事诉讼解决事故赔偿纠纷（P229-235）

- 理性看待学生及其家长的起诉，积极参与诉讼活动，配合法院查明案件事实，促进纠纷的公平、公正解决。
- 做好开庭前的各项准备工作，包括决定是否聘请律师，了解原告诉求，查阅相关法律规定，分析法律责任，分析原告的索赔项目、金额及依据，搜集、准备好诉讼相关证据，撰写并按时提交答辩状等。
- 了解庭审活动的基本程序，按时参加庭审活动，充分行使本方的诉讼权利，清楚、完整地表达本方的诉讼主张和意见，协助法官查明案件事实，依法维护学校的合法权益。
- 法院判决学校承担给付赔偿款等义务的，学校应当在判决书指定的期限内及时履行。

39 妥善处理"校闹"事件（P236-242）

- 要了解"校闹"是扰乱学校教育教学和管理秩序、侵犯学校和师生合法权益的非法行为，有8种表现方式。
- 了解"校闹"产生的原因，明白治理"校闹"，重在预防，学校应从多方面着手预防"校闹"行为的发生。首先，要压实安全责任，预防发生事故。其次，发生事故后要及时救助受伤害学生，并通知家长，规范事故的应急处置程序。再次，要采取多种途径解决事故赔偿纠纷，特别是要善于借助第三方调解来解决纠纷、化解矛盾。
- 了解"校闹"可能要承担的行政责任、刑事责任和民事责任。
- 一旦发生"校闹"事件，学校应当按照《教育部等五部门关于完善安全事故处理机制维护学校教育教学秩序的意见》的规定，立即向公安机关报案，妥善进行应急处置。

40 妥善应对校园安全事故引发的舆情危机（P243-248）

- 学校在处置校园安全事故的过程中，要树立舆情危机意识，加强舆情监测和研判工作。
- 出现舆情后第一时间做出回应，抢占舆论高地。
- 在对舆情进行回应的时候，首先，要安抚公众的情绪，阐明立场和态度；其次，要澄清事实，回应公众关切的问题；再次，要说明学校已经采取和将要采取的措施。
- 充分利用各种平台发声，必要时应及时向上级部门求助。

图书在版编目（CIP）数据

学校安全管理：律师的建议清单／雷思明著. --
北京：中国人民大学出版社，2022.4
ISBN 978－7－300－30437－3

Ⅰ.①学… Ⅱ.①雷… Ⅲ.①学校管理—安全管理—
中国 Ⅳ.①G474

中国版本图书馆CIP数据核字（2022）第048984号

学校安全管理：律师的建议清单
雷思明 著
Xuexiao Anquan Guanli: Lüshi de Jianyi Qingdan

出版发行	中国人民大学出版社
社　　址	北京中关村大街31号　　邮政编码　100080
电　　话	010－62511242（总编室）　010－62511770（质管部）
	010－82501766（邮购部）　010－62514148（门市部）
	010－62515195（发行公司）　010－62515275（盗版举报）
网　　址	http://www.crup.com.cn
经　　销	新华书店
印　　刷	北京华宇信诺印刷有限公司
开　　本	720 mm × 1000 mm　1/16　　版　次　2022年4月第1版
印　　张	16.75 插页1　　　　　　　印　次　2024年9月第5次印刷
字　　数	240 000　　　　　　　　　定　价　68.00元

版权所有　侵权必究　印装差错　负责调换